· 欧美公共关系经典丛书 ·

丛书主编 / 陈先红

全球文化语境下的公共关系

基于多重范式视角

Public Relations in Global Cultural Contexts
Multi-Paradigmatic Perspectives

［美］尼兰加娜·巴尔丹（Nilanjana Bardhan）
［美］C.凯·韦弗（C. Kay Weaver）
编著

徐明华
译

中国传媒大学 出版社
· 北京 ·

前 言
PREFACE

本书汇集了来自三大洲的公共关系学者的文章。这些文化根源与背景复杂多样的学者应我们的呼吁汇编而成一本著作,该著作将重点聚焦在"全球化"和"文化"这两个在以往公共关系研究中尚未充分研究的概念。对于当今的公共关系领域,没有比这两个概念更重要的了。虽然公共关系从业者每天都在全球文化语境下工作,且正在努力应对全球变化所带来的复杂性;但在学界,学者们在理论研究中却缺乏全球化、文化与公共关系三者相连的研究视野。

就现状而言,全球化模糊了许多界线和现代主义思想清晰的分类。这导致原本就复杂的文化概念变得更为复杂。为了呈现公共关系、全球化和文化等一系列研究立场,我们决定汇集不同研究范式公共关系学者的观点,这对读者来说,也是非常有价值的。我们的编者强调通过解释性、批判/文化、后现代和社会科学方法,突出"文化"和"全球"二者相互联系的概念和理论——这可以帮助我们更好地理解全球流动是如何影响公共关系的。因此,我们读者将遇到各式各样认知论的观点,其中一些可能是相互矛盾的,但所有这些观点都有可能跨越范式进行对话,以讨论公共关系在全球范围内发挥的作用。我们希望学生、学者和公共关系从业者都能够从广泛的视角中受益。

需要强调的是,我们不会在整体或同质化的意义上使用本书标题中的"全球"一词。全球化(和文化)的话语远非固定不变的,很难说"全球"公共关系是必然可定义的实体。因此,我们所使用的"全球"一词更多是指代实践领域,即指一个越来越跨越地域的实践领域。我们故意回避对该术语的解释,因此我们的编著者们可以在其章节中灵活地使用和理论化该词。

我们要感谢来自劳特利奇(Routledge)出版社的琳达·巴恩盖特(Linda Bathgate)对我们最初提案的热情,以及她在整个写作和准备过程中给予的鼓励和支持。我们还要感谢凯瑟琳·盖兹(Katherine Ghezzi)编辑的帮助。除此之外,我们还要感谢詹宁斯·布莱恩特(Jennings Bryant)、詹姆斯·格鲁尼格(James Grunig)以及给我们提出有价值反馈的匿名审稿人，他们富有价值的反馈帮助我们更好地拓宽了这本书的视野。当然，没有我们的编著者和他们的见解，这本书根本无法出版。尼兰加娜希望感谢她的同事们和导师们，特别是俄亥俄大学的休·卡尔伯特森（Hugh Culbertson）和西弗吉尼亚州立大学的蒂·福特·艾哈迈德（Tee Ford Ahmed），他们一直在帮助她成长为该领域学者型教师。凯要感谢怀卡托大学管理传播系的同事十年来对公共关系实践和学术的支持并参与讨论。

尼兰加娜·巴尔丹和C.凯·韦弗

编著者介绍
ABOUT THE CONTRIBUTORS

约翰·巴尔德温（John Baldwin）是伊利诺伊州立大学的传播学教授。他的研究和教学兴趣包括国内和国际多样性，例如种族间和跨文化传播，尤其是群体差异和一些不可容忍的社会问题。他的研究包括性骚扰、种族刻板印象与传播以及巴西摇滚音乐中种族和民族认同的传播。他就跨文化传播问题撰写过期刊论文和一些书籍的部分章节，在《国际传播百科全书》中著有一篇关于西方传播的文章。约翰·巴尔德温教授最近编写了一本书，名叫《重新定义文化》，该书从不同的学科角度分析了"文化"的概念。

尼兰加娜·巴尔丹（Nilanjana Bardhan）是美国南伊利诺伊卡本代尔大学语言传播系的副教授，主要教授并研究公共关系（主要是基于全球背景）和跨文化/国际传播。尼兰加娜·巴尔丹教授在印度和美国都有研究经历，她的学术成果刊登在诸多期刊上，如《公共关系研究》《传播管理》《大众传播与社会》以及《健康传播》。她还撰写/合写了几本书的章节，并提交了几份会议论文。

简森·郑（Jensen Chung）是旧金山州立大学的教授，他教授企业沟通，组织沟通，领导沟通和团队沟通，并且在这些领域的期刊上发表了文章。他是政府发言人，在美国和亚洲部分地区的组织领导沟通和公共关系方面拥有咨询经验。作为两本中文书籍的作者，他还完成了他的第三本书（英文版），这本书讲述了他所创建的"气"传播理论。

杰弗里·考特赖特（Jeffrey Courtright）是伊利诺伊州立大学传播学院副教授，从修辞理论和批判视角来研究公共关系。他与彼得·斯穆迪（Peter Smudde）一起编写了《权力和公共关系》一书，并且是《鼓舞人心的合作与组织庆祝》的合著者。他在《企业声誉评论》《国际战略传播》以及其他公共关系、传播和大众媒体期刊上发表过文章。他撰写了几本书的章节，并且有超过75篇学术论文。

莫汉·乔蒂·杜塔（Mohan Jyoti Dutta）是普渡大学传播学系的教授和研究生课程主任。他教授公共关系类课程且从事公共关系理论、批判和文化方法、健康传播、全球化和社会变革、底层部门的抵抗以及后殖民理论等领域的研究。他最近运用以文化为中心的方法，提出社会变革下的传播，强调参与式沟通的变革政治在创造结构转型的全球空间中的作用。作为一名公共关系从业者和执行者，他与全球边缘化社区合作开展活动项目。他撰写了《社区健康：以文化为中心的方法》，同时合作编撰了《健康传播的新兴视角：含义、文化和权力》以及《传播的社会贡献：传播理论、研究和教学法的发展历程》。他还发表了大约90篇文章和书籍。

李·爱德华（Lee Edwards）是曼彻斯特大学曼彻斯特商学院公共关系和企业传播专业的讲师。她拥有博士学位，研究方向是公共关系中权力的本质。她将批判性的方法运用于公共关系学，并在《公共关系研究》《公共关系评论》《管理传播》和2010年版《公共关系手册》上发表文章。作为一名从业者，爱德华专注于技术方面的公共关系研究，并与一些全球最大的科技公司合作。

德里娜·霍尔茨豪森（Derina Holtzhausen）是俄克拉何马州立大学新闻与广播学院的教授和主任。她是土生土长的南非人，加入了美国国籍，拥有24年传播行业从业者、企业家和行政人员的经验；拥有14年教授、研究员和学术管理人员的经验。她的从业背景包括金融行业、旅游行业、公共关系咨询和新闻业的经验。霍尔茨豪森经常担任沟通管理、战略规划以及组织沟通的客座讲师，且仍在该领域从事咨询工作。同时，她还是国际战略传播杂志的创始编辑。由于她开创了后现代公共关系研究，并发表了18篇文章和书章、30多篇会议论文，她获得了美国公共关系研究所颁发的探路者奖。其最新著作为《作为公共关系的行动者》。

迈克尔·肯特（Michael Kent）是俄克拉何马大学盖洛德新闻与大众传播学院公共关系副教授。他在普渡大学获得博士学位。肯特研究公共关系技术、对话和公共关系的调节性。他撰写了40多篇关于公共关系和传播的文章和书籍，其中一些已发表在《公共关系评论》《公共关系季刊》《公报》和《媒体传播批判研究》中。肯特是2006年度拉脱维亚里加的富布赖特学者，并出版了一本公共关系写作教材。

玛胡雅·帕尔（Mahuya Pal）在普渡大学获得博士学位，现为南佛罗里达大学传播系的助理教授。她专注于组织沟通领域，主要研究新自由主义经济如何创造边缘条件。帕尔的研究发表在《公共关系研究》《商业传播》和《传播年鉴》上。

莫琳·泰勒（Maureen Taylor）是俄克拉何马大学盖洛德新闻与大众传播学院的教授和盖洛德家族战略传播系主任。她于1996年获得普渡大学公共事务和事务管理博士学位。泰勒的研究兴趣是国际公共关系、国家建设和民间社会活动以及新的传播技术。她曾在马来西亚、波斯尼亚、克罗地亚、科索沃、约旦和苏丹进行过研究。2001年，她在波斯尼亚-黑塞哥维那萨拉热窝大学担任富布赖特学者。泰勒在《公共关系研究》《公共关系评论》《传播专著》《人类传播研究》《传播》《管理传播》《公报》和《大西洋月刊》上发表过文章。

罗伯特·韦克菲尔德（Robert Wakefield）是杨百翰大学传播学副教授，于1997年获得马里兰大学博士学位。他的研究关注跨国实体利益相关者的关系和声誉，研究全球化、文化、行动主义和其他因素对这些全球公共关系实践的影响。在1990年至2005年期间,韦克菲尔德在25个国家做过关于战略公关的实践和咨询。他最近的一些研究刊登在《传播管理》《公共关系研究》和《公共关系》上。

C.凯·韦弗(C. Kay Weaver)是新西兰怀卡托大学管理传播系的教授,也是怀卡托管理学院博士课程的召集人。她教授公共关系、传播理论和高级研究方法论的课程。她曾在《公共关系评论》《公共关系研究》《媒体、文化与社会》《新媒体与社会》和《女权主义媒体研究》等期刊上发表文章,合著有《公共的相机》《女性视角下的暴力》与《暴力和媒体》,也是《批判性阅读：暴力和媒体》的共同编辑。

瑞秋·沃尔夫(Rachel Wolfe)在伊利诺伊州立大学获得传播学硕士学位,专注于跨文化和国际公共关系实践。在获得学位后,她接受了卡特彼勒公司高级市场研究分析师的职位。通过对公司产品和服务的调研,她从全球客户的声音中收集有建设性的见解。

目　录
CONTENTS

第一章	前言：全球文化语境下的公共关系	001
第二章	批判视角下的全球公共关系：将权力理论化	018
第三章	跨文化传播理论对全球背景下公共关系实践的启示	034
第四章	全球流动下公共关系的文化、传播以及第三文化建设	054
第五章	跨文化类型学与公共关系研究对霍夫斯泰德维度的批判	077
第六章	全球公共关系后现代转向的必要性	102
第七章	对通用/特定公共关系理论的批判：缩小跨国知识差距的需求	122
第八章	公共关系和全球边缘化后殖民主义的批判	143
第九章	基于"气"的公共策略——全球化世界中的关系	164
第十章	公共关系、全球化与文化：框架方法论的思考和未来方向	181

主题索引 …………………………………………………………………………… 200

第一章
前言：全球文化语境下的公共关系

尼兰加娜·巴尔丹和C.凯·韦弗

> 如果我们试图理解新世纪的世界，我们就必须理解全球化的观念。
>
> （Appelbaum & Robinson, 2005, p.xi）

> 全球化不仅强调了"全球"公共关系的重要性，而且为实践和学术提供了反省和自我批评的机会。
>
> （Sriramesh, 2009a, p.9）

我们对"公共关系"一词耳熟能详。这也是公共关系从业者和学者演讲中的一个突出表现——公共关系已经走向全球。但是"全球公共关系"在我们的生活中意味着什么，以及全球化对公共关系学术研究和实践有什么影响？过去二十年，人、组织和系统跨越国家和文化边界的交流与运作方式已经从根本上改变了。尽管公共关系的功能和社会文化理论的传统方法不足以将新全球化事实概念化，但它们也没有完全消除其影响力，即我们对这些问题的思考正处在一个过渡阶段。与全球化有关的问题不能一味重复使用过时的思维框架来理论化，但这部分可以作为对它们的批判性反应的结果。本书聚焦这个过渡阶段，来拓展我们在全球化背景下关于公共关系的思考和学术研究。

作为公共关系的教育者和学者，我们注意到了公共关系知识体系的三大空白。第一，全球化现象的所有复杂性尚未得到解决，这个领域仍然处于学理化和非政治化的状态。第二，文化的概念需要在公共关系学术研究中运用更多维的概念去理论化，尤其是在全球化的背景下，文化越来越去地域化，文化特征也开始朝着碎片化方向发展（Sison,

2009）。且我们的学术研究中确实存在文化理论匮乏的问题（Sriramesh, 2007），主要表现在，我们认为文化的概念是静态的、可精确定义的，并且认为文化区域等同于领土区域。此外，民族国家仍被概念化地定义为文化的天然容器（Berking, 2003）。第三，对于公共关系理论范式的研究仍不够充分。社会科学（现代主义）方法仍然在这个领域占据主导地位。尽管这个方法在公共关系专业领域是非常重要的，它重点关注公共关系应该如何被定义、应用于实践过程中。但向主流模式提出疑问的其他方法也同样重要，运用这些方法可以从另一个视角审视公共关系的功能和影响。例如，通过运用批判性/文化性、解释性和后现代性等方法，能够凸显公共关系在建构社会现实过程中所发挥的重要作用，也进一步审视在这个充斥不平等的全球化过程中，权力是如何一步步渗透进公共关系的进程的（Shome & Hedge, 2002）。在这个迅速全球化和国际化的时代，如果我们想跟上时代的发展（McKie, 2001），不断地提升公共关系的实践应用能力、伦理和社会责任问题，那么厘清在实践（或学术）中的文化、交流、语境和权力（Martin & Nakayama, 2010）之间的关系则是重中之重。

本书的目的就是填补这三个空白。尽管一些公共关系学者已经开始探究全球化的复杂性、文化、身份以及权力在公共关系中的特性和作用（Curtin & Gaither, 2007），并质疑仅用社会科学功能方法来研究该领域的充分性，但没有一本书专门论述这三个问题。

在20世纪90年代，公共关系学者开始了范式之争。简而言之，范式是学者们为了研究他们所认为有价值的知识而共同遵从的世界观（Guba & Lincoln, 2008; Kuhn, 1996; Mittelman, 2004）。虽然我们在本书中倾向于批判范式，但我们坚持多学科且辩证的立场，对于所有的观点和价值观保持开放的态度，这些观点都为加强公共关系知识体系做出了贡献。所有的范式方法，在某种程度上都对知识生产起到了一定的作用（Martin & Nakayama, 1999），即使它们有时彼此矛盾。但通过矛盾的碰撞也可以促进我们对理论的进一步辩论和反思（Botan, 1993）。同样重要的是，公共关系学者能够参与对话，承认他们所属范式的哲学基础，以及不同范式之间的异同。我们不盲目否定持有不同哲学立场的人，这只会导致无意义的争论，试图争论一种范式比其他范式更好。我们所提倡的是尊重不同的哲学观并认识到不同的范式观点所带来的优点和贡献，即帮助人们理解多元文化世界中公共关系的实践、社会、文化、政治以及经济意义。

在本书中，我们不采用二元论的方法进行范式之争，而是接纳各方的观点，不赋予任何一种范式优于其他范式的特权。本章将从批判/文化、解释、后现代和社会科学的视角剖析全球化、文化及权力应用于公共关系上的复杂性理论。这种多重范式的方法对于在全球文化语境中从事公共关系的教育者、学者、学生以及实践者来说都是必不可少的，借此丰富其理论工具。

本章描述了全球化语境下的公共关系，指出了文化的动态特性以及公共关系领域的研究范式和理论的不足，强调了公共关系学术范式方法的范围以及一些特定问题的批判性方法，并简要总结了本章的内容。

全球化局势下的公共关系

没有一种理论或定义能够充分解释全球化的复杂性。对全球化的研究是跨学科的，现有的研究已经从文化、经济、政治、批判、后殖民主义和新自由主义等角度对全球化这一现象进行了理论化的阐释（Appelbaum & Robinson, 2005; Held & McGrew, 2000）。一些学者认为，目前的全球化形式只是其最新的阶段，尽管这个阶段明显地以"技术革命和全球化的资本重组"为特征（Kellner, 2002, p. 287），但这个过程已持续了几个世纪，从人类跨越边界、国界进行贸易，宗教传播以及土地殖民化时就开始了（Hall, 1995; Sriramesh, 2009b）。根据阿佩尔鲍姆和罗宾逊的观点，"目前，全球化研究将世界视为一个单一的互动系统，而不是将其视为离散的民族国家之间的相互作用。其重点在于跨国过程、相互作用及其流动性，而不是国际关系以及由新出现的跨国问题带来的一系列理论、历史、认识论甚至哲学问题"（Appelbaum & Robinson, 2005, p.xi）。

阿帕杜莱（Appadurai, 1996）运用五种景观语言对全球化进行了阐释。他简要论述了这五种景观：族群景观，即人们（或文化团体）为了工作、学习、休闲和其他目的而进行的跨国迁移；媒体景观，即媒体内容、图像以及网络的跨国传播；技术景观，即跨越国界的技术/信息的移动；金融景观，即资金、金融数据以及贸易的流动；意识形态景观，即由上述全部景观所导致的思想及意识形态的变动。[①]这些流动的景观与各种各样的结构交织在一起，在无序的资本主义环境中产生流动和分离。

关于全球化的探讨

关于全球化影响的争论往往集中在三个方面：全球主义者的观点、怀疑主义者的观点和变革主义者的观点（Held & McGrew, 2000; Martin, 2007）。

- 全球主义者赞同一个更经济视角的全球化如新自由主义。他们认为，近几十年来，迅速蔓延的市场资本主义和跨国公司以及越来越紧密依赖的经济，极大地削弱了民族国家的主权力量。全球主义者认为我们生活在一个更扁平的世界，即一个经济意义上的后民族国家（Friedman, 2005）。这就是"自上而下的全球化，由资本主导的全球化"[②]的观点。
- 怀疑主义者认为全球化是一个帝国主义的且不平衡的过程。他们认为，已经强大的民族国家正在从全球化中获取经济和政治上的好处，而长期处于边缘地位的民族国家却难以获利。但从文化的角度来看，他们认为民族国家的力量仍未被削

---

① 周娟. 阿帕杜莱的全球文化景观论[J]. 国外社会科学, 2009(6):96-101.
② 资料来源：根据理查德·A. 福尔克（Richard A. Falk）的观点。

弱,民族主义和反全球化运动的复兴是面对全球化和文化帝国主义威胁的自然反应。这就是"自下而上的全球化,由公民社会主导的全球化"的观点。
- 变革主义者采取中间立场。他们处在全球主义者的极度乐观和怀疑主义者的批评之间,且他们注意到了全球化下新兴的结构、流动和经验所产生的不确定性。变革主义者不认为会产生一个由新自由主义意识形态主导的"扁平"世界,他们虽意识到了全球化进程中的不公平,但并不是反全球化主义者。他们感兴趣的是用更为辩证而非片面的分析方法来探究全球化变动所带来的复杂的、消逝的和新的可能性。

无论持哪种观点,不可否认的是全球化导致时间和空间被无限压缩,在创新变革的推动下,世界已经变得更小且更具互动性,尤其是在通信技术方面的推动下(Harvey,1989),民族国家之间相互依存的关系不断加强,社会和职业关系也在全球范围内不断延展(Giddens, 1990)。民族国家、文化以及经济之间的内外差异更难分辨(Urry, 2005)。本地与全球之间产生的相互作用,改变了"我们"和"他者"之间的二元对立观念,由此产生了混合的结构、身份和情感(Curtin & Gaither, 2007; Pal & Dutta, 2008)。在同质化和异质性双重力量的共同作用下,新的模式和结构产生了。

5　全球化语境下的公共关系学术研究和实践现状

上述的意义在于,这些现象都是全球化进程的标志,因而在全球文化语境下公共关系的学术研究和实践需要以更加相互依赖、相互联系和流动的方式去概念化客户—公众关系的建设、文化、沟通和行业本身的传播,因为这些现象都是全球化进程的标志。同时,在这个差异化快速增长的世界里,权力关系、文化是两个不可忽视的、具有争议性的问题。

公共关系行业朝着全球化方向发展得到了广泛认可,但现阶段研究成果仍相对匮乏且缺乏理论视角。在这个领域内,占主导地位的仍是20世纪50年代发展起来的比较"国际"方法,去应对不断发展的新民族国家的后殖民主义以及日益增长的以民族国家为主导的世界性组织(Appelbaum & Robinson, 2005)。研究者们普遍遵循这一逻辑,并受到局限性的制约,学者们继续将民族国家视为独立的,而不是相互联系的和文化上静态的分析单位,并集中于民族国家的宏观层面的研究,文化是如何被概念化操作继而影响公共关系实践的。虽然这些研究在某种程度上提供了有价值的信息,但它们不具备理解跨国关系的能力,同时,也无法理解诸如时空压缩、全球—地方辩证法以及阿帕杜莱定义的全球景观等概念因素是如何影响公共关系实践的。正如帕尔和杜塔所指出的那样,"国家与全球之间的相互作用关系从根本上否定了这样一种观念:在一些阐明公共关系实践主要内容的大规模研究中,国与国之间的公共关系实践可以充分掌握并进行评估和比较"(Pal & Dutta, 2008, p.164)。

第一章
介绍：全球文化语境下的公共关系

公共关系作为现代传播产业，是典型的西方产物，即依托资本支持而发展起来的行业（Miller & Dinan, 2000, 2003）。20世纪80年代末以来，全球市场资本主义激增，且公共关系行业依赖于西方中心主义的政治经济，因而，西方的公共关系很快被传播至世界各地。前面所描述的全球主义观点提供了更多有关新自由主义思想推动了公共关系传播的思考且行业和学术界主要关注以美国为核心的代理机构的海外增长、代理网络的形成以及跨国公司（其中大部分位于西方）的优秀实践成果。虽然这些研究对理解公共关系如何在不同的文化和政治体系中发挥作用是有价值的，但仅仅是西方式的公共关系为其他文化进行权衡和效仿提供了卓越的范本（Roth, Hunt, Stravropoulos, & Babik, 1996）。此外，在世界各地蓬勃发展的公共关系学术课程中，美国公共关系教科书占据主导地位（Sriramesh, 2004）；同时，这些教科书中普遍存在美国公共关系处于世界领先地位的假设（McKie & Munshi, 2007），这种假设被视为一种压抑本土意义和实际情况的帝国主义形式。另外，美国主流教科书和课程倾向于以美国为中心，使美国学生在很大程度上不了解该专业的全球多样性，也欠缺理解复杂的文化关联性的能力（Bardhan, 2003a）。

事实上，正如麦基和孟希（2007）所述，直到最近才出现了其他公共关系史，这些历史对美国主导的公共关系专业发展的论断提出了挑战（L'Etang, 2004; Toledano, 2005）。尽管非美国的历史可以且确实证明了所有的公共关系都遵循美国模式这一假设的错误，但公共关系产业（和学术知识）全球化发展在很大程度上是一种"从西方到西方"的流动，这种流动浸没在新自由主义意识形态中，并以历史结构的不平等为标志。例如，西方"全球性"机构只在那些经济已经繁荣或有增长迹象的国家设立办事处，而非洲的大部分地区都没有进入公共关系活动全球化的版图（Curtin & Gaither, 2007）。这些都是对公共关系持怀疑态度的人所关注的全球化观点，这个观点目前在学界或业界仍不显著。然而，主流话语是如何支持强势的全球化参与者主导霸权议程的，少部分研究后殖民主义、后现代和其他批判性观点的学者们对此不断提出疑问（Holtzhausen, 2000; L'Etang & Pieczka, 1996; Munshi & McKie, 2001）。

柯廷和盖瑟提出，需要更多批判性的、文化的公共关系模式来解释文化、权力、身份以及当今跨国环境差异所产生的影响。他们借鉴了英国文化研究中的文化回路模式，这种模式受到马克思主义思想和福柯关于权力与知识关系概念的影响，包括五个重叠点或时刻（表征、生产、消费、规制和身份）。这五个时刻"共同工作以此提供一个共通的文化空间，在这个空间中意义被创造、塑造、修改和重构"（Curtin & Gaither, 2007, p.38）。他们将此模式称为公共关系的文化—经济模式，并声称这个模式是一个不以西方为中心的非线性模式，它将公共关系活动视为动态的、话语性的和多义的。这个模式使我们将公共关系视为跨越边界的、意义制造和文化生产的领域。除了批判/文化方法，一些学者已经开始从变革主义的角度进行研究，研究如何通过全球本土化战略来解决全球和地方的辩证关系（Bardhan & Patwardhan, 2004; Maynard & Tian, 2004; Molleda &

Roberts, 2008; Pal & Dutta, 2008),当公共关系竞争环境具有跨国性质时,跨国冲突是如何转移的(Molleda, Connolly-Ahern, & Quinn, 2005),以及是如何从政治经济学视角揭示政治力量和经济力量在全球实践中的影响的(Duke & Sriramesh, 2009)。这种研究将聚焦于跨国界视域下的公共关系活动的相互关联性和流动性上。

可以说,在公共关系中,"全球化既可以通过上层进行不断强化,也可以依靠下层进行抗争和重新分配"(Kellner, 2002, p.286)。批判/解释学者、后现代主义者和变革主义者正着力解决全球化和本土化之间交错的问题,文化和身份界限模糊的问题以及在全球公共关系发展中存在的权力(结构与意识形态)和霸权统治,主要表现为当前全球的公共关系发展仍以西方的学术和实践为主。然而,还是有很多问题亟待解决。本书部分章节的作用在于进一步扩充全球公共关系领域的学术成果。

关于文化的问题

作为一个沟通专业,文化是公共关系的核心,引用爱德华·霍尔经常被引用的说法,"文化即沟通,沟通即文化"(Hall, 1959, p.97)。文化不是外来的或"外在"的东西,而是日常生活和社会互动的一部分,公共关系从业者不必跨越国界进行实践,以此试图了解文化的差异性和多样性(Sha, 2006)。

公共关系从业者与特定文化群体交流,尤其是与在多文化社会与跨国环境中的公众进行沟通交流(Banks, 1995, 2000; Sha, 2006)。从业者作为文化中介,参与文化生产的过程(Curtin & Gaither, 2007; Featherstone, 1995; Hodges, 2006),在文化编码信息的生产者和对这些信息有文化意识的消费者之间进行调解。而公众所代表的客户组织具有一定的文化身份,他们信奉特定的价值,这些价值通常反映了他们所嵌入的更大的社会和意识形态(Sriramesh & White, 1992),且从业人员有自己的文化特征。随着时间的推移,这个专业本身已经形成了一定的文化价值(Hodges, 2006)。因而,公共关系就是文化活动(Banks, 1995, 2000)。尽管文化在这一领域中占据中心地位,但这个概念本身在其理论化的过程中存在着严重的问题(Sriramesh, 2007),其结果是该专业被严重限制,研究者仅仅关注在全球化和多文化的世界里,如何用道德视角和批判视角去思考文化差异的问题。

虽然"文化"被描述为"普通的"(Williams, 1958),它以一种平凡的方式渗透进我们的日常生活中,但文化本身的概念却是非常复杂和难以界定的。克鲁伯和克拉克洪(Kroeber & Kluckhohn, 1952)在半个多世纪前对150多种有关文化的定义进行了汇编和分析,但这个术语的含义仍在继续扩散,且存在争议。最近的文化类书籍中,有不少文章解释了"文化"这一概念的来源(Baldwin, Faulkner, Hecht, & Lindsley, 2006),这个概念来自人类学,早期对它的定义采用的是高度结构化和社会科学的方法。根据这些定义,文化是可以被客观观察的、系统的而又模式化的概念,并且与特定文化群体中人们共同的价值观和行为有关。然而,以这种方式来概念化文化就是把它看作静态的、可预测的,且是一个因果变量——一个人由于成为某一特定群体而拥有的东西。现有对文化的解释转变并挑战了原有的社会科学视角,而通过符号互动将文化定义为动态的、仪式性的、以过程为导向的和社会建构的(Carey, 1989; Geertz, 1973)。反过来,更具批判导向的定义主要是由文化研究学者提出的,侧重于权力、意识形态和差异问题,以及文化是如何成为一个有争议的领域。根据批判学者的观点,不同组织通过话语权和身份政治来争论文化的价值内涵。就此而言,后现代主义认为文化和文化身份是分散和流动的、赋予当地特权,并且反对文化的宏观定义(或元叙事)。

全球化语境下的文化

在全球化语境下,文化呈现出一些特征。本尼迪克特·安德森(Benedict Anderson, 1991)关于"想象的共同体"的概念体现了指导意义。历史学家安德森认为,16世纪崛起的欧洲印刷资本主义促成了民族意识的兴起,且为民族国家这一组织形式的最终呈现增添了可能性。在欧洲,大规模生产和传播以本土语言为基础的印刷信息,使得人们了解到大部分连接的地理区域内的文化,而不需通过面对面接触,体会社区意识,并与他人共享"生活方式"(文化)。这是时空压缩和社会关系压缩至较小的规模内的一种早期形式。在如今全球流动的环境中,出现了包括跨越不连续空间的宏观水平运动(具体表现为文化)、意识形态、媒介图像/信息的地方和曾经被想象为"遥远"的人。"这里"和"那里"之间以及"自我"和"他者"之间的文化距离在不断缩小(Gupta & Ferguson, 1992)。文化越来越非地域化,越来越脱离地域(Giddens, 1990),并呈现出能够跨越全球的空间维度。费瑟斯通指出,全球化复杂的连接促使我们产生"更加多样化"和"更具延展性"的地方文化(Featherstone, 1995, p.86)。文化想象超越了地方和民族,"在这个过程中,不仅出现了更复杂的身份定位,而且还出现了不同的文化认同模式"(Tomlinson, 1999, p.105)。因此,文化和领土不能再被概念化为简单的同义词。文化旅行(Clifford, 1997)、杂交,这些词的固有含义被一一否定,并通过与社会建构的文化边界内的人们进行沟通(Carey, 1989)而被革新。

在这种情况下,全球主义者认为,资本主义的胜利和民主的传播预示着世界文化向本土世界文化的转变(Fukuyama, 1992; Ohmae, 1995)。文化帝国主义理论者(Schiller, 1985)虽然批判资本主义的统治,但也预测世界文化将走向美国化或西方化。然而,更大的连接性和相互依赖性并不一定导致文化同质性的出现。事实上,预测世界将只有一种文化是默认西方的现代性能够消除非西方文化中数百年来的深层文化现实(Tomlinson, 1999)。持怀疑论观点的人质疑这种预测,并致力于复兴文化特殊主义和保护主义,以应对不平衡的全球进程。变革主义者对文化同质化和异质化的问题采取辩证方法。虽然文化同质化使不同的文化更紧密地接触,但这种接触的结果可能是同化、抵抗或文化混杂,这取决于特定的历史、权力分配和背景。

自20世纪90年代初全球化进程升级以来，公共关系行业已跨越国界，在规模上也有所增长（Miller & Dinan, 2000），文化问题已成为从业者的核心（Frost, 2000）。这种增长主要是因为公共关系公司的扩张，同时，政府、非国有企业以及非企业之间的公共关系行为也逐渐增多（Molleda, 2009，对该行业全球增长的深入分析）。大多数声称是全球性的公共关系公司和网络实质上都归西方媒体集团所有，年收入达到数十亿美元（Money, 2009; Wilcox & Cameron, 2010）。在此期间，大多数美国学者响应对文化知识的需求，以帮助不熟悉的文化环境（主要是"新兴市场"）的从业者，开始研究和理论化国际公共关系实践。然而，这种最初的研究方法是用于卓越项目的（Grunig, 1992），在认识论上是以西方为中心，并基于民族国家逻辑的，其中民族国家被认为是文化分析的自然分析单位，其最初的目标是测试文化差异如何导致其他国家的公共关系实践与美国的实践相似或不同（Bardhan, 2003b; Roth et al., 1996）。这种文化方法"为世界范围内多变的公共关系实践提供了无数线索，但往往表面上证实了西方理论，而不是产生新的、适应于全球的理论"（Gaither & Curtin, 2008, p.117）。这项研究议程与"从西方到西方"的认知思维方式保持一致，直到20世纪90年代末，学者们才开始质疑这种简化的文化观（Banks, 1995, 2000; Curtin & Gaither, 2007; Surma & Daymon, 2009）以及认为该领域缺乏更复杂的研究途径和方法。

在全球流动和文化差异相互交融环境下的公共关系从业者需要优先建立跨文化客户公共关系，制定非帝国主义的、非强制性的、与特定全球—地方语境下的文化氛围保持一致的信息战略。他们需要避免文化本质主义，并且在不忽视权力关系的情况下，能够将文化视为去领土化和融合化。这种观点对于从业者如何有效地设定目标、定义有价值的公众、协调媒体关系、制定信息策略以及参与其他关系建设活动具有重要意义。从各个角度出发，他们需要了解基于民族国家的文化知识如何与更多的传播、社会建构主义和文化运作的批判性观点相结合。作为学者，我们有责任帮助他们建立这样的视角。

关于范式

公共关系学作为一门现代职业学科，在20世纪后半叶于西方（主要是美国）开始兴起。它出现在美国社会科学思想最为繁荣的时期。自20世纪90年代初期以来，包括传播学在内的部分学科领域开始更多地涉及解释、批判以及后现代主义的知识。关于公共关系知识体系内的范式和范式转变的讨论越来越多，美国以外的一些公共关系学者也为这次讨论作出了重要贡献。

根据库恩的观点，范式"代表了特定社区成员共有的信仰、价值观、技术等"（Kuhn, 1996, p.175）。此外，"共享知识社区的成员不仅使某些类型的问题正常化，而且抑制了提出其他类型问题的能力"（Mittelman, 2004, p.25）。一个成熟范式遵循特定的本体论、认识论、价值论和方法论假设。主导范式极大地影响了所产生的知识类型以及这种知识对世界行动（在我们的案例中，指代公共关系行动）的影响方式。

库恩解释说，当旧范式的异常现象太大时，新的范式就出现了，新旧范式无法找到合适的共同点。虽然库恩的工作从自然科学领域逐步扩展到社会科学领域，但米特尔曼（Mittelman, 2004）指出，停留在科学思维中是一种局限，"不能充分证明在社区之外的社会建构类知识"。他认为，有必要考虑将社会现实和条件概念化，这些概念不属于社会科学（或实证主义思想）的范式假设。换句话说，不同的范式可以存在于彼此紧张的关系中，而不必由一个范式取代另一个。本章的其余部分简要列出了我们如何将这种见解应用于公共关系学术及其范式中，尤其是在全球文化语境下。

公共关系学术中的范式转变

早期的公共关系理论和占主导地位的卓越理论都基于社会科学（理性的实证主义）范式的系统理论。20世纪80年代是公共关系领域理论发展的重要时期，著名学者宣称公共关系是一门社会科学（Botan & Hazelton, 1989），也是一种管理职能（Cutlip, Center, & Broom, 1990; Grunig & Hunt, 1984）。对称的概念是卓越理论的基础，根据格鲁尼格和怀特的观点，对称性概念意味着使用"研究和对话来管理冲突，增进理解，并与公众建立关系"。在对称模式下，公众和组织都能被说服，且两者都可能改变自己的行为（Grunig & White, 1992, p.39）。

在承认这种"基础"理论及其对话精神所做出的贡献的同时，我们还必须注意其潜在的功能主义和实证主义假设所产生的局限性。这些并不能使卓越理论批判性地解决权力问题和社会建构的知识观（Mittelman, 2004）。社会科学本体论假定主体（研究者）和客体（知识）是分裂的，根据吉竹所说的，"实证主义假设只有一个现实，并且可以用语言来描述。理性构建的理论网络被视为一个捕捉现实的概念网，这是基于经验数据和通过统计检验得出的"（Yoshitake, 2004, p.19）。

与卓越理论一起发展的公共关系修辞理论"主要关注个人、团体和组织如何通过论证和反驳来制造问题、解决不确定性、竞争以获得有利地位，或者建立联盟以解决问题"。修辞学者认为，象征性行为创造并影响组织与公众的关系（Toth, 2009, p.50）。这个修辞方法是基于说服性的、解释性的、社会建构性的侧重于意义建构的传播。在解释范式中，班克斯（Banks, 1995, 2000）也发展出了一种多元文化公共关系的社会解释理论（参见本书巴尔丹的章节）。最近，存在从管理和功能主义思维转向一种共同的、对话的、以公众为中心的、以关系为导向的方法，这种方法"将关系置于组织目标的实现之外……公众不仅仅是达到目的的手段……更是意义制造过程中的合作伙伴"（Botan & Taylor, 2004, p.652）。

卓越理论和修辞理论的批评者指出，两者都通过多元主义的论点，或者假设社会中所有利益集团都有平等的资源获取机会，参与对话的能力或愿望，以及平等参与政策制定的能力，而忽视权力问题（Coombs, 1993; Creedon, 1993）。多元主义者未能认识到权力差异如何转化为获取途径的差异。权力得到承认，而不平等的权益分配和由此产生的不平等现象却被忽视了（Coombs, 1993, p.113）。例如谁控制对话，谁有参与对话的选择权，谁从现状和结构不平等中获利，以及谁有资源投资于宣传和说服等问题，都没有得到充分解决（Dozier & Lauzen, 2000）。另外，卓越理论和修辞理论更多关注管理问题，而非促进多样性（Cheney & Christensen, 2001）。对称性概念的合理性受到质疑，后现代的分裂概念（Holtzhausen, 2000）和不对称性概念的目标"应该是重视各种对称性，而不是通过最小化差异来实现内部平衡"（Creedon, 1993, p.164）得到了推广。

这种批评导致了公共关系中批判性后现代主义范式的发展，它抛弃了社会科学的主客观划分，挑战了被认为是理所当然的主流理论，以"改变那些限制人类潜能的社会、政治和经济结构……并且驳斥了这种结构中隐含的统治策略"（L'Etang, 2005, pp. S21-S22）。例如，后殖民主义学者强调了公共关系研究中占主导的西方理论、方法论和文化以及全球范围内行业的结构性偏见，这些偏见使精英比公众享有更多特权（Dutta-Bergman, 2005; Munshi & McKie, 2001）。以权力为中心的批判后现代范式，对公共关系知识体系进行反省和挑战，来"批判性地审视公共关系从业者所做的事情，以及这种实践对社会的影响"（Gower, 2006, p. 180）。

研究不同文化中公共关系的社会科学方法有助于建立关于全球实践的普遍性理论。这种知识在宏观层面上是有用的。但是，必须记住的是这种方法仍是基于现代主义的西方科学传统。因此，社会科学范式可以被视为一种自上而下的全球化倡议，即在学术世界中，因为它涉及了自上而下的理论推理。修辞方法也可以这样被看待，除非它对修辞活动中的权力和背景问题更加开放，并且对修辞和倡导在公共传播中的作用采取不同的文化方法。

在一个多元现实的世界中，解释范式有助于研究全球公共关系活动中跨文化互动知识和交流的社会建构性质。这种范式有助于将公共关系理解为具备传播性和共同性功能，而非简单地作为一种管理功能。然而，批判性后现代范式又向前迈进了一步，要求对公共关系如何与权力和霸权问题相关联进行研究。这一点在一个以南北经济差异巨大、深度数字鸿沟以及新殖民主义结构和意识形态统治为主导的世界尤为重要，如果不彻底质疑，就会使旧的权力动态永存。根据埃尔默的观点，"通过在历史和地理上拓展合法的调查领域，我们可以恢复被忽视的、有价值的文化实践。至关重要的是，全球化的环境需要的理解不仅仅是工具性的和经济驱动的，而是与文化和政治保持适当接触的……"（Elmer, 2007, p.366）

显然，公共关系理论和研究所依据的每一种范式都有助于我们以不同的方式理解公共关系在社会中的角色、功能和结果。正如博坦所述，"范式斗争并非意味着存在消极关系，相反，通过假设的世界观、词汇、目标（当然最重要的可能是信仰），而呈现出一种有时舒适、有时令人不舒服的过程"（Botan, 1993, p.108）。一些公共关系学者已经注意到在快速全球化的世界中需要采取多种范式的立场（Botan, 1993; Gower, 2006; Ihlen, van Ruler, & Fredriksson, 2009; McKie & Munshi, 2007; Toth, 2009），我们建议采用辩证（或转化）方法，并将这一建议的声音传递给他们。在这里，我们借鉴了跨文化传播学者马丁和中山的观点，他们认为用辩证的方式看待范式能够使学者采用多种方式进行研究，看到范式之间可能的联系以及存在的相互矛盾（Martin & Nakayama, 1999, p.14）。对于全球文化语境下的公共关系学者、教育者和实践者而言，这种智力上的灵活性不仅是可取的，而且是必要的。

批判性的转变

在提倡公共关系中多重范式视角价值的同时，我们也更倾向于本书中的批判范式，批判理论为全球文化语境下的公共关系在塑造角色时提供了必要的视角。例如，高尔认为"全球化的特点在于强调整合、权力、跨国公司和民主，需要我们批判/文化理论家的关注"（Gower, 2006, p.186）。事实上，在全球化的背景下，批判理论进入中心舞台，在跨国和去领土化的政体中，公共领域和民主呈现出的形态成为重要的议题。此外，批判主义还提出了一个问题，在与社会、经济、政治和文化资源相关的大规模权力不对称的背景下，我们如何实现人类解放和民主参与的目标？尽管这种范式的目的可能被公共关系学术界的批评者误解，但这些问题始终是批判理论的核心。

在公共关系领域中，批判理论试图提供另一种方式来检验公共关系实践，这在很大程度上与功能主义系统理论方法相对立。虽然功能主义系统理论被认为是客观、科学、公正的，并专注于确定如何执行"有效""优秀""最佳实践"的公共关系策略，这些源于它们从实证主义范式中所汲取的理念。但批判理论认为，我们需要考虑公共关系学术和实践如何为特定利益服务，特别是那些有资源进行公共关系交流和活动的人或组织，例如公司和政府。在这些术语中，批判理论家一直有兴趣揭露公共关系如何支持和提升压迫阶层，以及它所起的作用如何被规范的实践理论所掩盖。事实上，批判理论家谴责以系统为基础的卓越理论是理想主义的，它基于一种天真的"社会存在于共识均衡的信念"（Pieczka, 2006, p.356），并且没有考虑到那些有经济能力支付公共关系倡议的人与这些提出倡议的受众之间的权力关系的不平等性质。

批判理论起源于20世纪20年代至30年代的德国法兰克福学派，它借鉴了马克思主义的社会学和哲学，因此集中于批评和改变资本主义社会政治经济结构，以造福社会被剥夺权利的人。马克思将批判理论简明扼要地定义为"对时代的斗争和愿望进行自我澄清"（Marx, 1975, p.209），明确地将这种方法的关注与"具有党派作用的那些对立的社会运动"联系起来，虽然并非不加批判的反思（Fraser, 1985, p.97），但在其最初的表现形式中，工人阶级或"无产阶级"成为批判理论解放目标的焦点，可是这种单一的焦点在当前的批判性研究中不太可能发生，因为考虑到"压迫有很多形式，以牺牲其他为代价将焦点集中于一种压迫，例如，阶级压迫与种族主义通常会忽视压迫之间存在的联系"（Kincheloe & McLaren, 2008, p.405）。

尽管所有批判理论家都在揭露社会、文化或政治生活中存在的权力与压迫的关系，但批判理论包含广泛的理论和方法论观点，这些观点主张采用基于不同的实践方法来解决压迫问题。例如，新马克思主义学者米勒和迪南将公共关系视为"新自由主义革命"（Millar & Dinan, 2007, p.302）和企业权力的关键，并通过诸如ALTER-EU运动积极抗议企业公共关系活动。其他学者，如麦基和孟希等在公共关系学术、教育和实践中工作的人们也将批判理论引入公共关系研究，试图"创造有良心的公共关系"（McKie & Munshi, 2007, p.8）。诸多批判主义公共关系学者将研究的目光聚焦于以下几点：解构公共关系活动（Durham, 2005; Motion & Weaver, 2005; Weaver & Motion, 2002）；该领域的核心概念（Bergen, 2005; Leitch & Neilson, 2001）；调查公共关系、媒体和政治之间错综复杂且相互支持的关系和信息流动的过程（Davis, 2007; Moloney, 2000; Palmer, 2000）；从理论和历史视角对公共关系在组织和全球社会中所起的作用进行分析和理解（L'Etang, 2005, 2006; McKie & Munshi, 2007; Sklair, 2007）。在这些以及许多其他批判项目中，批判理论家扩展了公共关系知识的边界。批判理论研究面向非常广泛，由于关注权力背景下的公共关系，它没有一个统一的关注对象，也没有提出任何一种公共关系道德实践的策略。但是，正如金切洛和迈凯伦所说的那样，"批判理论不应该被视为一种普世性的革命规则，这会使其客体化且简化为离散的公式化声明和策略"（Kincheloe & McLaren, 2007, p.404）。

功能主义系统理论的倡导者们不断地对批判理论方法提出疑问，其质疑的点在于批判理论无法给公共关系实践提供指导意义。例如，格鲁尼格宣称"在公共关系等专业领域，学者们必须超越批判理论，他们有义务用更好的方案取代理论，而这是批判学者所未履行的义务"（Grunig, 2001, p.17）。蒂玛最近也重申了这种观点，他认为"不幸的是……尽管公共关系的批判性和后现代方法在识别和阐明公共关系专业内部和周围的社会文化问题方面做得非常出色，但批评不能为那些从业者提供解决这些问题的方法"（Tyma, 2008, p.195）。诸如此类的批评是功能性学科范式思维的症状，即学术、研究和理论必然服务于专业实践的利益。为了确保一些批评主义研究人员作为学者和活动家进行研究和活动，以规范和揭露欺骗性的公共关系，米勒和迪南及其创立的Spinwatch是两个典型的例子，"这是一个独立非营利性组织，可以起到监督公共关系和剥离当代社会的作用"（Spinwatch, n.d.）。

然而其他人认为，批评性的公共关系无须向应用型学者或实践人员证明自己工作的价值。作为该领域的知识分子，批判学者应该自由地探索知识的界限，探索和界定该领域，参与方法论的讨论，作为当代知识分子思考公共关系的思想，应考虑公共关系和更广泛地向公众宣传这种做法及其在组织和社会中的作用（L'Etang, 2005, p.524; Dozier & Lauzen, 2000）。

正是在这些方面，我们鼓励读者们参与到这本书的批判性内容中，通过它来理解、理论化和反思公共关系，其在一个以严重权力不平等为特征的世界中的重要性和影响。

章节简要介绍

接下来是李·爱德华的章节，该章节结合了阿琼·阿帕杜莱（Arjun Appadurai）想象力作用的理论与皮埃尔·布尔迪厄（Pierre Bourdieu）的象征权力理论，旨在探讨公共关系如何参与全球化背景下的权力分配。该章坚定地采用批判理论视角，对公共关系可以作用于除雇佣群体以外的群体利益的可能性持怀疑态度。爱德华试图避免将权力理论化为一种单向力量，即由社会权力者向缺少社会、文化、政治或经济权力的人施加的一种力量。她使关于公共关系在全球化世界中所拥有的权力的论点变得非常复杂。在公共关系专业被视为"一种系统、一种话语技术和一种位于全球环境中的专业实践领域"的背景下，她强调，没有人能保证公共关系的努力会证明有说服力的有效性，并且这些努力确实可能被特定地区的特定文化动态所否定或破坏。阿帕杜莱的景观概念为这些复杂的权力动态提供了一条理论化的途径，这与"想象力的工作"有关。正如爱德华所详述的那样，象征性的想象受各种方式的影响：全球系统和结构、国际和地方文化环境、不同形式和类型的组织（如激进组织、非政府组织和政府组织）以及公共关系实践活动等。她认为公共关系从业者们需要牢记有诸多现实力量影响我们对真实生活的感知，以及这些力量也可能影响公共关系传播力。

迈克尔·肯特和莫琳·泰勒的章节回顾了一系列跨文化传播理论，并探讨了这些理论是如何展示全球背景下的公共关系。他们首先概述了公共关系研究最初如何运用霍夫斯泰德（Hofstede）的文化维度理论来影响组织环境中的沟通和关系。霍夫斯泰德的方法在跨文化传播研究中具有影响力，但正如肯特和泰勒强调的那样，它提供了对文化的非常有限的、静态的理解。因此，他们探索在跨文化和全球背景下，个人影响、关系、对话和一般的方法论是如何有效运作的。然而，在陌生的文化中，公共关系实践同样需要实践者理解这些，关于围绕文化内部和跨文化进行人际关系的许多复杂期望。他们概述了一系列变量，这些变量可以帮助理解公共关系如何创造和改变关系。他们将公共关系概念化为不断发展关系的有机过程，这种方法使得公共关系从传统的管理方法转向国际公共关系，并向作为第三文化建设的共同理解型公共关系不断迈进。

尼兰加娜·巴尔丹的章节深入探讨了肯特和泰勒提出的第三文化建设模式的效用。她特别探讨了在当前公共关系研究领域，尤其是在全球化背景下，社会科学概念下的"文化"和"传播"所存在的问题。在全球化的背景下，一个组织公共关系的成功主要取决于其是否实现了跨文化传播以及与文化背景不同的战略成员的关系建设。

杰弗里·考特赖特、瑞秋·沃尔夫和约翰·巴尔德温的章节再次回顾了霍夫斯泰德的文化维度理论,并阐述了有助于理解全球化背景下的公共关系实践。他们考虑到霍夫斯泰德的"科学"衍生维度的优势和局限性,这些维度已经被概念化并应用于不同民族文化的研究中。当然,他们批评文化维度理论将所有来自特定国家文化背景的人和组织一概而论,认为该理论将文化描述为一种静态的、单一的属性,或与其相反的价值观,并以二分法的方式进行简单划分。但他们并不彻底否定霍夫斯泰德的框架,同时他们强调以高度简单化和单一的方式应用它的缺点和以谨慎细致的方式应用它的优点。在阐述如何做到这一点的过程中,作者运用文化维度理论探索多芬的"真美运动"是如何在不同文化背景下以通用或特定的术语来瞄准受众的。然而,他们的讨论也引入了其他概念性的方法,如修辞分析,来发现在全球公共关系活动中如何与不同的目标受众建立战略性的联系。

德里娜·霍尔茨豪森的章节侧重于在全球化过程中,后现代理论对公共关系作用的理论和应用性理解。她概述了后现代、批判和社会理论方法之间的差异,以及这些方法如何将语言、话语和权力与公共关系进行概念化。该章讨论了在全球化过程以及将这一过程定义为"进步"中,公共关系所扮演的角色,探索了全球化背景下公共关系实践者需要处理一系列复杂的个人、组织、文化以及国家的利益和政策。她提出,全球化背景下,后现代公共关系实践的伦理将努力促进非共识和行动,而不是毫无疑问地遵守组织目标。

罗伯特·韦克菲尔德的章节特别关注跨国实体,并探讨了通用—特定的公共关系理论如何加速理解在全球化的世界中有效地实践公共关系。通用—特定理论探讨了使用通用方法,来进行公共关系实践,以缓解组织运作的当地社会、社区和文化的特定需求之间的紧张关系。自20世纪90年代初期以来,致力于运用通用—特定理论方法的研究,正如他所述,其部分是卓越理论的延伸。虽然卓越研究和双向对称概念是公共关系实践中"卓越"定义的核心,但倡导组织需要与利益相关者进行对话,在全球跨国规模上实践公共关系的趋势,使得如何在当地环境实现这一目标的问题复杂化。他的章节提出了一个如何改进通用—特定理论的建设性见解,以及如何将其用作研究跨国公司(TNCs)公共关系实践的框架。他还主张支持跨国公司了解他们对所在社区的义务,并为公共关系从业人员提供资源以实现这些目标。他使用通用—特定理论作为其论据的基础,以警示跨国公司若未能在当地社区参与有意义的、文化知识的和长期的关系建设实践而可能招致敌对行为。

莫汉·乔蒂·杜塔和玛胡雅·帕尔的章节立足于一个批判性的理论视角。该章详细解释了后殖民理论的核心概念,如"东方主义""现代性""第三世界"的概念。他们理论化了民族国家、西方新自由资本主义流派、殖民化、公民社会和公共关系之间的整体联系。对于他们来说，公共关系是全球化进程中的关键工具，也是跨国公司实施不平等和压迫的霸权体系的一部分。以埃克森美孚（Exxon Mobil）和美国"伊拉克战争"为例，他们说明公共关系如何成为支持公司和民族国家的经济利益，从而忽视环境和底层群体的福利。在该章的总结部分，作者指出了底层学术研究的地位，以及它作为社会正义和变革运动的一部分，其在公共关系中对活动主义政治的贡献的潜力。

简森·郑的章节将《易经》这一东方哲学引入，考虑如何在全球文化语境下实践公共关系。郑的章节向我们介绍了一种在全球化世界中思考公共关系的方法，这与本书中的其他章节完全不同。如前所述，公共关系学术界因其"从西方到西方"方法而受到批评，该方法假设了西方理论概念的全球普遍适用性。最近，"东亚和北美的跨文化研究人员受到重视……宗教与其传统心理文化之间的深层次和复杂的关系，以产生新的宗教相关研究范式"（Ishii, 2006, p.17）。在解释源于中国道家思想和儒家思想的"气"的概念时，他提供了有价值的见解，关于能量流动与和谐的精神概念如何在公共关系中产生"气势"的策略，以及它们与西方普遍持有的以目标为导向和以经济为动力的沟通价值观如何形成对比。

本书的最后一章由C.凯·韦弗撰写，他深入探讨了为形成系统且批判理论化的公共关系所提供的方法，并将这些方法定位为"文化"。该章还指出了"卓越理论"和"批判理论"各自的盲点和薄弱环节。韦弗认为，我们需要了解某些文化价值观、偏见和议程是如何影响研究的，并呼吁在学术研究的方式中更明确阐述这些价值观。在为研究全球背景下的公共关系提出新的方法论倡议时，他借鉴了毛利人的观点，认为研究调查的"主体"应该被重新想象为核心研究者，他们有权决定研究设计、问题、分析方法以及研究"知识"的传播。他认为，这种参与式方法提供了这样一种手段，即"人"可以成为全球化世界中公共关系研究和理论议程的中心焦点。

结论

将编著者的工作汇集到这本书时，我们一直审视自己的主观性，告诫自己不仅是批判性解释学者，还是公共关系的研究者和教育者，我们相信通过一系列的方法，可以检验作为实践、职业和社会现象的公共关系所倡导的价值。我们的目标：一是为不同的理论和方法论提供空间，以阐明公共关系如何与全球化世界中的文化建设相关联；二是鼓励公共关系研究使用超越将国家与文化等同的方法，但这种方法至今还在主导全球文化语境下的大多数公共关系理论。

由此，我们希望公共关系理论、研究和教育能够更好地将公共关系视为一种跨文化的传播实践，但其仍深受全球权力、信息和资本流动的影响。我们本着合理沟通的精神将这本书提供给我们自己，也提供给现有的公共关系学术/实践，希望学生、同人以及其他从业者能够接受这个想法，我们不能"固化"在规范化的思维和实践模式中，而应挑战现有霸权的、倾向于文化帝国主义的结构和实践。只有通过这些研究，公共关系才能成为文化复杂世界中社区和关系建设的力量。

参考文献

Anderson, B. (1991). *Imagined communities*. London: Verso.

Appadurai, A. (1996). *Modernity at large*. Minneapolis, MN: University of Minnesota Press.

Appelbaum, R., & Robinson, W. (2005). Introduction: Toward a critical globalization studies-Continued debates, new directions, neglected topics. In R. Appelbaum & W. Robinson (Eds.), *Critical globalization studies* (pp. xi-xxxiii). New York: Routledge.

Baldwin, J., Faulkner, S., Hecht, M., & Lindsley, S. (Eds.). (2006). *Redefining culture: Perspectives across the disciplines*. Mahwah, NJ: Erlbaum.

Banks, S. (1995). *Multicultural public relations: A social-interpretive approach*. Thousand Oaks, CA: Sage.

Banks, S. (2000). *Multicultural public relations: A social-interpretive approach* (2nd ed.). Ames, IA: Iowa State University Press.

Bardhan, N. (2003a). Creating spaces for international and multi(intercultural) perspectives in undergraduate public relations education. *Communication Education*, 52(2), 164-172.

Bardhan, N. (2003b). Rupturing public relations metanarratives: The example of India. *Journal of Public Relations Research*, 15(3), 225-248.

Bardhan, N., & Patwardhan, P. (2004). Multinational corporations and public relations in a traditionally resistant host culture. *Journal of Communication Management,* 8(3), 246-263.

Berger, B. (2005). Power over, power with, and power to relations: Critical reflections on public relations, the dominant coalition, and activism. *Journal of Public Relations Research,* 17(1), 5-28.

Berking, H. (2003). "Ethnicity is everywhere": On globalization and the transformation of cultural identity. *Current Sociology,* 51(3-4), 248-264.

Botan, C. (1993). Introduction to the paradigm struggle in public relations. *Public Relations Review,* 19(2), 107-110.

Botan, C., & Hazleton, V. Jr. (Eds.). (1989). *Public relations theory*. Hillsdale, NJ: Erlbaum.

Botan, C., & Taylor, M. (2004). Public relations: State of the field. *Journal of Communication,* 54(4), 645-661.

Carey, J. (1989). *Communication as culture: Essays on media and society*. Boston, MA: Unwin Hyman.

Cheney, G., & Christensen, L. (2001). Public relations as contested terrain: A critical response. In R. Heath (Ed.), *Handbook of public relations* (pp. 167-182). Thousand Oaks, CA: Sage.

Clifford, J. (1997). *Routes: Travel and translation in the late twentieth century*. Cambridge, MA: Harvard University Press.

Coombs, W. T. (1993). Philosophical underpinnings: Ramifications of a pluralistparadigm. *Public Relations Review,* 19(2), 111-119.

Creedon, P. (1993). Acknowledging the infrasystem: A critical feminist analysis of systems theory. *Public Relations Review,* 19(2), 157-166.

Curtin, P., & Gaither, K. T. (2007). *International public relations: Negotiating culture, identity, and power*. Thousand Oaks, CA: Sage.

Cutlip, S., Center, A., & Broom, B. (2000). *Effective public relations* (8th ed.). Upper Saddle River, NJ: Prentice Hall.

Davis, A. (2007). *The mediation of power.* New York: Routledge.

Dozier, D., & Lauzen, M. (2000). Liberating the intellectual domain from the practice: Public relations, activism, and the role of the scholar. *Journal of Public Relations Research,* 12(1), 3-22.

Duhé, S., & Sriramesh, K. (2009). Political economy and public relations. In K. Sriramesh & D. Verčič (Eds.). *The global public relations handbook: Theory, research and practice* (rev. ed., pp. 22-46). New York: Routledge.

Durham, F. (2005). Public relations as structuration: A prescriptive critique of the Starlink global food contamination case. *Journal of Public Relations Research,* 17(1), 29-47.

Dutta-Bergman, M. (2005). Civil society and communication: Not so civil after all. *Journal of Public Relations Research,* 17(3), 267-289.

Elmer, P. (2007). Unmanaging public relations: Reclaiming complex practice in pursuit of global consent. *Public Relations Review,* 33(4), 360-367.

Featherstone, M. (1995). *Undoing culture: Globalization, postmodernism and identity.* London: Sage.

Fraser, N. (1985). What's critical about critical theory? The case of Habermas and gender. *New German Critique,* 35(Spring -Summer), 97-131.

Friedman, T. (2005). *The world is flat: A brief history of the twenty-first century.* New York: Farrar, Straus, & Giroux.

Frost, A. (2000). Negotiating culture in a global environment. *Journal of Communication Management,* 4(4), 369-377.

第二章

批判视角下的全球公共关系：
将权力理论化

李·爱德华

在这一章中，我的目标是将公共关系视为一个系统、一种话术、一个专业实践的领域，并将其置于一个全球环境的背景中来理论分析公共关系中的权力问题。我结合了阿帕杜莱1996年提出的概念，即全球化概念化为"想象力的工作"，以及他描述的全球文化流动是一种全球现代性传播和维持的机制，并结合皮埃尔·布尔迪厄的象征性权力的观点，它揭示了公共关系的实质和方向，既作为霸权工具起作用，也作为抵抗霸权的工具起作用。这让我们认识到，权力是以不同的方式、形式和地点表现出来的，若想充分理解，就必须从多视角出发。为此，我没有采用单一的理论框架进行讨论，而是将布尔迪厄的理论作为一套工具，即通过研究对象的适当性来选择的（Bourdieu & Wacquant, 1992, p.227）。

对权力的批判性理解是我研究方法的基础，但是用这些方法来解决全球范围内权力的复杂性问题显然是不足的。我先对现有方法的不足加以解释，以便后文讨论。然后，我在阿帕杜莱和布尔迪厄的基础上发展了我的论点，创造一种在全球文化语境下的权力新概念。我的目的不是要在这种语境下对权力有一个明确的认识，而是提供一个起点，以供进一步的学术研究。

起点：批判理论和公共关系

对公共关系活动的批判性考察，倾向于研究公共关系实践如何维护权力集团和个人的霸权，而缺乏对那些拥有较少机会、技能和资源的人的保护意识。（Kim & Dutta, 2009; L'Etang, 2005; Pal & Dutta, 2008）。这是对规范性知识的重要补充，它更多地关注公共关系的组织作用和它为组织和公众提供的利益，并作为一种建立关系和实现互利结果的手段。不管分析背后的意识形态是什么，两个学派的学者都会同意：公共关系工作是为偏袒雇主而设计的，通常这种偏袒带有隐蔽性，而且可能是有意伪装的（Edwards, 2009）。

批判性传播理论家（Mumby, 1997）运用"怀疑话语"理论解释是富有成效的，因为它揭示了我们的生活框架以及我们通过话语来限制我们的可能性，这个过程往往是无形的。批判方法往往侧重于关注权力阶层如何通过文化和意识形态控制，来延续其结构性主导地位，而忽视了"其他"参与者在传播过程中的重要性，以及其在破坏"权力"工作上所取得的成果（Demetrious, 2006; Munshi & McKie, 2001）。在这种研究过程中，尽管批判性研究在挑战特权主体，但往往是更稳固了其特权地位。这表现在对商业或政府组织的实证工作始终占主导地位，以及体现在对激进团体、社区团体和非政府组织的关注相对缺乏（McKie & Munshi, 2007; Sallot, Lyon, et al., 2003）。

本章以全球化理论为契机，以更多元的视角研究批判性公共关系中的关于权力的概念。一个全球互联的世界的复杂性在于"话语的脆弱性"（Mumby, 1997），研究者将全球化的传播问题放在主导位置上，强调时间、空间以及地理位置，但这些因素易受到文化、社会的影响，具有不确定性。换句话说，全球公共关系实践中的权力是一个复杂的问题。全球公共关系工作是在当地产生，在全国和全球传播，最后在当地再次解构，然而这与它的原始意义已经千差万别了。它所代表的利益和传播它的渠道，包括媒介系统，通常情况下，这种利益往往使统治制度永久化，使边缘群体和人口处于不利地位。然而，更仔细地考察当地的实践和话语，就会发现这种制度每天都面临挑战。全球公共关系必须认识到，当地从业者和受众重新解释全球传播的信息并拒绝其潜在假设的力量。在这个过程中，定义公共关系活动阶段的历史和当前全球化的背景应当以这种相互作用为基础。

想象力的作用和象征力量

阿帕杜莱在1996年认为，全球现代性的定义特征之一是，在全球中介的事件和移民流动的背景下进行的想象工作。他特别关注全球化的文化维度，并认为这项工作"是一个争论空间，在这个空间中，个人和团体试图将全球化纳入他们自己的现代化实践"（Appadurai, 1996, p.4）。换句话说，想象的工作是在特定的时间和地点背景下，在特定的历史形态、信息流动和身份联系中，形成群体和个人身份的过程。这是一种社会实践，普通人也可以通过大众传播媒介的存在来获得它，它产生的想象力可以将人们和创造想象的社区（Anderson, 1991）联系在一起，从而跨越物理、政治和地理的界限。正如阿帕杜莱指出的，"现在想象力是所有形式的机构的中心，它本身就是一个社会事实，是新的全球秩序的关键组成部分"（Appadurai, 1996, p.31）。

个体存在于构成其活动的全球结构中，阿帕杜莱却避免强调全球系统和结构的重要性。例如，他指出，"当今世界的消费往往是一种单调乏味的形式，是资本主义文明进程的一部分"（Appadurai, 1996, p.7）。这就表明，想象力的概念是由机构和转变所决定的，全球化具有潜在的生产力，而不具有破坏性（Tomlinson, 2003）。大众媒体展示了一种以富有想象力的方式扮演规范性角色的选择，并使得"情感共同体"（Appadurai, 1996, p.8）成为可能，使其能够超越传统的地理、文化、社会或政治边界，想象和感受事物在一起，且有能力共同行动。例如，个人根据自身和内容选择性地使用不同的媒体，而这些内容并不一定符合那些传播者的意图。这种变革的行动不仅是社会和文化的，而且是政治的，并嵌入地方、国家和全球层面理解上的、历史的清晰表达。通过理解过去来形成新的想象，它们同时构成了从现在通向未来的新历史。

从这个意义上讲，想象力的工作将地方与国家、国家与全球联系在一起，但它也使得这些联系变得不可预测。因为信息不是统一的，而是取决于地方和国家所处的历史、时间和空间的特定背景情况，这种不稳定性也意味着适用于个人和团体的规范可能会破裂，这也是全球化问题之所以复杂的原因之一（Held & Mc Grew, 2003）。

阿帕杜莱认为想象力是"机构和全球化可能性区域之间的协商中心"（Appadurai, 1996, p.31），隐含地承认个人塑造其环境时，不同因素之间正在进行权力斗争。这同社会学家皮埃尔·布尔迪厄的观点一致，他认为权力最好被理解为象征性力量，或是某一特定群体向他人呈现特定范围内的真实，并让其他人接受这种真实（Bourdieu, 1991）。特别是，"想象"让人联想到布尔迪厄关于"场域"的概念——社会轨迹的范围和个人认为可以获得的位置，并根据他们的习惯定义（Bourdieu, 1984, p.110）。习惯是一种持久的倾向，它随着时间的推移而发展、渗透，通过模仿那些对我们具有象征意义的人的行为规范来形成。我们这些倾向决定了我们如何理解所处的社会环境和扮演的角色。它们是具体的，并通过语言表达，与我们周围的人产生互动（Bourdieu, 1990, 1991）。

从历史层面去理解习惯的时间维度，但布尔迪厄所讨论的历史并非政治和社会事件，而是对自我和自己在世界上所处地位的一种规范理解，这种理解建立在时间的基础上，并被认为是一种"常识"（Bourdieu, 2000）。此外，他认为，习惯可以是特定于某一领域的实践，即在该领域中，成员们为了权力而竞争，而在该领域中，他们相对于其他领域的人而言，则是根据"惯习"来制定规范（Bourdieu, 1992）。我们在这一领域所能得到的地位，不仅是由他人定义的，还是我们接受他人对于现实的看法的结果，也可解读为我们在特定领域可能达到的能力上限，并影响我们做出选择（Bourdieu, 1984）。

布尔迪厄在他的作品中并没有谈及全球化的问题，但是将他的思想和阿帕杜莱的框架结合起来，对理解全球化背景下的公共关系的力量是有益的。惯习的概念被批评为过于结构化和静态（Crossley, 2003; King, 2000），但是作为阿帕杜莱想象力作品的一个方面，如果一个人解释了它产生的可能性，机构就会被整合到画面中，并且在形成和进化中产生一定程度的不可预测性。此外，全球范围的想象工作扩展了布尔迪厄的使用领域，并将全球实践社区与局限于一个特定地点的实践联系起来。其还突出了它们的渗透性，并有助于解释在这个特定的背景下，"可能的领域"会使布尔迪厄的原始观念更加多样化。反过来，布尔迪厄对象征力量的表达和对现实的描述更明确地揭示了支撑想象力的权力的动力，并阐释了阿帕杜莱认为它是全球秩序的基础的缘由。考虑到公共关系的主要职能是为组织的利益服务，即使这包括在一定程度上与外部利益相联系，这使得我们开始理解这个职业为何以及如何运用权力来影响全球环境。

丰富想象力：全球文化流动

关于想象力的实质从何而来的问题，似乎布尔迪厄的作品并没有为想象力提供推动力，因为他强调的是对抵抗的控制，他认为，主导群体决定了自己和他人在世界上的相对定位的基础，而这是因其规范的外表被广泛接受（Bourdieu, 1991）。在这一构想中，对占主导地位的群体通过象征性暴力来强化其地位进行谴责，因为他们是以牺牲抵制这种观念的人为代价的，并利用替代资源来完成他们自己的想象（Couldry, 2005）。然而，布尔迪厄确实也承认了如果实践和话语之间有距离的话，规范的话语就是一种挑战——如果生活经验不符合主导话语，规范话语就会受到挑战，这就提出了"异端颠覆"的可能性（Bourdieu, 1991, p.128），即出现了世界上有能力改变生活经验的另类表象。

阿帕杜莱的研究，即变化是如何通过明确地摆脱传统的主导模式而关注新的文化经济是"一个复杂的、重叠的、分离的秩序，并且它是不能再从现有的中心边缘模式中得到理解的"（Appadurai, 1996, p.32），从而使我们对变化如何出现的理解更加深入。换句话说，全球化从根本上讲是一种跨越全球的、网络的新形式、增长和密度，并创造一种"厚"的全球主义（Keohane & Nye, 2003）。这样的世界包括一个事实，即我们的生活总是以潜力为特征的，如果不是真实地重新想象，我们的生活就有可能发生改变。

阿帕杜莱认为，全球现代性的特征是五种全球文化的流动（Appadurai, 1996, pp.31-36）。种族景观是由资本流动、技术发展、大众媒体想象、国家和国际冲突等现代全球现象所推动的一种人和群体活动的景观。阿帕杜莱指出，不断变化的环境意味着"即使它们愿意，这些移动的群体永远不能让它们的想象停留太久"（Appadurai, 1996, p.34）。技术景观是全球范围内技术的配置和分布，它在世界范围内迅速发展，与政治和经济形态以及劳动力的有效性相关。金融景观指的是全球资金流动的复杂配置和高速分布。媒体景观被定义为通过媒体渠道，传播世界各地信息的能力和这些信息的实质性内容。它们将商品、新闻和政治的世界混在一起，为媒体消费者模糊现实与虚构之间的界限，并提供素材，"脚本可以由想象的生活、他们自己以及其他生活在其他地方的人产生，这些脚本……帮助建立对可能生活的其他和保护主义的叙述"（Appadurai, 1996, pp.35-36）。意识形态景观是与国家意识形态和反意识形态相关的图像的结合体，它们明确地围绕着获取国家权力这一目标，每一种流动都可以加强和扰乱其他的动态，而正是它们之间的脱节，以一种独特的历史方法影响着全球文化经济。

出于本讨论的目的，我们可以将流动理解为上述想象的材料来源。这种材料包括流动的物质——出现在任何时候定义和证明其地域的话语，但也包括这种流动的日常实践经验。话语和实践相结合的辩证法帮助我们塑造了想象中的世界，或个人和团体能够发展的可能性领域。例如，从农村到城市地区寻找高科技产业的就业机会是可以想象的，因为媒体景观描述了通过金融财富获得解放的可能性以及这些行业出现的城市地区；某些特定地区和国家的意识形态定位，证明了其对某些资本的要求。例如，全球分工意味着在印度班加罗尔的高科技产业园区中的现实生活，与美国的加州相比，情况并没有太大的不同，但是为参与其中的社区提供了非常不同的消费规模（Giddens，1990）。在现实中，我们将媒体景观和意识形态景观的叙述重新构想，两者呈现出很大的不同。

考虑到这些文化流动，有助于克服布尔迪厄提出的条件限制，即认识到构成当今全球文化经济的领域的流动现实，从而形成"可能的领域"。全球化的一个永恒特征是，文化流动之间的脱节通过在特定的地方以特定的方式塑造经验而产生可替代的想象。因此，即使一个特定的世界观倾向于在一个特定的时刻占据主导地位，其背后的实践领域和定义它们的话语也必须被理解为持续的竞争过程而不是静态的。

这一讨论使得我们能够将全球化、流动性这两个主要特征纳入公共关系的衡量尺度。下一节将更详细地描述这些新见解在理解公共关系作为一种全球实践中所固有的权力是如何取得成效的。

公共关系、想象和权力

也许，在全球化背景下对公共关系最显而易见的理解是，在地方、国家和全球各级进行的一场讨论，以确定想象的工作。这不仅是一场关于现在和未来的斗争，而且是关于被选择作为富有想象力的工作的主要框架的特定历史的斗争。在这一节中，我补充了这一观点，我认为公共关系在许多方面都与这种机制有关，它是通过一种全球性的讨论斗争而形成的。首先，公共关系可以被理解为构成五种文化流动话语的生产者；其次，它是一种结构动力，帮助生成和维持这些流动在时间和空间上传播，并以"跨界"的连接形式，不受传统领土边界的限制，部分地重新配置了集体的社会空间（Scholte，2003）；最后，它本身是一个有争议的领域，其自我利益和自我保护能力影响着它在环境方面的工作。

公共关系作为全球话语的产物

作为全球话语产物的公共关系在阿帕杜莱（Appadurai）的媒体景观和意识形态景观中有着最明显的牵连，它通过网络媒体、电视和电台等通信技术生产和传播信息，这些媒体是横跨世界的媒体景观的一部分。它的话语总是有超越地方的潜力，即使这不是最初的意图。无论是政府、商业利益、非政府组织还是激进组织，在意识形态上，公共关系都符合那些为之付出代价的人的利益。它的产生是为了说服它的观众，通过某种特定的现实版本来塑造他们的态度和行为，从而支持特定形式的消费、生产、鼓动或公民身份（McKie & Munshi, 2007; Miller & Dinan, 2007; Moloney, 2006; Motion, 2005）。可以说，公共关系是群体和个人在全球文化语境中以及争夺象征权力的斗争中所使用的工具之一。

以往的许多研究是在国际背景下考察公共关系工作的，倾向于在特定国家或运动的背景下解释这种权力斗争，或由个别组织或代表执行（Curtin & Gaither, 2007; Moss, 2002; Sriramesh & Verčič, 2009）。同样，批评性的工作倾向于研究特定的运动对主导群体和支配群体的相对力量的影响，这与一些特定的问题或背景有关（Mickey, 2002; Motion & Weaver, 2005）。这些方法很重要，但如果仅仅从这种专一性的角度来理解公共关系的影响，是错误的，就好像它可以从其他环境中分离出来（Edwards, 2009）。全球化理论提醒我们，话语的生产和接受话语的条件是复杂的（Held & McGrew, 2003）。阿帕杜莱所描述的文化流动是交织在一起的，因此公共关系话语不能仅仅被解释为媒体景观或意识形态景观中的一个元素，它们的生产、分配和影响的条件必须在这些联系中寻找，而不是割裂开单独地寻找。

这一象征性的话语表达了对地方的理解，形成了其他意识形态在这种情况下被接受和解释的方式。与此同时，将新的"原材料"从其他的全球空间和时代中引入这些地方，产生互动连接，并改变这些符号话语中不同元素的吸收，对我们的生活产生了深远影响包括政治、社会、文化和经济等方面。例如，政府主导型的媒体对一个偏远国家的政治压迫的报道，可能会影响西方国家对于从那个国家寻求庇护者的理想化看法，从而改变相关论述，尽管这些言论在地方和国家的政治、商业利益上仍然是可以接受的，但在其他地方，暴力政权下的公民可能会对当地和国家煽动者的行动和话语做出新解释，因为他们可以接触到非政治组织的人士。这些新的想象，将由非政府组织提出的可能性和具体的社会和经济环境所构成，并决定了这种可能性的实现方式。

这种相互作用构成了一种动态的辩证过程，通过地方、国家和全球各级文化流动的对应与分离形成对话，在文化流动具有自然"契合点"的地方，不同话语之间的互动是无缝的。例如，金融景观是由特定的意识形态所支撑的，它们通过代表金融利益的公共关系叙事，在资本分配和使用的领域，最常见的是在新自由主义原则的基础上进行宣传。因为这些与在媒体景观中流通的消费话语恰好吻合，那些拥有财富消费能力的西方国家很可能没有注意到这些施加在其身上的象征力量。相反，在文化流动冲突的地方，会出现新的想象，这时改变是一种选择。构成种族景观实质部分的经济迁移，部分是由于公共关系从业人员代表的文化、金融、政治和经济利益而形成的形象，并利用技术景观中可用的分配机制在媒体景观中呈现出来。这些想象被群体和个人解释为特殊的可能性，其中一些人在自己的生活中实现了这些想象。这些运动和它们所代表的新想象，反过来又为现有话语创造了新的基础，现有的话语可以通过进一步的公共关系工作加以扩展或挑战。

通过这种方式，通过公共关系的话语，对这些对话的发展方式以及被一个或多个观点所吸引的象征力量作出了重大的贡献。

公共关系和全球结构

公共关系所产生的话语，仅仅是这个专业在全球化世界中所能发挥的力量的整体图景中的一个要素。布尔迪厄（Bourdieu, 1999）强调了目标结构在产生、维护和再现象征性力量方面的重要性，因此我们需要在全球化背景下的公共关系分析中加以考虑。

布尔迪厄认为，特定领域的关系体系是有层次的，而且在本质上是冲突的。它们的结构是对立的，其中最基本的划分是占主导地位的和被支配地位的。这些符号系统通过将其组织成可理解的系统，即建构结构，提供了理解世界的方式；通过共享的意义了解世界，即结构化结构，以及通过它们在政治组织中的综合角色（占主导地位的群体）和分裂角色（在占主导地位的群体和被主导的群体之间）来影响社会。简而言之，它们在创造习惯上扮演着重要的角色（Bourdieu, 1990; Swartz, 1997），因此，它们是想象力工作的基础。

在考虑公共关系运作的多重层面时，布尔迪厄将符号系统分解为正在结构化的结构、已经结构化的结构和政治组织是很有帮助的。其不仅反映了我们对生活的世界的文化理解，而且反映了世界的结构，因为结构是通过话语得到延续和证明的。他的观点与阿帕杜莱的观点相同，即文化的流动不是抽象的，而是通过制定的想象产生具体的行动，这种行为具有结构和政治上的以及主观的后果（Appadurai, 1996）。

例如，代表政治、活动人士或商业利益的运动，会以一种特殊的方式来描述世界的结构，市场经济的新自由主义的表现说明消费解放了个人，进步被解释为"财富积累"。作为正在结构化的结构，这些话语推动了特定的生产、消费和管理系统发展。其认为消费是有价值的活动，并认为利润优先于福利，应将政府定位为自由市场的保护者，而不是其管理者。作为已经结构化的结构，我们可以通过大众媒体想象来传播，在我们发展"集体想象"的基础上，共同理解这个世界，包括它们的过去与现在，我们在其中的角色以及其所拥有的未来的可能性。

这些公共关系话语已经结构化及正在结构化带来的影响，显然是一种象征力量的机制。代表着商业组织和西方政府的公共关系运动，在其特定的背景下，通过新自由主义意识形态的价值来加强这些结构。正如麦基和孟希所指出的，这对那些被剥夺话语权的人有着极大的影响，被边缘化并惩罚那些不适合的人，无论他们是否以利润作为他们成功的主要导向，由此，他们吸引了更低的股价，或吸引了那些不能或不愿消费，或因其有限的访问技术不能参与系统的政治参与和识别公民身份的人。这种"他者化"的团体和个人,通过不断制定新自由主义意识形态的实质后果而继续存在。特别是在发展中国家,环境破坏是确保成功的、具有成本效益的生产以维持市场的合理结果。公司会尽量减少它们的影响,但是完全停止损害几乎是不可能的(McKie & Galloway, 2007; Munshi & Kurian, 2005)。

如果把公共关系理解为一个系统,它与其他系统,包括像媒体,相关的行业部门,以及它的姐妹专业,如市场营销和广告等,相互交织在一起,其结构性影响也是显而易见的。专业化进程阐述了一种愿望,即把公共关系与它的环境分开,作为更广泛的项目的一部分(Pieczka & L'Etang, 2006),并将公共关系的理想主义观点与市场营销、媒体或变革管理相分离,从而具有自身的历史和专业身份(Ewen, 1996; Gregory, 2009; L'Etang, 2004; Wilcox & Cameron, 2009)。这种分离提升了地位,使预算得到维护,工作得到保护,并为研究创造了一个理论基础(Toth, 2002),但使从业者无法认识到他们日常工作的深远影响。公共关系的地域性观点有其重要性(Scholte, 2003),但是如果没有相应的对跨界联系的认可,这个专业就无法利用其全球存在创造联系(Sriramesh & Verčič, 2007),对一个"浓厚"的全球主义而言,公共关系如果忽略了偏远人口的想象力,那么对明显本土化的沟通努力可能产生潜在的重大影响的世界是不充足的(Elmer, 2007; Keohane & Nye, 2003; McKie & Munshi, 2007)。

阿帕杜莱(Appadurai, 1996)的工作也提供了一种理解公共关系及其基础设施的方法。文化流动的概念展示了从业者如何总是与影响我们生活的全球进程相关联,无论他们是西方政务信息服务的成员,还是在巴基斯坦难民营工作的无国界医生组织的发言人,或是全球企业的沟通主管,又或是当地机构的账户组中最初级的成员,但这一现实往往都是被遗忘的。

技术景观是一个有用的起点。它们是全球化的背景下公共关系基础设施的一部分,塑造了传播话语的速度和形貌,并决定了它们被吸收的可能性。就像公共关系策略一样,技术官僚不是中立或简单的渠道,它们可以为以前被边缘化的群体和个人提供宝贵的机会,使他们可以参与到公民社会和政治进程中(Mathews, 2003)。同时,它们产生一种持续的"他者"过程,即公共关系工作通过强调技术作为信息的分配机制而得以延续(Warschauer, 2003)。数字和网络技术的普及是公共关系传播的策略,公共关系传播越来越多地使用这种技术,或者倾向于印刷和口头技术,这意味着由于技术基础设施有限,全球南部的人口受到主要贸易和信息流动的排挤(Breakenridge, 2008; Duhé, 2007; Tench & Willis, 2009)。在国家范围内,这种现象仍然存在,因为人们操纵技术的能力有限,或一些人群(如老年人、穷人或移民社区)对技术的使用过于碎片化,导致这些人被排除在影响他们生活的决策之外。在当地,通过数字或网络技术获取信息就定义了贫富,通过家里的电脑每天上网的人,与那些必须去图书馆使用电脑的人相比,前者更能跟上信息的流动。

在技术景观的分配机制中，对西方受众的偏见也在某些话语中得到了呼应，这通常由占主导地位的群体所产生，通过大众传播媒介传播得更为广泛，产生了跨越时间和空间的共同经历和想象的社区（Appadurai，1996），并使他们在全球范围内的主导地位持续下去。这不仅仅是一个接触更多媒体的问题，更是公共关系工作与全球媒体结构的共生关系的一个功能：二者缺一不可。

全球媒体由少数媒体集团主导，其中大多数企业总部都设在美国。它们传播的新闻和信息反映了政治和商业意识形态，这些意识形态定义了其国家，更广泛地说，发达国家挤压了当地的文化产品和意识形态，限制了那些发表不同意见的人进入公共领域的机会（McChesney，1999，2000），全球公共关系行业因其结构而受到牵连。最近对英国前150名公共关系顾问的分析是由定居在北美和欧洲的集团主导的，但在全球范围内情况都大致相同（*PR Week*，2009）。这些集团在公共关系中的地位是由它们的市值决定的，它们所经营的业务包括市场营销、公共关系和与媒体相关的活动。所以人们都积极地参与金融领域，并从全球运动获得的收入中获益，并且这些运动暗示了公共关系对全球化的世界的影响。

这些公司代表其客户所生产的话语，是对全球媒体集团需求的补充，而不是挑战全球媒体集团的需求，并且它能产生作用于特定方向的能量：从北到南，从西到东，从富国到穷国。公共关系工作、媒体和企业利益之间的亲密关系意味着，为全球品牌推广一系列新的服装的国际活动，其意识形态和物质效果要比那些从业者所期望或有时间考虑的要广泛得多。它证明了发展中国家公民在恶劣的环境下生产这些衣服的合理性，而且通常人们的工资很低；它证明了用于制造衣服的资源的开发和处置，例如水、棉花、化学染料和漂白剂。在这样的世界里，这样的消费是不可能的，也不适合所有的目标受众。并且它证明了对衣服的完美处理有利于迎合新的趋势，但增加了偏远地区甚至全球居民处理垃圾的负担。

然而，这样的活动毫无争议地进入了媒体景观，因为它们在意识形态和经济上都符合西方崇尚的利益主导的大众媒体议程。此外，全球媒体系统推广话语的一致性，意味着这些信息联系广泛的活动支撑了类似的商业和政治利益，加强了物质消费和作为已经结构化的生产结构：构成我们并定义我们在这个世界上的位置的"自然"时刻（Appadurai，1996；Bourdieu，1984）。

41　专业领域的重要性

公共关系工作为了塑造其影响力，可以在跨越地方、国家乃至全球环境的多种专业领域中展开。场域成为竞争空间，在这里，代理机构为象征权力而斗争。布尔迪厄认为，这种权力是由经济、社会和文化资本决定的，而这一领域的每一个代理机构都可以宣称并转化为具有象征意义的资本，资本在其象征价值上比其物质属性所暗示的更具代表性（Bourdieu, 1997）。象征价值的标准是由该领域的主要代理人决定的，并且总是与这些代理人已经拥有的资本相对应，从而保持他们的支配地位和能力来定义该领域内其他人的位置。在公共关系领域，最具象征意义的公司往往在年度"150强"的公司中，这些公司衡量其成功的标准是它们在财务资源、市值、与主要全球和国内品牌的合作，以及咨询公司自身业务的全球足迹（Edelman, 2009; WPP, 2009）。利用这些标准，组织努力在与其他同事或团体的关系中定位自己，尤其是因为这有助于其有效地竞争一块可用于资助公共关系工作的财政"蛋糕"。

虽然表面上与个别公司和间接参与的从业人员的地位相关，但这套标准也决定了与不同类型的公共关系工作相关的价值和声望。金融、医疗、制药或技术等行业的公共关系受益于其客户组织的主流地位，并能吸引大量预算；与此相反，非营利部门的从业人员在工作上的资源更少，他们的工作也不像其同行那样得到广泛的认可。因此，公共关系行业的结构和财务成功对高层的重要性也偏向于"发达"国家及其主要行业，而不是"发展中"的行业。

当然，公共关系从业者在各种环境中工作，致力于象征权力的斗争，这可能涉及与激进分子、第三部门、非政府组织或其他敢于挑战而不是接受现状的组织合作。同一家咨询公司的从业者可能正在从事与意识形态截然相反的活动，并在媒体景观中直接竞争"话语权"，以产生新的想象。在布尔迪厄的术语中，一些反对主流话语的团体，如慈善机构或环保组织，通过公共关系策略来表达现实，引入那些被忽视的成分，表明了不同的生活方式实际上是相互关联的。这使集体身份，或者阿帕杜莱所描述的"集体想象"得以发展。

> 代表的政治劳动……使代理人能够在他们内部发现在孤立、分裂和遣散的特殊情况的多样性之外的共同特性，并根据似乎各异的特点或经验来建立自己的社会特征，只要缺乏相关性，他们就可以根据这些特点或经验作为创建同一类成员指标的基础。（Bourdieu, 1991, p.130）

> 作为对这一现象的回应，占统治地位的群体成员的公共关系工作产生了一种替代性叙事，取代了所有受到异端话语威胁的事物……他们试图通过一种简单明了的常识，向人们灌输一种世界本应如此、别无选择的思想，他们对维持现状的机制感兴趣，企图以一种非政治化的政治进程破坏政治，这种政治进程是通过一种中立的过程产生的，或者更准确地说，是通过一种否定的过程产生的，旨在使民意恢复其原始的无辜状态。（Bourdieu, 1991, p.131）

然而这些讨论与斗争并不是在公平竞争的环境下进行的，且公共关系本身的结构并不能缓解这种不平衡。权力领域的逻辑意味着，大多数公共关系专业人士会通过获取高薪和享有专业地位的工作来提升他们在社会中的地位。尽管一些大型非政府组织和非营利组织可能会在这些条款上竞争以吸引专业人士，但规模较小的慈善机构和活动团体无法提供相应条件，人才和社会资本将倾向于那些能提供更好条件的组织，使不具备足够能力的团体无法挑战那些主导的意识形态、媒体和"他者"群体的话语权。

潜在的阻力

公共关系的全球化背景，使得关键分析重新聚焦在一个绝大多数都是互相联系的环境中的权力的复杂性。阿帕杜莱提出的全球文化流动理论表明，意识形态景观不能与技术研究、金融景观或其他文化流动相分离，并支持将后殖民时期的交流作为一种主要的战术和意识形态工具，以此将世界划分开来（Munshi & Kurian, 2005; Shome & Hedge, 2002）。相应地，公共关系工作所产生的权力，并不仅仅存在于它所创造和传播的信息中，而是在它所使用的分配机制中，它所构成的经济资源和合法的地位，以及它赋予某些人的相对价值。

然而，全球化世界的复杂性提醒我们，这种变化将会受到挑战。即使象征性的权力似乎最常与占主导地位的群体在一起，后殖民理论家认为没有"他者"，这些群体就不能存在（Said, 1978/1995）。为了避免过分强调主导群体和个人的作用，我必须重新引入代理和主观性，在这一章中，我已经展示了阿帕杜莱（Appadurai, 1996）关于想象力工作的概念是如何在这里发挥作用的。

想象力是对象征力量的一种重要的抵制，它可以引起全球文化流动的物质变化，对全球秩序产生切实的影响，因为它在特定的时间影响了特定的地方。当然，用阿帕杜莱的话来说，想象力的工作以一种特定而相关的方式使用了全球文化流动的原材料，这并不是批判神学家传统上认为从属群体和个人唯一涉及的领域。此外，由于文化流动的特点是连贯而不是冲突，这使得主导群体的想象力能更深入地融入全球秩序，但由于这些想象是对世界的常识理解，它们不会像促进对现实的不同看法的流派之间的分离那样产生对行动的推动力。通过话语来表达分离，正如布尔迪厄所指出的，"通过改变这个世界的表征来改变这个世界的可能性，而这种表征有助于社会的现实……"（Bourdieu, 1991, p.128）。这是一种政治行为，尤其当它以大众媒体的集体想象为形式时，它会影响个人和集体的身份，并可能产生积极和消极的影响（Appadurai, 1996）。尽管如此，这一变化最终还是富有成效的，并且"实际上它对所宣布的事实做出了贡献，它使我们信服，最重要的是创造出了能够促进其生产的集体代表"（Bourdieu, 1991, p.128）。

亨德森（Henderson, 2005）通过分析新西兰"非转基因联盟"的公共关系活动，展示了这种抵抗在地方和国家层面所能提供的可能性。该联盟成立于新西兰，旨在在政府关于转基因（GM）政策的咨询过程中，对抗科学界和工业界的主导声音。科学和工业团体将新西兰的未来竞争力定义为接受转基因技术，将其视为在全球研究和商品市场中获得竞争优势的手段。相比之下，"非转基因联盟"由多个利益团体组成，其目标是确保政府能够充分考虑公众对转基因技术的担忧。该联盟运用了广泛的公共关系策略，包括游说、媒体关系、基于网络的宣传活动、媒体噱头以及基层倡议，成功地重新定位了关于转基因的讨论（Roper, 2002）。其强调纯净自然环境的科学和经济价值，从而在咨询期间有效地挑战了关于转基因技术的主导话语。其努力"争取了时间，确保了关于监管环境的持续辩论，并有效地对抗了关于基因工程的主导话语"（Henderson, 2005, p.133）。

在全球范围内，罗珀（Roper, 2002）、尤里斯（Juris, 2005）阐述了反全球化运动对抗政府和企业传播的许多方式，利用其提供的技术和媒体景观，来生成关于政治、社会和经济世界秩序的替代话语。他们的作品使人们产生了新的想象，因为它通过技术手段和媒体景观传递了阿帕杜莱所说的现代性，尤里斯描述了在全球范围内的独立媒体中心和通信枢纽的快速传播，它们被一些激进团体利用，绕过传统媒体渠道，直接传播"草根、非企业报道"，这不仅是全球重大事件，如反世贸组织的抗议，还是对地方和国家经济和政治状况的回应（独立媒体中心，2009）。这些新闻交织在一起，形成了一个主导全球体系的替代叙事，并产生了地方、国家和全球的反抗。这些媒体中心的努力对占主导地位的群体是如此具有挑战性，以至于许多国家的媒体中心都遭到了袭击，它们的技术和文件遭到了破坏（Juris, 2005）。罗珀强调要认真看待这些媒体中心的努力及其重要性，在提出另一种选择时，它们产生了一种新的公众对企业和政府行为的期望，这根植于世界秩序强大的替代性和集体想象，忽视它们的政客和企业机构将面临越来越多的挑战，如合法性将面临挑战，这些政客和企业机构需要做出回应，才能生存下去。

总结

这一章借鉴了想象的工作和文化流动的概念，来思考全球化世界中公共关系的力量，描述了文化流动、想象的工作产生的可能性，以及全球现代性的联系提醒我们去思考。只有规范化的全球公共关系，或只有激进分子的抵抗，产生的都不是完整的公共关系效果。认识到公共关系话语对产生新的想象力所起的作用，或者可能产生的场域，都揭示着全球公共关系实践所行使的权力的多方面性质，不论这些实践由谁发起。

在公共关系的研究和教育中，我们需要对这一权力进行更细致的探索，公共关系从业者通过其工作所形成的社会政治、文化和经济景观需要深入探讨。全球文化流动与公共关系在维持或破坏这些联系方面所起的作用是不可分割的，它们应构成理解这一职业的重要组成部分。从业者自己必须认识到，他们的工作产生了"关联作用"，即一系列在空间和时间，地方、国家和全球范围内迁移和演化的行动（Rosenau, 1990）。这样做，从业者可能会更多地去反思自己的工作，更少地去评判别人的知情权，更多地认识到他们的活动可能产生的反响，即使是通过公共关系工作传播的想象世界，也必须了解对现实的不同看法，并为变革做好准备。

问题讨论

1. 想象在两年、五年或是十年的时间里，你会在哪里？你会有什么变化？这些（你想象的工作）是如何受到阿帕杜莱的文化流动的影响的？
2. 公平贸易运动话语（www.fairtrade.org.uk）与"西方"或新自由主义的消费和生产假设如何形成对比？如何想象"公平贸易世界"？
3. 选择你所在国家的一份全国性报纸。这些新闻（例如，商业、名人、政治、体育）的主题有什么关系？试着用不同的假设来改写一则新闻，产生一个不同的"想象"。
4. 访问www.indymedia.org，在你感兴趣的首页上阅读四到五则新闻。思考它们如何改变你对国家和人民的看法？你和它们有什么共同点？这如何帮你形成一个集体想象，是否意味着你与它们的特殊情况有关？
5. 访问一个全球公共关系公司的网页（例如，Weber Shandwick或Edelman或Hill & Knowlton），并找出一个国际公共关系活动的案例进行研究。这些活动的成功是如何被定义的？鉴于阿帕杜莱的文化流动，什么影响被忽略了？你认为这是什么原因？

注释

[1] 2009年6月，迈克尔·杰克逊（Michael Jackson）去世后，这一现象尤为明显，全世界的迈克尔·杰克逊的粉丝都成了这个社区的好榜样。
[2] 一个领域可能是一个特定的社区或专业团体或另一个成员都彼此认同的团体。

参考文献

Anderson, B. (1991). *Imagined communities*. London: Verso.

Appadurai, A. (1996). *Modernity at large: Cultural dimensions of globalization*. Minneapolis, MN: University of Minnesota Press.

Bourdieu, P. (1984). *Distinction: A social critique of the judgement of taste*. London: Routledge & Kegan Paul.

Bourdieu, P. (1990). *The logic of practice*. Cambridge, UK: Policy Press.

Bourdieu, P. (1991). *Language and symbolic power* (G. Raymond & M. Adamson, Trans.). Cambridge, UK: Policy Press.

Bourdieu, P. (1992). *The field of cultural production: Essays in art and literature*. Cambridge, UK: Policy Press.

Bourdieu, P. (1997). The forms of capital. In A. H. Halsey, H. Lauder, P. Brown, & A. Stuart Wells (Eds.), *Education, culture, economy, society* (pp. 46-59). Oxford, UK: Oxford University Press.

Bourdieu, P. (1999). *The weight of the world: Social suffering in contemporary society.* Cambridge, UK: Policy Press.

Bourdieu, P. (2000). *Pascalian meditations.* Stanford, CA: Stanford University Press/ Policy Press.

Bourdieu, P. , & Wacquant, L. (1992). *An invitation to reflexive sociology.* Chicago, IL: Policy Press.

Breakenridge, D. (2008). PR 2. 0: *New media, new tools, new audience.* Upper Saddle River, NJ: FT Press.

Chartered Institute of Public Relations. (2009). CIPR Excellence Awards 2009. Retrieved from http://www. cipr. co. uk/ news/index. htm.

Couldry, N. (2005). The individual point of view:Learning from Bourdieu's "The Weight of the World." *Cultural Studies <=> Critical Methodologies,* 5(3), 354-372.

Crossly, N. (2003). From reproduction to transformation:Social movement fields and the radical habitus. *Theory, Culture and Society,* 20(6), 43-68.

Curtin, P. A. , & Gaither, T. K. (2007). *International public relations: Negotiating culture, identity and power.* Thousand Oaks, CA: Sage.

Demetrious, K. (2006). Active Voice. In J. E'tang & M. Pieczka(Eds.), *Public relations:Critical debates and contemporary practice* (pp. 93-107). Mahwah, NJ: Erlbaum.

Duhé, S. (Ed.). (2007). *New media and public relations.* New York: Lang.

Edelman. (2009). Edelman Corporate Brochure. Retrieved from http: // www. nxtbook. com.

Edward, L. (2009). Symbolic power and public relations practice: Locating individual practitioners in their social context. *Journal of Pubic Relations Research,* 21(3), 251-272.

Elmer, P. (2007). Unmanaging public relations: Reclaiming complex practice in pursuit of global consent. *Public Relations Review,* 33(4), 360-367.

Ewen, S. (1996). PR! A *social history of spin.* New York:Basic Books.

Giddens, A. (1990). *The consequences of modernity.* Cambridge, UK: Policy Press.

Gregory, A. (2009). Public relation as planned communication. In R. Tench & L. Yeomans(Eds.), *Exploring public relations* (2nd ed. , pp. 174-197). Harlow, UK: Pearson.

Held, D., & McGrew, A. (2003). The great globalization debate:An introduction. In D. Held & A. McGrew (Eds.), *The global transformation reader* (pp. 1-50). Cambridge, UK: Policy Press.

Henderson, A. (2005). Activism in "Paradise": Identity management in a public relations campaign against generic engineering. *Journal of Public Relations Research,* 17(2), 117-137.

Independent Media Center. (2009). Independent Media Center. Retrieved from http://www. indymedia. org/en/.

Juris, J. S. (2005). The new digital media and activist networking within anti-corporate globalization movements. *The Annals of the American Academy of Political and Social Science,* 597, 189-208.

Keohane, R. O. ,& Nye, J. S. (2003). Globalization: What's new? What 's not? (And so what?). In D. Held & A. McGrew (Eds.), *The global transformations reader* (pp. 75-83). Cambridge, UK: Policy Press.

Kim, I., & Dutta, M. J. (2009). Studying crisis communication from the subaltern studies framework: Grassroots activism in the wake of Hurricane Katrina. *Journal of Public Relations Research,* 21(2), 142-164.

King, A. (2000). Thinking with Bourdieu against Bourdieu: A "practical" critique of the habitus. *Sociological Theory,* 18(3), 417-433.

L'Etang, J. (2004). *Public relations in Britain: A history of professional practice in the 20th century.* Mahwah, NJ: Erlbaum.

L'Etang, J. (2005). Critical public relations: Some reflections. *Public Relations Reviews,* 31(4), 521-526.

Mathews, J. (2003). Power shift. In D. Held & A. McGrew (Eds.), *The global transformations reader* (pp. 204-212). Cambridge, UK: Policy Press.

McChesney, R. W. (1999). *Rich media, poor democracy: Communication politics in dubious times.* Chicago, IL: University of Illinois Press.

McChesney, R. W. (2000). The political economy of communication and the future of the field. *Media, Culture & Society,* 22 (1), 109-116.

McKie, D., & Galloway, C. (2007). Climate change after denial: Global reach, global responsibilities and public relations. *Public Relations Review,* 33 (4), 368-376.

McKie, D., & Munshi, D. (2007). *Reconfiguring public relations: Ecology, equity and enterprise.* Abingdon, UK: Routledge.

Mickey, T. J. (2002). *Deconstructing public relations: Public relations criticism.* Mahwah, NJ: Erlbaum.

Miller, D., & Dinan, W. (2007). *Thinker, faker, spinner, spy:* Corporate PR and the assault on democracy. London: Pluto Press.

Moloney, K. (2006). *Rethinking public relations: PR propaganda and democracy* (2nd ed.). Abingdon, UK: Routledge.

Moss, D. (2002). *Public relations cases: International perspectives.* London: Routledge.

Motion, J. (2005). Participative public relations: Power to the people or legitimacy for government discourse? *Public Relations Review,* 31(4), 505-512.

Motion, J., & Weaver, C. K. (2005). A discourse perspective for critical public relations research: Life Science Network and the battle for truth. *Journal of Public Relations Research,* 17(1), 49-67.

Mumby, D. K. (1997). Modernism, postmodernism and communication studies: A rereading of an ongoing debate. *Communication Theory,* 7(1), 1-28.

Munshi, D., & Kurian, P. (2005). Imperialializing spin cycles: A postcolonial look at public relations, greenwashing, and the separation of publics. *Public Relations Review,* 31(4), 513-520.

Munshi, D., & McKie, D. (2001). Different bodies of knowledge: Diversity and diversification in Public Relations. *Australian Journal of Communication,* 28(3), 11-22.

Pal, M., & Dutta, M. J. (2008). Public relations in a global context: The relevance of critical modernism as a theoretical lens. *Journal of Public Relations Research,* 20(2), 159-179.

Pieczka, M., & L'Etang, J. (2006). Public relations and the question of professionalism. In J. L'Etang & M. Pieczka (Eds.), *Public relations: Critical debates and contemporary practice* (pp. 265-278). Mahwah, NJ: Erlbaum.

PR Week. (2009). PR Week top 150 consultancies 2009. London: Haymarket.

Roper, J. (2002). Government, corporate or social power? The Internet as a tool in struggle for dominance in public policy. *Journal of Public Affairs,* 2(3), 113-124.

Rosenau, J. (1990). *Turbulence in world politics: A Theory of change and continuity.* Princeton, NJ: Princeton University Press.

Said, E. (1995). *Orientalism* (2nd ed.). Harmondsworth, UK: Penguin. (Original work published 1978)

Sallot, L. M., Lyon, L. J., et al. (2003). From aardvark to zebra: A New millennium analysis of theory development in public relations academic journals. *Journal of Public Relations Research,* 15(1), 27-90.

Scholte, J. (2003). What is "global" about globalization? In D. Held & A. McGrew (Eds.), *The global transformations reader* (pp. 84-91). Cambridge, UK: Policy Press.

Shome, R., & Hedge, R. (2002). Postcolonial approaches to communication: Charting the terrain, engaging the inheritance. *Communication Theory,* 12(3), 249-270.

Sriramesh, K., & Verčič, D. (2009). The global public relations handbook: Theory, research and practice (rev. ed.). New York: Routledge.

Swartz, D. (1997). *Culture and power: The sociology of Pierre Bourdieu.* Chicago, IL: University of Chicago Press.

Tench, R., & Willis, P. (2009). Creativity, deception or ethical malpractice: A critique of the Trumanisation of marketing public relations through guerrilla campaigns. *Ethical Space,* 6(2), 47-55.

Tomlinson, J. (2003). Globalization and cultural identity. In D. Held & A. McGrew (Eds.), *The global transformations reader* (pp. 269-277). Cambridge, UK: Policy Press.

Toth, E. (2002). Postmodernism for modern public relations: The cash value and application of critical research in public relations. *Public Relations Review,* 28(3), 243-250.

Warschauer, M. (2003). *Technology and social inclusion: Rethinking the digital divide.* Cambridge, MA: MIT Press.

Wilcox, D. L., & Cameron, G. T. (2009). *Public relations: Strategies and tactics* (9th ed.). Boston, MA: Pearson/Allyn & Bacon.

WPP. (2009). 2008 WPP Annual Report. Retrieved from htttp://www.hillandknowlton.com/about/annualreport.

推荐阅读

Appadurai, A. (2001). Deep democracy: Urban governmentality and the horizon of politics. *Environment and Urbanization,* 13(2), 23-43.

Giddens, A. (2002). *Runaway world: How globalization is reshaping our lives.* London: Profile Books.

Juris, J. (2008). Networking futures: The movement against corporate globalization. London: Duke University Press.

Said, E. (1993). *Culture and imperialism.* London: Vintage.

Swartz, D. (1997). *Culture and power: The sociology of Pierre Bourdieu.* Chicago, IL: University of Chicago Press.

第三章
跨文化传播理论
对全球背景下公共关系实践的启示

迈克尔·肯特和莫琳·泰勒

文化是一个多面的概念，经常被用来指这样一群人，他们对自己的世界有着相似的看法和解释，这些解释可能包括国家认同、种族、宗教、地理位置、人际关系以及其他因素。因而，"一种文化"的说法，其实是一种误导。人们同时认同许多文化，这种现象通常被称为共同文化，并且一个特定文化中的成员也不一定都持有相同的文化信仰（Martin & Nakayama, 1999）。从传播的角度来看，文化包含共同的经验和协商空间，并提供了处理模糊性和不确定性的方法（Samovar & Porter, 2001）。

随着全球化和新的通信技术的发展，世界各国之间的联系变得更加紧密，组织更需要公共关系从业者的帮助。21世纪的通信处在一个更小、更紧密的网络化世界中，以减少模糊性和不确定性作为标志。正是这种模糊性和不确定性，使得公共关系的实践具有一种宝贵的组织沟通功能。

许多公共关系专业人士工作的核心，是与多个利益相关者和参与者进行沟通。当公共关系从业者与公众处于相同的文化背景时，在一个国家或地区与不同的公众进行沟通是一项非常艰巨的任务。当组织寻求与跨越许多真实和感知边界的全球公众建立关系时，无论在生活中还是在工作场景中，沟通就成为一项复杂的任务。许多公共关系从业者被要求在复杂的文化环境中建立联系，他们能否迎接挑战？

本章呈现了在传播学和公共关系文献中，都曾使用过的不同的跨文化传播理论。通过借鉴更广泛的理论和思想，学者和专业人士能够更好地理解跨文化公共关系的复杂性。在跨文化传播的期刊和书籍中，一些问题一直被强调为分析和讨论的重要议题。这些议题包括但不限于国家认同、文化认同、非语言交流、感知差异（时间、地位、信任）、性别认同（男性气质/女性气质）、歧视体验、个人主义与集体主义，在不熟悉的文化中交流时的"他者"感、宗教和意识形态差异、友谊和亲属关系谈判、伦理问题、语言差异、代码转换等（Martin, Nakayama, et al., 2002; Samovar & Porter, 2003）。对于一个对文化有兴趣的人而言，任何一个问题（或其结合）都可能为其提供一幅有价值的画面，通过它来理解来自其他地区、国家或文化团体的文化规范和价值观。

然而，从负责为多个公众群体建立信息，并在不同的利益相关者之间进行谈判的专业沟通者的角度来看，最好采取一种通用的方法来理解全球环境中的公共关系情况。

全球化和新的通信技术使个人、团体和组织更加密切地联系在一起，现在一个国家发生的情况，会对许多其他国家的人民、组织和关系产生直接影响。鉴于文化的复杂性，任何一个人或组织都不能够完全了解每一种文化中的每一个文化习俗或交流模式。所以从关系和通用的角度才能更好考虑跨文化交流和公共关系。

马丁和中山（1999）为跨文化传播提供了一个有用的框架，他们强调指导跨文化交流的是关系，而不是文化特定的方法。在不同文化间的交流研究中，辩证的观点是以一种空洞的方法为基础的，这种方法将"关系"置于交流的中心（Martin & Nakayama, 1999, p.14）。

人际关系是公共关系沟通的中心目标，许多因素影响着一个组织与公众的关系。组织—公众关系受组织行动、现有和不断演变的声誉、媒体报道、最近的危机、领导力、行动主义、经济，甚至博客和YouTube帖子等新通信技术的影响。公共关系专业人士也需要考虑其作为一种流动现象的文化，会影响各组织如何与国内和国际公众建立关系。

跨文化能力的核心是理解，同我们的朋友和家庭之间的人际关系一样，有效的跨文化传播是建立在共同的经验和互动模式，以及对个别文化的一般和具体了解的基础上的。过去，一些公共关系学者认为，单一的理论如卓越公共关系理论，或许能够解释公众对国际公共关系实践的理解（J. Grunig, 1992; Verčič, L. Grunig, & J. Grunig, 1996）。正如我们与朋友、家庭、同事、教师甚至公共机构的关系不同，文化也是不同的。因此，在全球语境下，考虑到意义建立和关系的复杂性，跨文化传播的一种理论适用于所有方法是行不通的。

一个更好地理解跨文化公共关系的方法，是从学习某些"通用"文化问题的答案开始的（Kent & Taylor, 2007）。正如为人际关系奠定基础需要了解一些对方的具体信息一样，为不同文化间的互动奠定基础也需要具体的知识。

跨文化传播的关系方法，为理解公共关系所创造和改变的关系提供了一个框架。当我们把公共关系概念化为"一个不断发展的关系的有机框架"时（Pal & Dutta, 2008, p.168），我们可以超越国际公共关系中传统的、专注于国家边界管理方法的关系，从而转向理解无论它们在何处或以何种形式形成的关系（Pal & Dutta, 2008）。

我们的讨论是以不同文化的人们在紧急情况（问题或机会）出现时，需要交流为前提的（Bitzer，1968）。这种交流是跨文化的，需要涉及寻求建立理解和关系的共同含义。因此，跨文化公共关系是一种解释性的交流活动，需要多种且通常是同时的框架来创造和改变关系。本章安排如下：首先，我们回顾普遍理论中，与跨文化传播研究有关的原则。一种通用的方法，侧重于帮助从业者厘清跨文化传播语境下的问题。通用理论为思考这些问题提供了帮助。其次，我们反思不同的理论，解释在跨文化语境下，如何构建意义。最后，我们提供了一个总体框架，即第三文化建设，作为公共关系实践者，反思本章第一部分中提到的理论的一种方式，并利用这些理论与国内外公众建立互利关系。

理解大局：跨文化公共关系的通用方法

跨文化传播是一种解释性活动。多年来，公共关系学者仅仅利用有限的文化理论和概念（文化变异性、高/低语境、面子、关系等），构建了跨文化公共关系理论。当人们想到文化和公共关系时，经常会想到霍夫斯泰德（1997）的理论。霍夫斯泰德的价值观一直作为商业、沟通、跨文化、人际关系和公共关系研究的基础（另见本书中考特赖特、沃尔夫和巴尔德温的章节）。他的理论因各种各样的原因而备受瞩目，其中包括研究重点、在他的研究中接受调查的国家的广度，以及将其原则应用于国际环境的便利性。霍夫斯泰德确定了影响组织背景下的沟通和关系的五个文化变量：权力距离、不确定性规避、男性气质/女性气质、个人主义/集体主义、儒家思想或"长期导向"（LTO）。

霍夫斯泰德的理论，被认为是了解国际和组织沟通动态以及公共关系的一个良好开端。在公共关系领域，当我们试图将实践与管理理论和活动相结合时，他的理论为国际交流提供了宝贵的启示。例如，参与卓越研究的顶尖学者认为，公共关系是一种"管理过程"，一旦公共关系从业者获得了主导联盟的支持，公共关系职能将受到重视和尊重（Grunig，1992）。霍夫斯泰德的研究侧重于管理领域，这是可以理解的，因为他的研究主要调查了IBM国际分支机构的专业人员。因此，公共关系学者普遍认为，霍夫斯泰德的研究可以为解释国际公共关系工作提供帮助。

国际公共关系的研究传统

霍夫斯泰德（1992）凭借卓越公共关系研究进入公共关系领域。斯里拉梅什和怀特撰写的一章阐述了组织和民族文化是如何成为卓越公共关系的一部分的。斯里拉梅什将霍夫斯泰德的理论应用于南印度组织的公共关系。库尔伯森和陈在1996年的著作《国际公共关系》中，讨论了霍夫斯泰德的文化维度与国家公共关系实践的应用。在过去的十年中，学者们应用霍夫斯泰德理论研究了1999年可口可乐污染危机时期的西欧（Taylor，2000）、中国台湾（Wu & Taylor，2003）和斯洛文尼亚（Verčič, et al., 1996）等国家和地区的公共关系。这些是有用的案例，但正如马丁和中山（1999）所声称的，霍夫斯泰德的研究只体现了对文化的静态理解。20世纪90年代末和21世纪初的作者可能需要重新审视他们的作品，以便更好地描述全球化动态条件下的文化和公共关系。

其他文化模式，如斯里拉梅什的个人影响力模式以及肯特和泰勒（2002）的关于对话沟通的研究，都可能有助于揭示文化的动态性，且这种动态性也影响着公共关系理论和实践。

个人影响力

公共关系的个人影响力模式（Sriramesh, 1992）提供了一个有价值的框架，有助于了解文化如何影响一个国家（或文化）中公共关系的发展。这种模式在等级制的国家和组织中较为普遍，尤其是在政府严格控制或受到任人唯亲现象影响的情况下。个人影响力通常受到当地商界人士、组织和政府领导以及当地政治家或党员限制，以使组织或个人取得成功。

研究表明，个人影响力在印度、亚洲其他地区、非洲等地都很普遍。在美国这样的"低语境"国家中，获得或行使个人影响力，不是组织或个人成功的必要条件，但可以是充分条件，某些类型的职业和机构更依赖个人影响力来取得成功；在像韩国这样的"高语境"国家中，个人影响力至关重要，团体成员和有关联的成员往往在实现组织和个人目标方面更为成功；共产主义或社会主义国家的党员、组内成员、皇室成员、社会地位较高的人、高阶层人士、商人以及拥有更多资源的个人通常有更高的影响力（Taylor & Kent, 1999）。

个人影响力模式提醒公共关系理论家和从业者，关系是关键。但是，在这种模式中，这种关系不同于一个社区或地域的普遍联系，其价值体现在具有影响力的人身上，这些人能够帮助公共关系从业人员更好地完成工作。另一个框架——对话沟通，可能会更好地加强与公众的关系。

对话沟通

公共关系的对话沟通模式（Pearson, 1989）致力于维护利益相关者之间的平等和公平。对话组织的目标不仅仅是制定管理目标，还是满足利益相关方和参与者的需求。对话沟通者在组织及调解其核心公众之间的关系时，寻求相互理解而不是相互影响或依附（Kent & Taylor, 1998, 2002）。

对话，顾名思义，指会谈或谈话。对话公共关系指的是一种人际互动，承认个人自我价值和他人价值，并试图与他人建立长期稳定的关系。作为一种专业实践，对话包括以开放的态度倾听、理解他人、承认错误，以及通过与他人交流的经验来改变或改进的能力。最终，对话是人际交往和跨文化交流技巧的集合，而不是一套固定的规则。对话沟通者不会因为他们可以独立承担任务而忽略其他人，相反，他们试图了解别人的需求并真正重视他们的观点（Anderson, Baxter, et al., 2003; Anderson, Cissna, et al., 1994; Buber,

1970; Christians, 1990）。实现对话沟通模式的其中一种方式是去理解跨文化公共关系的通用方法。

5.5 专业化迈向通用化方法

公共关系从业者们认为，在交流任何事情之前，首先要做的就是进行研究。RACE公式（研究、行动、交流、评估）中的"R"在创建任何消息时都适用，不论该信息是为员工利益相关者的内部群组创建的，还是为活动者或消费者等外部群组设计的。

在某些情况下，对关键公众的研究是通过环境扫描和监测获得的，这可能包括宏观层面的考虑因素，如政治制度、经济发展、媒体所有权或其他社会因素。但在其他情况下，沟通专业人员需要进行一些正式的研究（访谈、调查等），来了解公众。创造有效的研究信息的重要性不是一个新观念，每个公共关系专业的学生都会学习它。事实上，古希腊人和罗马人写过关于"发明"的过程，或者发现和收集有用的信息来构建论据和引人瞩目的信息。

在现代公共传播研究中，修辞学学者探索出一个有针对性的背景研究过程，旨在了解特定的交流情境，称为"体裁理论"。交流情境涉及了解受众成员的背景和假设，他们的文化信仰和他们作为受众群体的期望，体裁理论可追溯至50多年前的学者，其中包括弗莱和布莱克（Kent, 1997; Kent & Taylor, 2007）。

一种体裁指的是"一类具有重要结构和内容相似性的信息，它们作为一类在听众中产生特殊的期望。例如，就职演说构成一种体裁，因为它们共享文本特征，并且每四年在类似情况下发表"（Hart, 1990, p.183; Hart & Daughton, 2004）。正如马丁所解释的那样："修辞体裁是在三个因素——场合、受众和说话者角色之间的反复、独特的关系中产生的，由此产生的话语必然在主题、风格、策略以及可能的表现元素中表现出复杂的相似性"（Martin, 1976, p.247）。本质上，特定体裁的信息是基于对目标受众、场合和其他情境因素（包括文化背景）的研究。

国际公共关系的通用（或流派）方法已经成为研究国际或跨文化公共关系情境的理论模式，因为它强调真正理解其他文化，实现跨文化的沟通，而不是简单地说服利益相关者去做我们想做的事。根据肯特和泰勒的说法，有意与国际或跨文化公众进行交流的公共关系专业人士应做好以下六项工作：

（1）认清形势的特点；
（2）确定预期的受众效果；
（3）明确组织和公众的动机意图；
（4）考察意义是如何产生的；
（5）考察战略考虑；

(6)运用沟通原则和理论来理解文化如何影响组织和沟通(Kent & Taylor, 2007, p.11)。

第一步,从业者需要认清形势的特点。公共关系从业者需要采取广泛的方法来理解他或她面前的形势。这些问题需要回答"公众对我们的沟通所产生的期望是什么"以及"哪些具体的规范和价值观会引导公众对我们的信息进行解释"。第一个原则是,从业者应该尝试理解,哪些因素可能影响公众创建或响应组织沟通的一般语境。

有效且合乎道德的跨文化沟通,取决于理解公众如何对消息作出回应(被动地,因为该组织感到无能为力,或因为政府不允许异议;积极地,因为该组织认为它具有既得利益或感觉有权采取行动)。此外,公共关系沟通需要考虑文化背景(哪些媒体代表、发言人),以及其他人口统计信息应来自何处。例如,在一些文化中,宗教人物有很大的公共影响力,而在其他文化中,运动员和名人塑造人们理解情境和问题的方式。

第二步,对跨文化交流和公共关系,采用的通用方法是确定预期的受众效果。一旦了解了情况,我们就需要反思组织实际沟通的目标。为了符合道德标准,我们需要反思沟通工作是否进行了诚实的说服、宣传或营销。如果我们的目标是宣传或营销,那么我们需要考虑基于关系建立的目标。另外,通用原则要求理解沟通工作的目标,拥有明确的目标是所有有效公共关系的核心,但在与全球受众打交道时,往往存在着民族中心主义倾向。民族中心主义指的是倾向于批判其他文化,并相信自己的文化优于其他文化。所有文化都基于自身的经验来理解世界,并且理所当然地认为其他人以同样的方式看待世界。

伯克指出,我们倾向于根据自己的经历来判断事物,他称之为"职业精神病"(Burke, 1984, pp.37-48)。其他学者称之为"框架冲突"(Reddy, 1993),即我们无法超出自己的经验框架来看待事物。无论我们称之为基于民族中心主义、职业精神病还是框架冲突的经验,来判断事物,这都不重要;重要的是我们要认识到理解其他文化的重要性,而不是通过我们自己的文化标准来判断它们。每一种文化和亚文化(较大文化中的团体)都是不同的。一种文化是否比另一种文化"更好",这并不重要。

正如雷迪(1993)所认为的那样,有效地与跨文化公众进行沟通需要付出努力,除了艰苦奋斗,没有成功的捷径。对于希望接触全球公众的组织来说,需要研究文化经验、敏感性和感同身受才能有效地进行跨文化传播。

第三步,公共关系从业者要明确组织和公众的动机意图。目标是找到组织和公众利益的交汇点。识别共同的文化价值观,是组织与公众建立关系的最佳机会,有效的人际交往需要不同类型的知识(与印刷、广播或电子信息相比)。人际交往需要理解,诸如面子、非言语传播和时间等问题;制作印刷品和电子信息需要了解国家或文化独有的文化符号和图标、颜色、音乐以及文化价值观。

第四步，确保组织的信息在文化中有意义。这表明，专业人员应该考察该文化中语言和交流的原型或象征意义。每个国家/文化都由其是非观念（Burke, 1973）、与邻国的关系以及与被认为是英雄和罪犯的人民和政府的关系所定义。无意识识别是指人们作为组织、团体、事业或活动的一部分时感受到的隐性认同，以及人们对参与团体、事业或活动的其他人隐含的异质/敌意，这与他们组织的文化观点相矛盾（Burke, 1973, pp.263-275），我们通过隐喻来理解世界。

通过了解文化原型、英雄、罪犯以及社会和政治领导者，公共关系专业人员可以在全球和跨文化语境下取得成功。例如，当人们旅行时，只需要查看其他国家的地图，许多国家的地图显示其本国位于中心位置，其他国家的位置围绕于此。这反映了每个国家都存在不知情的民族主义和地理认同感，了解人们如何看待自己与他人的关系对沟通成功至关重要（Taylor & Kent, 2000）。

第五步，研究传播者可以利用的策略因素，以进一步使其信息在文化上更为适宜。策略因素包括尊重长者、政府的角色、宗教和社会特征、信任以及时间观念等内容。理解文化，首先需要理解各种公共和私人机构在人们生活中的作用，以及人们如何适应并看待自己在社会中的位置。宗教仅为一种文化价值，同时，理解从业者打算与之沟通的国家或文化中媒体系统的性质也同样重要。例如，新闻自由的概念有很多种形式，在英国，公民为他们家中的电视机支付电视机税/许可证，以资助独立媒体（BBC）；在韩国，媒体在发布重要新闻报道之前，经常与企业和有影响力的公民分享不利信息，韩国编辑允许组织在发布报道前回应；在马来西亚（以及其他许多国家），通常政府会先被告知危机，然后再与大众分享（Taylor & Kent, 1999）。

第六步，也是最后一步，呼吁从业人员使用沟通原则和理论，来了解被检验的文化以及文化如何影响组织和沟通。肯特和泰勒（2007）认为，这是最重要的一步。

认为沟通很简单、沟通不需要工作或者任何时候两个人讲同一种语言，都会有效沟通这是错误的。我们通过研究修辞和说服了解到，了解公众的人、懂得激励受众的人、明白如何构建有效的公众演讲的人，往往会发表更好的演讲。同样，在人际传播、大众传播、政治学、心理学和社会学等领域，理解理论、人们如何思考和理解想法以及意义制造过程，对于有效沟通至关重要，有效的跨文化传播也不例外。数以千计的学者和专业人士研究了跨文化传播的方方面面，并且，如前所述，有许多理论和理论概念，为的是了解如何有效地与来自不同国家和文化背景的人沟通。

我们将本章的其余部分用于分享这些原则和理论，如上文所述，通用方法旨在确定场合、观众和情景目标等要素。通用方法完全符合专业研究的国际和跨文化交流的情况，因为通用方法的核心是，理解关系以及如何使用文化知识来建立这些关系。公共关系从业者应该理解基础的跨文化传播理论，并且能够运用这些知识来改善自身的跨文化传播。本章的下一节将讨论几个关键理论。

促进跨文化公共关系中意义创造的理论

公共关系领域,已经从将公众视为实现组织目标的功能性方法,转变为共同创造性方法。共同创造性方法假定公共关系创造共同的意义、解释和目标。这个观点的定位是长期的,侧重于公众和组织之间的关系(Botan & Taylor, 2004, p.652)。共同创造性方法认为,公共关系是作为一个意义的创造过程,并将组织和公众聚集在一起。

公共关系专业人员出于各种原因从事跨文化传播,但所有原因都涉及创造意义。从业者可能会采访或调查一个共同文化的成员,以便了解其信仰、价值观和态度,如果专业人员在全球组织工作,就可能会与其他国家或地区的同事合作,来作为沟通活动或营销计划的一部分;即使从业者从不离开自己的国家,也可能会要求其发展针对不同文化群体的亲社会信息,来作为其本国公共卫生或政府服务倡议的一部分。

因此,了解来自其他国家、地区或文化的个人和群体如何看待世界(他们的范式)对有效的跨文化交流至关重要。根据库恩(1970)的观点,范式或世界观塑造了人们如何看待自己的世界。范式与意识形态相似,不同之处在于范式更加个人化,代表了个人和群体如何看待现实的模式、假设、信仰和价值观。范式也可能因地区、社会阶层、种族、民族和性别而异。因此,意识形态描述了世界及其中的角色(哪些群体可以被信任、谁来管理事务),而范式则描述了为社区共享的世界本身(什么是"好"和"坏"、哪些人可以被信任)。我们的意识形态和范式会影响世界在我们心里的形象,例如,如果我们认为世界是一个"卑鄙"的地方,那么我们可能会支持加强对犯罪分子的惩罚;相反,乐观看待世界的人,可能会呼吁加强对罪犯的教育和康复计划。公共关系专业人士为了与不同文化的个人和公众建立关系,需要了解不同的世界观,并理解人们为什么如此行事。

事实上,正确地解读他人的行为,是跨文化交流中消除歧义和不确定性的关键。20世纪50年代,哈佛大学社会学家塔尔科特·帕森斯(Talcott Parsons)认为,了解人类关系的方法之一,是了解人们如何认识周围的世界。他认为,用二分法可以描述个人和文化群体的行为。

帕森斯的模式变量

一个模式变量被描述为"一种二分法,其中一方在他/她确定情境的含义之前,并且在他/她可以就此情况采取行动之前,必须被一个行动者选择"(Parsons & Shils, 1951, p.77)。总的来说,行动者们并没有真正地思考他们的选择,因为他们采取了共同的范式来塑造他们理解世界的方式。根据帕森斯的说法,行为涉及"行动者与情境的关系……并且它被认为是一种选择……在确定情境的其他方式中……,但行动并不是独立发生的,而是作为更广泛的行动者—情境关系系统的一个单位"(Parsons, 1960, p.467)。

帕森斯声称发现了普遍性的四个变量：情感、归属、特殊主义和扩散性。其他学者随后研究了其提出的许多关系变量（Dubin, 1960; Lipset, 1963）。60多年前，当帕森斯提出五个变量时，他认为许多与集体主义社会相关的变量是来自前现代的，即地位、关系、集体主义。60多年来，文化比贬义的现代/前现代框架所提出的要复杂得多，尽管如此，他的模式变量是许多其他文化理论的先驱，并且正因为如此，它们值得被理解为全球公共关系的对话/通用方法的出发点。

情感/工具主义。情感有两个维度：情感（爱、信任、培育）和工具主义（情境、短暂、自私）。情感涉及关系在塑造人们的行为中所起的作用，情感与集体主义密切相关，因为决策是基于个人的家庭和文化纽带，而不是个人现在可以获得的。情感也与霍夫斯泰德（1997）关于儒家动力学或长期取向（LTO）的观念，以及霍尔（2000a）高低语境的想法类似。情感是一个重要的概念，因为人们做出的许多决定都是以与家庭和人际关系有关的文化信念为指导的，例如保罗和万（2006）已经表明公共关系和广告在说服性传播中如何利用这个概念。

归属/成就。归属/成就与人们如何根据他们的地位或表现来对待他人有关，例如霍夫斯泰德（1997）提出的权力距离概念，有助于解释人们如何根据自己的感知地位与他人互动。归属/成就试图解释一个人如何对待另一个人或物，基于其身份、能力或产生的反应。换句话说，归因理论表明个人会优先考虑某些属性，即物品/个人拥有的表现特征或物品/个人的行为结果，举一个例子，比尔·盖茨（Bill Gates）很重要，并不仅仅因为他富有，而是因为他的财富、名声和影响力共同塑造了他的社会地位。成就表明，个人应该因其过去的特殊表现而受到优先考虑。成就实际上是一个非常有用的概念，旨在提高他们在全球公众中的声誉，以成就为导向的组织有动力进行创新（例如苹果电脑），而不是破坏公平竞争和公平交易（如微软）（Kent, 2008）。由于关系建立在信任和共享经验的基础上，成就导向型组织被视为更值得信赖，更值得利益相关者的支持。

普遍主义/特殊主义。在普遍主义的方向中，人们或物体按照某种普遍的或一般的参照框架进行分类。特殊主义最接近于公共关系的共同理论的指导性假设：一种关系的存在，改变了我们如何对待他人以及他们如何对待我们（Kent & Taylor, 1998, 2002）。具有讽刺意味的是，普遍主义和特殊主义都可以存在于同一个体或文化中，事实上，在许多文化中，关系的存在就是允许个人和其他群体的成员被视为"朋友"（"他是个好人，他不像其他人……"）；当另一个人或群体可以被认为是特殊情况时，她、他或他们可以被赋予特殊（或相等）的权利，而较大的群体仍然可以被不公平地对待。

特异性/扩散性。特异性/扩散性是指我们如何回应人或物。当一个人或物在某些特定方面得到回应时（如位置、教育程度、年龄、社会性别、自然性别等），特异性取向会占上风，这是个人主义文化的特征。当一个人或物被整体对待时（例如作为父亲/母亲、团体成员、朋友等角色），就会显示出扩散性取向，这是集体主义文化的特征。

但扩散文化难以加入新的社交圈，难以与外界人士建立牢固的关系。在扩散文化中，人们有多种重叠的社会关系，导致了特殊的说服障碍，且传递信息需要依赖于熟悉的概念和社交关系，而不是个人的收获。此外，谈判不能被视为"互惠互利"，而是对个体所属的社区或群体有利，扩散文化不是用"我"来思考，而是考虑"我们"。

特异性对全球公共关系构成了独特的挑战。在高度异质的文化中，由于在商业交易中应保持"专业性"，所以关系的建立和谈判变得困难。同样，当来自特异文化的个体与扩散文化的成员相互作用时，两个群体都难以理解彼此的关系观念，以及什么构成了一笔良好的交易。

跨文化公共关系专业人士可以受益于帕森斯的理论，但也必须理解它的局限性。帕森斯的模式变量是一个很好的起点，因为它帮助我们理解由对话和通用方法所建议的方向，但它只是一个起点，该理论反映了它被提出的知识时代背景。从帕森斯的变量中，最重要的方面是对意义和文化的社会建构的认识，任何文化都不是特异的，也不是扩散的，在谈论沟通和文化时，灰色地带（和谈判意义）总是存在的。帕森斯的模式变量最初是为了解释跨文化界限的变化。帕森斯的作品有一些"包袱"，但和所有跨文化的概念一样，他的模式与其他几个文化描述者的理论结合在一起时，是有用的。文化对于任何单一的模式来说都较为复杂，但当其与克拉克洪（Kluckhohn）和斯特罗特贝克（Strodtbeck）的研究结合时，跨文化关系的构建就可以得到加强。

克拉克洪和斯特罗特贝克的价值取向

克拉克洪和斯特罗特贝克认为，文化找到了诸如存在性质、行动性质和关系性质等人类共同问题的解决办法（Kluckhohn & Strodtbeck, 1961, p.4）。他们提出了所有文化都必须找到解决办法的三个问题（Gudykunst & Ting-Toomey, 1988, p.50; Zaharna, 2001）。

要回答的第一个问题是："先天人性的特征是什么？善、恶、善与恶的结合，还是中性的？"人的本性取向假设人性是可变的，或者是不可改变的。一个国家/文化对其他群体基本人性的看法将影响其作出战争的决定、分配稀少的资源、提供社会服务的机会，以及如何塑造警察和法律系统，善恶的观点也影响了个人和团体对他人的信任。事实上，组织常常被归为人性特征，被认为是善的或恶的，这个关于善恶的问题对在全球范围内理解和实践公共关系是有价值的，在许多情况下，公共关系将被要求建立或重建组织与公众之间的信任。

他们试图回答的第二个问题是："人类与自然以及超自然的关系是什么？"人性（或环境）取向暗示人类与自然的关系，并被细分为征服自然（自然界的所有力量都可以并且应该被克服或被人类使用），与自然和谐相处（人类的生命、自然和超自然都是彼此的延伸），以及屈服于自然（无法控制自然，命运必须被接受）。相信征服自然的文化，如美国主流文化，倾向于建设堤坝或海堤以抵御涨潮；而相信与自然和谐相处的文化团体，倾向于建造较少的永久性建筑物；住在更远的内陆地区，或者简单地在高跷上建造自己的住宅，让不断上涨的潮汐流过去。一个群体对自然的文化定位对于民族/文化所重视的生活方式具有启发意义：持久性或变化性、征服自然或与其和谐相处。在任何沟通或关系建立之前，公共关系从业者都应该明白这些取向。

克拉克洪和斯特罗特贝克（1961）提出的第三个问题是："人类生活的时间焦点是什么？"人类生活关切的时间特征：过去（高度重视传统及其祖先的文化）、现在（没有传统或相信命运的文化）和未来（变化被高度重视，新的比旧的更好）。在霍夫斯泰德（1997）探讨儒家动力学或长期取向价值之前，克拉克洪和斯特罗特贝克（1961）以及霍尔（1983）等学者已经认识到文化团体有不同的时间观念。在跨文化和国际公共关系的背景下，对时间的文化取向问题是非常重要的。

并非所有的文化都以同样的价值或是相同的方式来看待时间，比如在美国，一个重要的观点就是"时间就是金钱"。然而，在其他国家，整个部门都可能在工作日的中午休息。在许多国家，星期五（伊斯兰教国家）或星期日（基督教国家）没有人工作，除了少数的餐厅老板。在美国，有24小时不间断的购物、银行以及加油站，而在许多国家，周末是为家庭服务的，许多人不会在这段时间工作。

克拉克洪和斯特罗特贝克的时间取向是过去、现在和未来，这与霍夫斯泰德的长期取向相似。霍尔确定了对时间的两种取向，可以帮助人们了解各种文化的行为：一元时间和多元时间，也被称为"M时间"和"P时间"。

作为文化取向的时间

一元时间涉及北欧系统中按顺序做事的方式，一次做一件事；多元时间"强调人员的参与和交易的完成，而不是遵守预先设定的时间表"（Hall, 2000b, p.280）。多元时间强调"做"而不是"完成"。我们经常听到美国人"多任务"或一次性做几件事，多任务处理类似于多元时间取向，正如霍尔所解释的那样：

> 多元时间强调人们的参与和交易的完成，而不是遵守预先设定的时间表。安排并不被认真对待，因此经常被打破，多元时间被视为不如一元时间切合实际。对于多元时间的人来说，时间很少被"浪费"，并且容易被认为是一个点，而不是一条丝带或一条道路，但这一点往往是神圣的。（Hall, 2000b, pp.280-281）

就像对自然的取向一样，一个群体对时间信号的认知和估价会影响其决策过程。时间感知也会影响个人和团体对耐心或快速行动重要性的认识，以及通过互联网和电子邮件等技术进行响应的能力。理解一种文化的时间焦点是消息设计、有效的跨文化交流以及关系构建的一个非常重要的特征。事实上，考虑到危机沟通是公共关系实践和研究领域发展最快的方向之一，时间取向将影响组织和公众如何解读危机应对措施，当危机应对不符合文化的时间期望时，组织的声誉可能会受到损害。

跨文化传播中的面子概念

组织无论来自哪里或动机如何，总是追求正面的形象或声誉，而公共关系可以帮助组织传播这种形象。公共关系程序或运动中的每一项传播策略，都试图创建或强化某种形象。例如，日本的消费品公司试图传播一种形象，来表明它是创新和高科技的；美国一家汽车公司试图传播一种高质量和可靠性的形象；中国的一家公司希望在宠物食品、婴儿奶制品和儿童玩具等质量控制问题上，展现一种安全的形象；一个非政府组织在任何国家，都希望建立一个积极向上的公众形象。

形象是通过网页、小册子、新闻稿、年度报告等传播策略创建的，这些策略使每一分努力都有可能展示出公司或组织的正面形象。一个组织的公众形象在跨文化传播文献中被称为"面子"，并且它在公共关系中有着明确的应用。

面子的概念是一种隐喻，指的是礼貌、尊重、自尊、尊严和荣誉等（Ting-Toomey et al., 1991; Wiseman, 2002）。当我们谈到"面子"时，我们经常谈论某个人"丢面子"（尴尬或耻辱）或"维护面子"（不被公开批评，不被羞辱或不使他人当场难堪）。每个人都有一种面子（自尊、尊严），尽管在许多文化中，像美国，面子并不是大多数人在公共场合中有意识地思考的东西，许多组织以关注声誉来替代面子。

面子总是作用在三个维度上，涉及维护自己的面子、帮助别人维护他们的面子、避免挑战别人的面子。在许多文化中，帮助别人维护他们的面子实际上比维护自己的面子更重要。当我们避免另一个人变得尴尬或受到嘲笑时，这两个人都会被放在现场来维护自己的面子，也可以帮助那个挑战对方面子的人保持他或她自己的面子，而不会出现不友善的样子。

面子管理和面子需求在不同的文化中有所不同。因此，在一些文化中（如美国主流文化），在公共场合以机智的评论使别人尴尬或使他/她看起来愚蠢被认为是聪明的，有时会被视为社会上可接受的。然而，在面子文化中，用冷嘲热讽让别人难堪，既会让评论的接受者看起来很糟糕，也会让评论者看起来更糟糕。

在全球背景下，公共关系将受益于能理解许多利益相关方复杂性的能力。例如，在危机中，媒体往往会寻求责任归因，组织可能会倾向于将个人、团体、机构甚至国家领导人确定为危机的原因，这一短期战略，也许是处理危机的一个简单方法，但可能会对组织与利益相关者的长期关系产生严重影响。事实上，长期关注面子会提高声誉。

语境

影响全球公共关系的因素还有语境。语境也可以被理解为情境，它是全球公共关系的通用方法的关键宗旨。语境提供了指导人们在跨文化相遇中，如何采取行动以及作出反应的意义和行动线索（Taylor，2001）。霍尔的研究工作表明（2000a），进行对话的语境将显著地影响人际/跨文化的互动，他确定了两种类型的语境：高和低。

高语境文化的特点是，交流既受情境的影响也受有关各方关系的影响。在高语境的情境下，参与者所讲的大部分内容都是不言而喻的或基于关系的，由于他们所扮演的角色的性质，在高语境下的人往往知道如何表现。员工们"知道"自己的上司想要什么，伙伴和朋友"知道"或者试图猜测对方的需求，而不是询问他们，但当猜错时，礼貌（或面子）使得朋友、伙伴或客人不会告诉主人。高语境社会中的人际关系，往往是非常结构化的。

在低语境文化中，交流是由实际的口头语言或书面语言推动的。低语境文化下的参与者"直抒胸臆"，并且依靠书面文件和正式协议。当一个来自低语境文化的人对别人想要什么不太确定时，他们会询问对方。从公共关系的角度来看，专业人士需要理解在高语境交流背景下（如亚洲、南美、中东等地），需要间接和敏感；然而在低语境交流背景下（如北美、澳大利亚、北欧等地），直接和坦率是首选。

文化中普遍存在的语境类型，将影响到公共关系策略中包含多少和何种类型的信息。例如，当组织领导者在低语境文化中犯错时，往往会有压力让他们道歉或找人担责，道歉在每个文化中都有不同的表现。例如，2001年，美国核潜艇"格林维尔"号与一艘日本拖网渔船相撞，这起事故发生在夏威夷珍珠港附近，九名日本渔民丧生。在美国主流文化中，由于诉讼法律制度的缘故，道歉往往意味着对错误行为承担责任，美国企业和组织不想道歉，因为承担责任将意味着诉讼。然而，在日本，道歉通常是被冒犯者和冒犯者得体地处理不幸状况的一种有尊严的方式。美国海军正式向日本政府和渔民家属道歉时，拉扎尔（2004）指出，道歉为时已晚，并被认为是不真诚的，并且是来自第三方的。日本家庭并没有感受到海军对他们损失的同情。这个例子表明，当人们试图理解来自另一种文化的行为和动机时，使用了多种文化视角（道歉、地位、时间）。

移情

移情的概念对于人际和跨文化传播学者来说并不陌生，但可能不太被公共关系专业人士所理解。上述美国"格林维尔"号的案例表明，这是关系建立的关键因素，尤其是在危机之后。移情是指一个人将自身置于他人位置去看他人看到的世界的能力，移情不同于同情，与跟别人感到难过完全没有任何关系，但移情和同情往往是相互关联的。

移情的能力与一个人超越民族中心主义的能力有关。跨文化传播活动常常失败的原因之一，是活动策划者无法从受众的角度看待世界（Taylor, 2000）。雷迪（1993）称之为"框架冲突"，并且认为我们的语言本身常常使我们认为每个人都以同样的方式看待世界。公共关系从业者在与利益相关者建立关系时，需要将自己置于他人的位置。

正如雷迪所言，我们的语言和文化实际上欺骗了我们，让我们认为每个人都以相同的方式看待世界，为了超越我们的文化程序化的世界观，需要一个新的隐喻。他认为，我们需要超越他所说的"管道隐喻"，即认为语言具有有形的实体和固定的意义，可以传递给其他人，并接受"工具制造者范式"，或者认为沟通在所有参与者中都起作用。当沟通误解发生时，许多人暗中指责听者如归因理论所暗示的，人们往往把内在动机归咎于他人，并将外部动机归咎于自己，而不是接受误解的责任或承认沟通是双向的。

现实中，跨文化的交流都需要反馈，没有发言者会因为有口音而受到指责，就像没有听众因为不讲某一种语言而受到指责一样。超越我们的文化包袱和假设，能够从另一个角度看待世界（移情）是建立关系的核心。

移情并不要求我们放弃自己的信念的，并诉诸激进的相对主义，假装所有的文化实践都是固有的优质（参见本书霍尔茨豪森章节）。每一种文化，甚至我们自己的文化，都有缺陷，但是，能够从公众的角度看世界是一种强有力的沟通技巧，是实现有效的跨文化交流和人际关系的前提。本章的最后一部分要求采取第三文化建设方法，以在全球背景下制定公共关系和建构关系（参见本书巴尔丹一章）。

全球背景下的公共关系：一种第三文化建设的取向

公共关系是关于关系的建构、改变以及维持。建构关系不是一项简单的任务，并且当公众和组织有不同的文化框架，来指导他们理解形势时，会变得更加困难。第三文化建设的概念可以帮助我们发展跨文化公共关系的联系和对话方式。

第三文化最初被用于研究海外成长的儿童（Chao, Nagano, Solidon, Luna, & Geist, 2003; Pollock & Van Reken, 2001; Useem, Donoghue, & Useem, 1963）。社会学家指出，第三文化儿童能够在两个国家居住，并且同时反映他们自己的文化，以及他们所生活的国家的文化。这些孩子有可能成为两种文化之间的桥梁。在交流中，第三文化被作为理解不同群体的成员如何共同建构意义的一种方式。据韦克（1995）设定的观点，个人和组织与所处环境相互影响。第三文化建设认为，跨文化传播不是关于变量和结果，而是应该被看作在混乱的、不可预测的环境中实现共享意义建构的互动和过程。第三文化采用了帕森斯、克拉克洪和斯特罗特贝克、霍尔、霍夫斯泰德等学者的变量驱动框架，询问："我能从这些理论（以及其他理论）中获得什么来理解互动和交流？我如何能够与他人进行联系和对话？"

第三文化的概念，首先由卡斯米尔（1978）运用于传播研究，在1993年通过一系列发表在《传播学年鉴》上的文章阐明（Belay, 1993; Casmir, 1993; Shuter, 1993），并且此后被卡斯米尔（1999）拓展至方法和理论两个领域。卡斯米尔提出第三文化建设，以此作为超越静态理解跨文化交流的一种方式。他指出：

> 我自己关心的是，如何建立一个适应上述挑战和过程的适当的概念模式，以接受沟通为意义的持续谈判为基础，是一个关键问题。研究的重点是探讨人类沟通的对话性，这是选择性地处理混沌系统和环境所必需的。因为对话和谈判涉及对我们一起做的事情的研究，以理解任何给定的情况。（Casmir, 1999, p.98）

第三文化建设的前提是对话取向和共享意义。博坦和泰勒（2004）注意到，公共关系也正朝着这样一种范式发展。第三文化建设有助于消除对交流的操纵，而且集中于共同的意义建构和共同的结果，随着公共关系在其一般理论建设中转向意义共同创造，第三文化为与国内外公众建立伦理关系提供了路线图。

我们认为，全球语境下公共关系的第三文化取向是对本章所提到的理论和框架的综合考量。有很多文化框架可以帮助公共关系从业人员与全球公众交流。孤立地看，每一个框架只能提供一个复杂的跨文化难题，但如果把这些问题放在一起，那么诸如面向世界的取向、移情、面子和语境等问题则为传播者建立对话关系提供了背景。本章前半部分提供的框架和理论对于帮助组织与不同的公众进行交流是有价值的。当它们成为他人需求和期望的一部分时，它们是最有价值的。换句话说，如果本章可以概括为一个概念，那么这个概念将是"对话取向"。当公共关系从业者对"他者"采取移情取向并试图理解他/她的动机、价值观和期望时，全球公共关系和跨文化传播大体上就能实现。

结论

在跨文化传播中，能力的核心是一种联系和对话的方法，它在全球文化语境下，从传统的、管理的、自上而下的方法转向公共关系，并以各种形式走向理解关系和文化多样性。这一举动反映了公共关系的一个更广泛的趋势，即该领域正在远离公共和交流的功能观点，相反，它逐渐在理论和实践中拥抱一种共同创造的视角。

学生、公共关系专业人士和教育工作者，所有的沟通专业人士都将从多种文化的第一手经验中受益。尽管我们大多数人永远无法获得关于每个国家和每种文化的专业知识，但我们所有人都可以设定对话取向，从而使我们能够理解这些文化。然而，了解不同的利益相关者和公众如何看待世界、这些信仰的范围，以及我们自己的信仰和民族中心主义如何导致我们以片面的方式看待世界，也同样重要。

跨文化交流的未来，并不在于了解一个国家或文化落在社会科学哪个层面或规模上。相反，跨文化交流能力的未来在于从业者提问的能力，"不同的跨文化交流理论能为我理解互动和沟通提供什么帮助？我如何能够以联系和对话的方式吸引其他人并和其他人建立关系？"我们真诚相信，对话取向是全球背景下国际/跨文化公共关系的未来。

问题讨论

1. 许多人错误地认为"面子"是一个东方概念，而来自更直接的（低语境）文化的人在很大程度上没有意识到或不关心面子。通过哪种方式可能对面子有更复杂的理解，可以让你成为一个在你自己的文化中更有效的沟通者？
2. 语境对我们与他人交流的影响有多大？例如，"朋友"或"熟人"的语境会改变你的交流吗？"学生和老师""父母和孩子""孙子和祖父母"以及"雇主和雇员"的语境会改变你的交流吗？解释语境在公共关系实践中所起的作用。
3. "谈话"与"对话"有什么不同？"当你和你的朋友，或在课堂上交谈时，某些人往往倾向于主导谈话——也许有时你是主导者。"对话型交流有何不同？与你的朋友对话会有什么不同，以及它会如何影响你的交流？现在将其应用到公共关系：如果对话是沟通的首要焦点，那么这个行业将会有什么不同？
4. 根据克拉克洪和斯特罗特贝克（1961）的价值取向，"人性与自然的关系"和"人类生活的时间焦点"，你对世界的立场是什么？例如，这会对你决定建造一个高尔夫球场，而不是社区花园的影响有多大？
5. 你对时间的取向（一元时间与多元时间）多大程度上会影响你如何做事？如果你的班级关注的不是"成绩"和"成就"（一元时间取向），而是"互动"和"过程"（多元时间取向），会发生什么？学习环境会有何不同？
6. 公共关系专业人员可以设定第三文化建设的特征是什么？请具体指出。确认并描述这些特征。

注释

[1] 见 www.sociology.org.uk/pathwayl.htm？plpmp5b.htm 的精彩概述。
[2] 威克（Weick, 1995）设定的观念，对于理解个人和组织如何通过互动创造意义，并且受到这些互动的影响很有价值。

参考文献

Anderson, R., Baxter, L. A., et al. (2003). *Dialogue: Theorizing difference in communication studies.* Thousand Oaks, CA: Sage.

Anderson, R., Cissna, K. N., et al. (1994). *The reach of dialogue: Confirmation, voice, and community.* Cresskill, NJ: Hampton Press.

Belay, G. (1993). Toward a paradigm shift for intercultural and international communication. *Communication Yearbook,* 16, 437-557.

Bitzer, L. F. (1968). The rhetorical situation. *Philosopby & Rbetoric* 1(1), 1-14.

Black, E. (1965). *Rhetorical criticism: A study in method.* Madison, WI: University of Wisconsin Press.

Botan, C. H., & Taylor, M. (2004). Public relations: The state of the feld. *Journal of Communicaton,* 54(4), 645-661.

Buber, M. (1970). *I and thou* (W. Kaufmann, Trans.). New York: Scribner.

Burke, K. (1984). *Permanence and change : An anatomy of purpose* (3rd ed.). Los Angeles, CA: University of California Press.

Burke, K. (1973). The rhetorical situation. In L. Thayer (Ed.), *Communication:Ethical and moral issues* (pp. 263-275). London: Gordon & Breach.

Casmir, F. (1978). A multicultural perspective on human communication. In F. Casmir (Ed.), *Intercultural and international communication* (pp. 241-257). Washington, DC: University Press of America.

Casmir, F. L. (1993). Third-culture building: A paradigm shift for international and intercultural communication. *Communication Yearbook,* 16, 407-428.

Casmir, F. L. (1999). Foundations for the study of intercultural communication based on a third culture-building model. *International Journal of Intercultural Relations,* 23(1), 91-116.

Chao, I-L., Nagano, N., et al. (2003). Voicing identities somewhere in the midst of two-worlds. In L. A. Samovar & R. E. Porter(Eds.), *Intercultural communication: A reader* (10th ed., pp. 189-204). Belmont, CA: Thompson/Wadsworth.

Christians, C. G. (1990). Social responsibility: Ethics and new technologies. In R. L. Johannesen (Ed.), *Ethics in human communication* (pp. 265-278). Prospect Heights, IL: Waveland.

Culbertson, H., & Chen, N. (Eds.). (1996). *International public relations: A comparative analysis.* Mahwah, NJ: Erlbaum.

Dubin, R. (1960). Parsons' actor: Continuities in social theory. *American Sociological Review,* 25(4), 457-466.

Frye, N. (1957). *Anatomy of criticism: Four essays.* Princeton, NJ: Princeton University Press.

Grunig, J. E. (Ed.). (1992). *Excellence in public relations and communication management.* Hillsdale, NJ: Erlbaum.

Grunig,J. E. (2006). Furnishing the edifce: Ongoing research on public relations as a strategic management function. *Journal of Public Relations Research,* 18(2), 151-176.

Gudykunst, W. B., & Ting-Toomey,S. (1988). Culture and interpersonal communication. Newbu-ry Park, CA: Sage.

Hall, E. T. (1983). *The dance of life: The other dimension of time.* New York:Doubleday. Hall, E. T. (2000a). Context and meaning. In L. A. Samovar, & R. E. Porter (Eds.) ,*Intercultural communication: A reader* (9th ed., pp. 34-42). Belmont,CA: Wadsworth.

Hall, E. T. (2000b). Monochronic and polychronic time. In L. A. Samovar &R. E. Porter (Eds.), *Intercultural communication:A reader* (9th ed., pp. 380-386). Belmont, CA: Wadsworth.

Hart, R. P. (1990). *Modern rhetorical criticism.* Glenview, IL: Scott, Foresman/ Little, Brown, Higher Education.

Hart, R. P., & Daughton, S. M. (2004). *Modern rhetorical criticism* (3rd ed.). Boston, MA: Allyn & Bacon.

Hofstede,G. (1997). *Cultures and organizations: Software of the mind.* NewYork : McGraw-Hill.

Kent, M. L. (1997). T*he rhetoric of eulogy: A generic critique of classic and contemporary funeral oratory* (Unpublished doctoral dissertation). Purdue University, West Lafayette, IN.

Kent, M. L., (2008). Critical analysis of blogging in public relations. *Public Relations Review,* 34(1), 32-40.

Kent, M. L., & Taylor, M. (1998). Building dialogic relationships through the World Wide Web. *Public Relations Review,* 24(3), 321-334.

Kent, M. L., & Taylor, M. (2002). Toward a dialogic theory of public relations. *Public Relations Review,* 28(1), 21-37.

Kent, M. L., & Taylor, M. (2007). Beyond "excellence" in international public relations research : An examination of generic theory in Bosnian public relations. *Public Relations Review,* 33(3), 10-20.

Kluckhohn, F. R., & Strodtbeck, F. L. (1961). *Variations in value orientations.* Evanston, IL: Row, Peterson.

Kuhn, T. S. (1970). *The structure . of scientific revolutions.* Chicago, IL: University of Chicago Press.

Lazare, A. (2004). *On apologies.* New York: Oxford University Press.

Lipset, S. M. (1963). The value patterns of democracy: A case study in comparative analysis. *American Sociological Review,* 28(4), 515-531.

Martin, H. H. (1976). A generic exploration : Staged withdrawal , the rhetoric of resignation. *Central States Speech Journal,* 27(4), 247-257.

Martin,J. N., & Nakayama, T. K. (1999). Thinking dialectically about cultureand communication. *Communication Theory,* 9(1), 1-25.

Martin, J. N., Nakayama, T. K., et al. (Eds.). (2002). *Readings in intercultural communication: Experiences and contexts* (2nd ed.). Boston,MA: McGraw Hill.

Pal, M., & Dutta, M. J. (2008). Public relations in a global context: The relevance of critical modernism as a theoretical lens. *Journal of Public Relations Research,* 20(2), 159-179.

Parsons, T. (1960). Pattern variables revisited: A response to Robert Dubin. *American Sociological Review,* 25(4), 467-483.

Parsons, T., & Shils, E. A. (1951). *Toward a general theory of action.* Cambridge, MA: Harvard University Press.

Pearson, R. (1989). *A theory of public relations ethics* (Unpublished doctoral dissertation). Ohio University, Athens.

Phau, M., & Wan, H. H. (2006). Persuasion: An intrinsic function of public relations. In C. H. Botan & V. Hazleton (Eds.), *Public relations theory* (Vol. 2, pp. 101-136). Mahwah, NJ: Erlbaum.

Pollock, D., & Van Reken, R. (2001). *Third culture kids.* Yarmouth, ME: Intercultural Press.

Reddy, M. (1993). The conduit metaphor:A case of frame conflict in our language about language. In A. Ortony (Ed.), *Metaphor and thought* (2nd ed., pp. 164-201). Cambridge, UK: Cambridge University Press.

Rhee, Y. (2002). Global public relations: A cross-cultural study of the excellence theory in South Korea. *Journal of Public Relations Research,* 14(3), 159-184.

Samovar, L. A., & Porter, R. E. (2001). *Communication between cultures* (4th ed.). Belmont, CA: Wadsworth.

Samovar, L. A., & Porter, R. E. (Eds.). (2003). *Intercultural communication: A reader* (10th ed.). Belmont, CA: Thompson/Wadsworth.

Shuter, R. (1993). On third-culture building. *Communication Yearbook,* 16,429-436.

Sriramesh, K. (1992). Societal culture and public relations: Ethnographic evidence from India. *Public Relations Review,* 18(2), 201-211.

Sriramesh, K., & White, J. (1992). Societal culture and public relations. In J. E. Grunig (Ed.), *Excellence in public relations and communication management* (pp. 597-614). Hillsdale, NJ: Erlbaum.

Taylor, M. (2000). Cultural variance as a challenge to global public relations: A case study of the Coca-Cola tainting scare in Western Europe. *Public Relations Review,* 26(3), 277-293.

Taylor, M. (2001). International public relations: Opportunities and challenges for the next century. In R. L. Heath. (Ed.), *Handbook of public relations* (pp. 629-637). Thousand Oaks, CA: Sage.

Taylor, M., & Kent, M. L. (1999). Challenging assumptions of international public relations: When government is the most important public. *Public Relations Review,* 25(2), 131-144.

Taylor, M., & Kent, M. L. (2000). Media transitions in Bosnia : From propagandistic past to uncertain future. *Gazette,* 65(5), 355-371.

Ting-Toomey, S., Gao, G., Trubisky, P., Yang, Z., Kim, H. S., Lin, S., & Nishida, T. (1991). Culture, face maintenance, and styles of handling interpersonal conflict: A study in five cultures. *International Journal of Conflict Management,* 2(4), 275-296.

Useem, J., Donoghue, J., & Useem, R., (1963). Men in the middle of the third culture. *Human Organization,* 22(33), 129-144.

Verčič, D., Grunig, L. A., et al. (1996). Global and specific principles of public relations: Evidence from Slovenia. In H. M. Culbertson & N. Chen (Eds.), *International public relations: A comparative analysis* (pp. 31-66). Mahwah, NJ: Erlbaum.

Weick, K. E. (1995). *Sensemaking in organizations.* Thousand Oaks, CA: Sage.

Wiseman, R. L. (2002). Intercultural communication competence. In w. B. Gudykunst & B. Mody (Eds.), *Handbook of international and intercultural communication* (2nd ed., pp. 207-224). Thousand Oaks, CA: Sage.

Wu, M. Y., & Taylor, M. (2003). Public relations in Taiwan: Roles, professionalism, and relationship to marketing. *Public Relations Review,* 29(4), 473-483.

Zaharna, R. S. (2001). "In-awareness" approach to international public relations. *Public Relations Review,* 27(2), 135-148.

推荐阅读

Berkowitz, D., & Lee, J. (2004). Media relations in Korea: Cheong between journalist and public relations practitioner. *Public Relations Review,* 30(4), 431-437.

Granovetter, M. S. (1973). The strength of weak ties. *American Journal of Sociology,* 78(6), 1360-1380.

Hatzios, A., & Lariscy, R. W. (2008). Perceptions of utility and importance of international public relations education among educators and practitioners. *Journalism &Mass Communication Educator,* 63(3), 241-258.

Huang, Y. H. (2000). The personal influence model and Gao Guanxi in Taiwan Chinese public relations. *Public Relations Review,* 26(2), 219-236.

Lim, S., Goh, J., & Sriramesh, K. (2005). Applicability of the generic principles of excellent public relations in a different cultural context: The case study of Singapore. *Journal of Public Relations Research,* 17(4), 315-340.

Kruckeberg, D., & Tsetsura, K. (2008). The Chicago school in global community: Concept explication for communication theories and practices. *Asian Communication Research,* 5(1), 9-30.

Morrison, T., & Conway, W. A. (2006). *Kiss, bow, or shake hands: The best selling guide to doing business in more than 60 countries* (2nd ed.). Adams, MA: Adams Media.

Robinson, J. H. (2003). Communication in Korea: Playing things by the eye. In L. A. Samovar & R. E.

Porter (Eds.), *Intercultural communication: A reader*(10th ed., pp. 57-64). Belmont, CA: Thompson/Wadsworth.

Romano, A., & Mwangi, S. (2008). *International journalism and democracy:Civic engagement models from around the world.* New York: Routledge.

Tampere, K. (2008). Stakeholder thinking and a pedagogical approach in public relations processes: Experience from transition societies. *Journal of Public Relations Research,* 20(1), 71-93.

Taylor, M. (2009). Protocol journalism as a framework for understanding public relations- media relationships in Kosovo. *Public Relations Review,* 35(1), 23-30.

Wu, M., & Baah-Boakye, K. (2009). Public relations in Ghana : Work - related cultural values and public relations models. *Public Relations Review,* 35(1),83-85.

第四章
全球流动下公共关系的
文化、传播以及第三文化建设

尼兰加娜·巴尔丹

与其他大多数行业一样，公共关系行业也同时受到全球化的影响。阿帕杜莱写道，全球压缩和流动已经释放出一种"必须被视为一个复杂的、重叠的、分离的秩序"的形式（Appadurai, 1996, p.32）。单一整齐的划分方式，难以适用于后现代世界的无序资本主义、新媒体传播技术以及不断延伸的文化边界。空间和时间的界限意义越来越小，且以更连续的、压缩的、重叠的和分离的方式出现。全球和本土正在混合成全球化的现实和实践，在空间、时间和文化意义上，"在这里"和"在那里"之间的距离不再仅仅从物理距离的角度来理解。打破更加静态地理解这些问题的方式也会带来认识论和本体论上的挑战，即"在相互联系的空间中理解社会变革和文化转型"（Gupta & Ferguson, 1992, p.8）。

在这种全球流动和联系的环境下，公共关系的实践主体是一系列不同的实体，它们有着不同的优先事项、议程和意识形态。这些实体包括跨国公司、为这些公司服务的公司、国家政府、区域联盟（如欧盟和北约）、国际组织（如联合国）、非政府组织（NGOs）、跨国行动者以及激进主义团体、国际媒体、国际劳工组织与智囊团等（Culbtson, 1996）。这些主体的价值取向取决于它们的性质和使命，这些不同类型的组织、公司和联盟可能对文化持有不同的价值观念，但它们仍然相互嵌入，并共同构成一个全球化世界，文化差异正在通过人与实践的高度互动，而迅速地相互交织和重新组合。

在流动性和多向性的紧张气氛中，公共关系学者和从业人员该如何思考文化和交流？什么样的理论和模式可以帮助从业者处理全球文化复杂问题？当前公共关系学术研究中，缺乏可以有效应对全球化连接所引发的具有争议性、不可预测性文化特征的传播行为的理论和模式（Tomlinson, 1999）。在过去的十年里，美国的公共关系研究已经包含了更多关联性的方法，这些方法与先前大量的实证主义理论相比，具有较少的工具性和机械性。学者们更多地关注"作为一种意义创造过程的交流"（Botan & Taylor, 2004, p.652；见本书中肯特和泰勒的章节）。例如，学者们一直很重视修辞在交流中的作用。同时，欧洲、澳大利亚和新西兰的学者一直在从批判性、社会学和建构主义的视角研究公共关系（Ihlen & van Ruler, 2007; L'Etang, 2005）。但当前研究仍然需要以非实证的方式将"文化"一词理论化，并且发展出比现有文化和传播更加动态的概念——受社会建构主义、解释主义、后现代和批判/文化方法的启发，通过交流互动、对话和建立关系来进行概念化（Bardhan, 2007; Pal & Dutta, 2008）。

本章从社会建构主义和解释学的视角来论述。首先概述了"国际"公共关系学术界对文化和传播的主流概念化，我认为目前的概念化并不具备解决全球流动问题的能力，其特点是复杂的全球—本土辩证张力、时空压缩，以及人、技术、资本、媒体和意识形态（Appadurai, 1996; Pal & Dutta, 2008）。通过借鉴弗雷德·卡斯米尔（Fred Casmir）关于第三文化建设的概念，证明了一种在全球流动的形势下，可以解决文化的动态性质的、新兴的共同构成的文化和交流方法，是公共关系学者和实践者必须采取的。我将跨文化从业者定位为第三文化或第三领域的建设者，并解释这种立场的理论、伦理以及实际效用。总的来说，这一章强调了在跨文化公共关系中微观人类互动的重要性，还建立了微观和宏观层面交往关系建构的概念联系，并且总结了学者、学生、教育者，尤其是公共关系实践者可以从第三文化建设的解释和社会建构主义模式中获得什么。

作为跨文化和全球本土化的公共关系

由于组织、公司和联盟在本质上越来越具有跨国性，越来越多的公共关系活动正在跨文化空间中发生，在这一点上，应该区分本章所用的跨国和跨文化术语。我特意使用跨文化而不是跨国的术语，以摆脱国际公共关系学界目前主导的对文化概念化的"国家即文化"逻辑。这种概念化从全球流动角度来看是静态的（Gaither & Curtin, 2008; Pal & Dutta, 2008）。正如古普塔和弗格森指出的那样，"人们理所当然地认为，每个国家都有自己独特的文化和社会，因此'社会'和'文化'两个术语通常被简单地附加到民族国家的名称后……民族自然主义将人民和地方的联系呈现为固定的、常识性的并且一致认同的，而实际上它们是有争议的、不确定的和不断变化的"（Gupta & Ferguson, 1992, pp.6-7, p.12）。

一个国家，首先是一个政治和地理范畴，并不总是文化/文化认同的同义词或唯一尺度。此外，民族文化是社会建构的，即它们不是固定的，其边界和意义随时间而变化（Moon, 1996）。虽然人们可以认同民族文化，但他们也可以同时认同其他文化的定位，这些定位有时介于族群、宗教、种族、性别、地区、流散状态、性取向等多种因素之间（Curtin & Gaither, 2007; Pal & Dutta, 2008）。这些不同的文化定位不一定局限于民族国家的领土范围（Gupta & Ferguson, 1992; Moon, 1996），沙关于公众文化认同与公共关系情境理论之间关系的研究表明，"国际公共关系本质上仍然可能是跨文化的"（Sha, 2006, p.48）。此外，全球力量推动的高度迁移和旅行，使文化成为一个动态的和流动的变量。文化在国家边界之外、国家内部和国界之间运作，但并非固定不变的，这种动态特性使国家和文化之间无法完全对应。麦克纳马拉（Macnamara, 2004）作为一位跨文化公共关系从业者，强调将文化和文化认同视为固定不变的旧的思维方式的观点在当今时代是过时的，公共关系学术研究需要打破"民族文化"的宏大叙事。

当一个公司或组织在一个以上的国家中有重要的活动，并且因此有重要的公众时，它在结构上就是跨国的（Wakefield, 2001）。当公共关系行为和交流发生在公共关系的核心时，公共关系就会成为跨文化的全球力量的交汇点（在空间上）和一个地方的文化现实。这些交汇点可以被概念化为交流和互动的跨文化空间，即文化差异相交的空间，在这里，借用德·塞托对"地点"和"空间"的区分。这些交汇点既是地理上固定的位置，也是动态的互动场所，由影响构成该地点的人们及其意义创造实践所构成（de Certeau, 1984, p.117）。跨文化空间位于实际地点之上，但不能简化为那个地点，其特点是通过复杂联系进行的积极实践。汤姆林森将复杂联系定义为"快速发展且日益密集的相互连接和相互依赖性的网络"（Tomlinson, 1999, p.2），这是全球化的特征。跨文化空间中的互动与交流受到物理空间以外的力量的影响，即更多的全球性力量，如资本、主导文化、经济和政治意识形态以及新的通信技术（Roudometof, 2005）。因此，跨国组织和企业从事跨文化的公共关系实践，这些实践的空间导向强于地域限制。

当涉及与跨文化空间中的不同公众建立交流关系时，学者们通常需要采取全球化策略（Robertson, 1992）。全球本土化的术语来自日本的dochakuka概念，意思是因地制宜。罗伯逊写道："有一种普遍的倾向，认为全球与本土问题是一种二元对立的关系，我们生活在一个反对（原文强调）全球化趋势的本土主张的世界中，其中本土化思想，有时被视为反对或抵制霸权的全球化的一种形式，呈现了它最尖锐的形式"（Robertson, 1995, p.29）。他认为，本土化事实上包含在全球化内，而且由于在商业、人民和媒体之间日益加深的全球化的联系，当今世界上的任何本土空间、实践和意识形态都不能脱离它们，最终被嵌入全球化。汤姆林森（1999）也提出反对人为的二元化，并且从复杂联系的角度来理解全球—本土的辩证关系，而不是将它们视为独立的固定现实的二分概念。青（2000）同意目前的全球化状况是内聚的沉淀二元化（如全球/本土，自我的文化/他者的文化，中心/外围）。这样的内聚导致了动态的间隙现实、联盟和项目（如跨文化运动），而最好的研究方法是关注多重（文化）现实和地位如何通过"差异化和对话式协商、拒绝或抹去"（Tsing, 2000, p.345）来理解。

在一个相似的倾向中，公共关系从业者和学者韦克菲尔德指出："公共关系需要的是一种'范式转变',以反映其正在兴起的全球化……新的范式应该考虑一种更全面的方法,在组织的本土和全球层面创造思维和行动"(Wakefield, 2001, p.641;同时参见本书中韦克菲尔德的章节)。有些学者已经开始研究全球本土化在公共关系实践中的表现形式,例如在一项对100个全球顶级品牌的中国网站的研究中,梅纳德和田(2004)发现,这些品牌成功实施了全球本土化战略,该战略与当地社区、地方政府密切合作,并结合当地的趋势;巴尔丹和帕特瓦丹(2004)研究了联合利华和铃木在印度的公共关系方法,发现其使用了类似的全球本土化战略;莫利达和罗伯茨(2008)的研究表明,成功的全球本土传播战略已经被部署,以使扮演 Juan Valdez(哥伦比亚咖啡的一个标志性虚构角色)的老演员和一位代替衰老的 Juan Valdez 的新演员的顺利过渡成为可能。这些调查跨文化空间中公共关系战略的全球本土化细微差别的研究是非常必要的,但当涉及理论化这种空间中发生的(微观层面)对话沟通和关系建立的动态时,仍然存在一定的鸿沟。

存在这种鸿沟的一个原因可能是,现有公共关系学术和实践中过于关注大众传播,而不是人际交流(Jahansoozi, 2006)。这是一个不幸的鸿沟,因为有效的公共关系需要结合人际交流和大众传播。此外,世界范围内更多的对于较少以媒体为中心的集体主义文化的研究表明,人际关系在实现公共关系目标中发挥了重要作用(J. Grunig, L. Grunig, Sriramesh, Huang & Lyra, 1995)。因此,公共关系学界在研究宏观层面的公共关系的同时,更需要关注微观层面的沟通和关系建立。这正是第三文化建设可以发挥其作为传播模式作用的地方。

虽然本章稍后会详细阐述第三文化建设的具体情况,但在这一点上,我想简要介绍一下这种模式,以证明它适合于概念化全球流动下文化和传播的动态性质。该模式在性质上是社会建构主义和解释主义的,一种解释主义描述了现实以及文化是通过交往互动而社会化建构的观点(Berger & Luckmann, 1966; Pearce & Cronen, 1980)。弗雷德·卡斯米尔于1978年首次提出,第三文化建设模式,有能力摧毁实证主义国际公共关系研究中明显存在的、社会科学驱动的文化与传播之间的范畴鸿沟(Gaither & Curtin, 2008)。在这种模式下,文化和传播不被视为两个独立的范畴。相反,"参与者进行一种积极的、协调的、互利的过程来建立(原文强调)一种关系……形式、目的、价值观、互动规则只是随着时间的推移而出现,类似于我们在文化的逐渐发展中所观察到的,从而产生'第三文化建设'的概念"(Casmir, 1993, p.419)。一旦来自不同文化的两个人相遇并发生互动,他们就会经历一个互相寻求信息的、互为主体的过程,他们质疑自己的态度和特定的价值观,修改一些、取代一些,将变化整合到"现有的模式"中,并基于这些相互协商而重新配置关系(Casmir, 1993, p.422; Starosta, 1991)。他们共同创造的第三文化,不是字面上的固定的第三文化或最终状态,而是一种新兴的、开放式的、由相互持续的互动产生的第三领域的文化理解(Casmir, 1978)。而相互关系和改变意愿是第三文化建设的必要标准。

卡斯米尔认为，需要摆脱更为静态和二元论的传播和修辞模式，据他所说，西方学者很喜欢这种模式，这些模式"基于劝说、逻辑以及由受过良好训练的演讲者和作家对听众施加影响力"（Casmir, 1993, p.407）。这种模式在本质上是有用的，其中沟通者试图在传播互动期间寻求控制力量（Botan, 1993），这种倾向在公共关系语境下将会被定义为，控制而不符合组织及其各种公众之间相互协商的精神。在跨文化的语境下，工具性的传播方式增加了文化帝国主义实践的机会，显而易见的例子为，雀巢在"第三世界"积极推销婴儿配方奶粉，这与世界卫生组织的规范，以及支持母乳喂养的当地文化和社会实践相反（Williams & Murphy, 1990）；迪士尼的文化傲慢，认为美国的文化规范和娱乐实践在法国的新主题公园也能发挥同样的作用（Packman & Casmir, 1999）。

公共关系研究中的"文化"和"传播"

在全球流动、多元文化社会、加强跨文化沟通和联系的世界中，关注我们如何将文化概念化、文化差异如何影响公共关系实践，以及从业者如何成功地通过有效的和合乎道德的跨文化沟通达成一致，这是非常重要的。尽管存在这种需要，但在公共关系研究的理论化过程中，文化的概念仍然不尽如人意。斯里拉梅什是研究文化与职业之间关系的首批公共关系学者之一（Sriramesh & White, 1992），他写道，"遗憾的是，文化尚未融入公共关系知识体系，看来在我们的领域文化的时代还没有到来"（Sriramesh, 2007, p.507）。在一个全球互联的世界里，没有任何一个传播专业人士能够把文化分析放在次要位置。文化的概念，需要在其所有的复杂性中加以处理，并通过不同的范式进行观察。

每种研究范式都有其本体论、认识论和价值论假设、强项和弱点。马丁和中山（1999）注意到，所有的范式都有一些有用的东西，他们指出，除非我们能辩证地思考各种范式，否则我们的学术将继续减少，并且不能产生关于复杂概念的多维知识。目前，关于文化和传播的某些本体论和认识论假设，是公共关系中现存的大部分学术研究的核心，这些假设需要偏离中心，以便为其他理论留出空间。

目前，在公共关系学术界占主导地位的是，社会科学或功能主义的文化和传播概念化方法。在这方面，公共关系研究主要遵循系统理论导向的传播管理观点：传播在机制上被概念化为组织与公众之间的转移（单向和双向）；工具和功能管理的重点是主要的；客观上将文化概念化为可获得的、跨代传递的，通常固定在民族国家层面。马丁和中山指出，"社会科学研究者本身并不关注文化，而是关注文化对传播的影响（原文强调）"（Martin & Nakayama, 2010, p.86）。因此，文化和传播被视为两个不同的范畴或变量，它们被假定为可以精确地测量，并且通常它们被研究，以获得具有统计显著性和预测性的关系。

近15年来，公共关系学者主要将社会科学跨文化传播理论应用于公共关系领域，并形成了一些理论框架。虽然对已进行的所有主要研究或已发表的理论部分，进行详细分

第四章
全球流动下公共关系的文化、传播以及第三文化建设

析超出了本章的范围,但还是有必要进行一些概括性的介绍的。

霍夫斯泰德(1984,2001)提出的国家文化的维度——个人主义/集体主义、权力距离、男性气质/女性气质、不确定性规避,已经成为研究不同国家公共关系文化的一种主流的类型研究(Cooper-Chen & Tanaka, 2008; Ihator, 2000; Rhee, 2002; Sriramesh, 1996; Sriramesh & Verčič, 2001; Sriramesh & White, 1992; Wu, Taylor, & Chen, 2001; 另见肯特和泰勒,以及考特赖特、沃尔夫和巴尔德温在本书中的章节),其他研究还包括扎哈纳(2001)关于文化"内觉"的研究。扎哈纳从先驱跨文化传播学者爱德华·霍尔的研究中发现,采用"内觉"的方法,可以帮助从业者意识到"被认为"是理所当然的(自我不可见的)文化假定,这些假定在跨文化背景下的公共关系交互中发挥作用(Zaharna, 2001)。在Edward Hall、Florence Kluckhohn和Dorothy Lee研究的指导下,Zaharna进一步指出,从业者还必须考虑到以下因素:文化是高语境还是低语境、时间的取向(一元时间还是多元时间)、强调去做还是存在、有未来还是过去时态的取向,以及它是概念化为线性还是非线性。班克斯(1995,2000)的多元文化公共关系的社会解释理论是另一个重要的贡献。除了班克斯、博坦(1992)和斯里拉梅什、韦尔契奇(2001)已经发展出有效的框架来研究国家背景下的公共关系。

韦尔契奇、L.格鲁尼格和J.格鲁尼格(1996)提出了国际公共关系的通用—特定理论(参见本书中韦克菲尔德关于这一理论深入分析的章节)。借鉴布林克赫夫和英格尔的已应用于管理文献的结构灵活性理论,韦尔契奇等人(1996)发展了"文化相对主义和民族中心主义之间的中间基础理论"(Verčič et al., 1996, p.33)。从卓越公关研究的第一阶段开始,该研究收集了来自美国、加拿大和英国的326个组织的数据,并提出了9个卓越公共关系的特点,认为这应该被认为是全球卓越公共关系的通用原则,并进一步建议通用原则应在战略上进行调整,来与(特定)文化和有关国家的政治制度相适应。

可以看出,跨国—跨文化公共关系研究的大部分都是社会科学性质的。在承认这种研究有价值的同时,有必要扩大其研究范畴,以包括文化和传播的概念化以及它们之间的关系的其他方式(Gaither & Curtin, 2008)。"跨国"方式将国家等同于文化,并且本质上是可比较的。虽然国家可以在宏观层面上提供有用的聚合信息,但它们不足以研究跨文化公共关系人员之间、微观人际交往中跨文化交流是怎样的或如何共同完成的。它们也不具备解决早先讲述的后现代文化复杂性的问题(Pal & Dutta, 2008; 另见本书霍尔茨豪森一章)。对人际维度进行理论化的一种方法,是赞同更具共同创造性、对话性、解释性和主体间性的观点,即文化不是一种静态的、地理上决定的"在那里"现象,而是由人们不断构建、维持和修复,并且由人们共同、动态地参与交流(Carey, 1989, p.23)。解释主义者假定"人类的经验,包括传播,是主观的,人类的行为既不是预先确定的,也不是能轻易预测的"(Martin & Nakayama, 2010, p.59)。根据解释主义范式,文化和传播本质上是共同的、过程性的和象征性的(Martin & Nakayama, 2010)。

85　人际交往的微观层面

哈内尔兹指出，"文化进程与领土之间的联系，只是偶然的。作为社会组织的意义，文化主要是一种互动现象，只有在互动与特定空间联系在一起时才是文化"（Hannerz, 1997, pp.116-117）。如果文化的意义与人的互动相关联，而不仅仅局限于地理位置，那么研究公共关系的人类和微观跨文化交流方面就显得至关重要。正如扎哈纳指出的那样，"从业者还可以通过普遍意识到文化如何影响各种公共关系活动的人际关系来提高其效能"（Zaharna, 2000, p.94）。斯里拉梅什补充说，"公共关系中的知识体系仍未研究文化、人际信任和公共关系之间的联系"（Sriramesh, 2007, p.519）。

我们来看看这个例子，1992年，迪士尼公司决定在巴黎地区开设一个主题公园。尽管迪士尼公司非常乐观，但其运营之初每天损失超过100万美元，并且人们对新主题公园的认识和新闻报道都是负面的。巴黎迪士尼乐园似乎是一个失败的案例，文化傲慢、挑衅态度和预先设定的程序是迪士尼最大的问题。这些不幸的互动大多发生在人类交流和互动的领域，来自美国的迪士尼工作人员在另一种文化中表现得不像好客人，并且坚持他们以美国为中心的文化习俗。例如，高层管理人员不尊重法国劳动法，并坚持要求超严格的迪士尼制服和清洁规范；法国的烹饪习惯和文化规范被严重忽视，迪士尼不允许在主题公园销售葡萄酒，没有提供坐下就餐的便利，并且在软饮料中加冰；迪士尼管理层不愿意分享权力及在关系层面上为第三文化努力，这很快就为主题公园带来了诸如"文化切尔诺贝利"和"癌变"的描述和隐喻。迪士尼必须做出一些改变才能挽回自己的声誉，其中包括通过人事调整和赋予本地员工权力，欧洲迪士尼的美国首席执行官被一位精通两种文化的法国首席执行官取代，并聘请了来自92个国家的员工，公司更加密切关注语境文化价值和微观层面的交流，以实现共同建构的第三文化的意义（Packman & Casmir, 1999）。

上面的例子表明，在微观层面上，忽视跨文化关系构建的相互关系，以及当需求是全球化时，以固定和二元论的方式（我的文化与你的文化）思考文化可能会导致并不必要的文化帝国主义的观念。这也表明，有效的人际层面的交流和对话是在全球化背景下建立的组织—公众关系的核心。大约在10年前，库姆斯写道，"随着公共关系进入21世纪，人际交往理论将为公共关系的分析和实践提供重要见解，并将塑造我们如何定义这一领域"（Coombs, 2001, p.114）。纳入人际关系理论的呼吁，在公共关系的研究轨道上一直是零星的（Ferguson, 1984; J.Grunig, 1990; Heath, 2000; Thomlison, 2000; Toth, 2000, 1989; Toth & Heath, 1992）。然而，在弗格森（Ferguson, 1984）呼吁把关系作为公共关系研究的焦点的启发下，过去十多年来，美国更加系统地推动发展关于组织—公众关系的理论（Broom, Casey, & Ritchey, 1997; Ledingham, 2006; Ledingham & Bruning, 2000）。这种推动促使人们对人际交往理论所提供的东西有更多的探索（Rhee, 2007），其中一些工作在中国大陆和中国台湾等地区进行（Huang, 2001; Hung, 2005; Ni, 2009）。这部分工作在文化和传播的概念化方面也主要是社会科学，侧重于组织—公众关系的属性、前因和结果。

贾汉苏兹细致地观察到，除了这些相关因素，研究相互性也很重要，因为"相互影响是人际交往的基石"，并且公共关系中的人际交往研究不能忽视关系建设（Jahansoozi, 2006, p.75）。人际交往中的相互关系，可以通过解释主义和社会建构主义的方法进行研究，这些方法的重点在于主体间性、对话以及通过交流互动来构建意义。约翰逊借鉴了社会学家欧文·戈夫曼（Erving Goffman）关于社会交往主义的研究成果，强调了人际交往中相互性的重要性，并指出"在人际交往中，交往者共同构成了情境的定义。然而，受众的被动角色似乎表明，每个人都会根据对个人的回应以及传达的印象来定义情境"（Johansson, 2007, pp.276-277）。

对话是人际交流以及跨文化交流的核心特征。皮尔森也许是第一位主张在公共关系交流中对话的学者。他写道，对话"与说话者对自我、观众、话题和情境的态度密切相关"（Pearson, 1989, pp.124-125），他指出诸如"诚实、关心他人、真诚、开放、相互尊重、同理心、不伪装、非操纵意图以及鼓励自由表达"（Pearson, 1989, p.125）是对话取得成功的关键。在他的研究之上，博坦进一步区分了公共关系中的独白和对话交流。赞成单一观点的从业者相信他们获得了"对某种情况的工具性掌控"（Botan, 1993, p.76），即卡斯米尔所称的交流中的支配—服从方式。与皮尔森一样，博坦对这种方式的道德问题提出异议，并且认为从业者，特别是在对权力差异和文化差异有高度认知的、跨文化语境下的从业者，应该本着对话的原则进行交流。这样一种方法将"假设真正的目标，并不是通过工具性的掌握为客户服务而减少公众，而是在揭开对新世界的诠释过程中与公众一起参与，其中一些可能会使客户受益，而另一些可能会使公众受益"（Botan, 1993, p.76）。伍德沃德（Woodward, 2000）也指出，公共关系实践中，尤其是跨文化语境中，需要尊重对话和语境，并相信通过交流互动来相互转化的互动哲学。

人际/跨文化交流的研究也很重要，因为微观和宏观层面的社会建构的现实之间存在联系。托特（Toth, 2000）强调，有必要了解公共关系从业者在微观层面如何通过交流建立关系，并且微观层面的关系为中观和宏观层面的关系奠定了基础。卡斯米尔在提出第三文化建设模式时也曾做过类似假设，"所有制度最初并始终是人类个体努力的结果"（Casmir, 1993, p.408）。借鉴安东尼·吉登斯（Anthony Giddens）的结构化理论，法尔基默解释说，"（在宏观层面上）社会结构是通过重复个体行为而被复制或转化的"（Falkheimer, 2007, p.288）。同样地，杜勒姆也运用结构化理论指出，从业者、客户和公众都是"在一个共同的社会背景下相互联系的"（Durham, 2005, p.35），从业者应该认识到，通过在微观层面上的沟通，他们可以成为更宏观层面的创造性变革推动者。尽管存在这种重要的微观/宏观关系，但跨文化公共关系研究对交流的微观解释层面的研究却相对匮乏（Banks, 1995, 2000）。

第三文化建设模式是在人类传播的人际层面上概念化的，并且有助于跨文化公共关系微观层面的理论建设。反过来，微观层面的理论化可能有助于组织—公众层面的理论建设。这个模式本质上是解释主义的，非常适合处理未被充分研究的相互关系层面及文化和交流的动态性。

迈向第三文化建设

一些学者已经强调了跨文化公共关系中人际层面研究的重要性并为其铺平了道路（Banks, 1995, 2000; Burk, 1994; J.Grunig et al., 1995; Lyra, 1991）。在他们研究的基础上，将第三文化建设定位为一种对社会责任的跨文化公共关系的理论和实践有用的模式，这可能是公共关系学者和从业者感兴趣的。

莱拉（Lyra, 1991）关于希腊公共关系的研究，是第三文化建设的早期概念性步骤。在将她的研究与另外两个区域的研究（印度和中国台湾）结合起来进行的元研究中，J.格鲁尼格等人转向了文化译员或翻译模式。他们发现，跨国公司经常聘请当地的公共关系从业者扮演文化中介的角色，"文化翻译模式似乎存在于，在另一个国家开展业务的组织中，它需要懂得东道国的语言、文化、习俗和政治制度的人"（J. Grunig, et al., 1995, p.182; 见本书中霍尔茨豪森的章节）。吴等人（2001）在一个更大的研究中为该模式制定了一个量表，并在中国台湾的公共关系文化中对其进行了测试，发现它具有文化上的显著性。J. 格鲁尼格等人进一步指出，文化翻译模式"也可以在一个国家的组织中找到，这个组织必须在一个拥有不同群体的环境中工作"（J. Grunig, et al., 1995, p.183）。

虽然没有采用第三文化建设这个说法，但应该指出的是，班克斯（1995, 2000）也提出了类似于第三文化建设的概念。他是第一批使用社会解释方法，建立多元文化公共关系理论的公共关系学者之一。借用科利尔和托马斯（Collier & Thomas, 1988）对文化认同互动的解释性观点，他们指出社会解释方法偏向于面对面交流，有效的多元文化公共关系意味着"在任何交流活动中都能够通过成功地协商相互之间的意义来产生积极的结果（原文强调）"（Banks, 2000, p.38）。他们进一步提出，成功的跨文化—人际公共关系的相遇，以"确认参与者的文化认同""包含交流的本质性""接受解释的多样性""仍然可以重新解释"的交流为标志。

第三文化建设模式推动了研究方法从社会科学文化解释者—翻译者模式，向班克斯解释方法的必要转变，并帮助我们走向跨文化公共关系中更偏向人际交流的对话模式，以及帮助从业者转向文化角色。我将在本章的稍后部分进一步论述，但在这一点上，一个合理的问题是，为什么要建立第三文化，而不是其他跨文化传播模式或理论？至少有两个很好的理由。首先，不同于大多数跨文化传播理论和模式，关注个体以及个体如何适应文化差异（通常在寄宿文化中），第三文化建设实际上侧重于来自不同文化背景的人们通过沟通减少他们之间的差异的过程（Casmir, 1999）。在这方面，它是一个真正的主体间性和共同创造的模式（Botan & Taylor, 2004），它强调跨文化交流所必需的相互性、对话和转变。其次，这个模式为讨论跨文化公共关系语境下的权力差异问题，提供了一个有利的切入点。权力从来不是静态的，它是动态的，也是有争议的（Holtzhausen, 2000; Weaver, Motion, & Roper, 2006）。权力动力学在交流中发挥作用的方式，取决于宏观和微观的语境因素，然而权力的宏观结构语境被重点关注（Curtin & Gaither, 2007），但微观互动语境较少被关注，这种语境同样重要，并且也是权力在其他层面运作的一部分（见霍尔茨豪森章节中权力微观实践的相关概念）。第三文化建设作为一种模式，有助于探索权力的微观动态是如何通过交流行为被协商的。

第三文化建设模式

卡斯米尔于1978年首次提出了跨文化和跨国交流的第三文化建设模式（Useem, Donohue & Useem, 1963）。相较于传统定义，他对文化和传播的定义，更具解释性和人际互动性。他认为"任何将交流的'用途'看作企图影响他人的方式都存在问题"，提出了"（传播是）一种模式，侧重于来自不同国家或文化的个人之间的情境的、互动的交流过程（原文强调）"（Casmir, 1978, pp.248-249）。他补充说，"我认为这个过程是有意识地建立第三个或交替的领域（原文强调）……"（Casmir, 1978, pp.249-250）大约十年后，他和他的同事写道，"第三种文化是一种情境的亚文化，其中互动的人在试图达成共同商定的目标时，可以做出临时的行为调整……第三种文化只能通过互动发展，当文化不相似的人联合起来执行共同的任务时，它就会发展"（Casmir & Asuncion-Lande, 1989, p.294）。

提出该模式以后，卡斯米尔又在概念上对该模式做了补充。在他后来的一部著作中，他强调第三文化建设作为一种模式，需要对文化的其他方面承担道德责任，并且"它最终目的是，让所有参与第三种文化建设的人，都能够获得这种支持。这种支持将为个人提供坚定和开放的基础，既能够表达立场又能够倾听，同时牢记需要共同参与未来"（Casmir, 1997, p.93）。该模式试图支持并融入文化的"他者"，它是开放式的、突然出现的，因为没有预测到文化的终极状态，并且它试图摆脱个人主义和笛卡尔（Descartes）式的自治、单一自我的概念。

卡斯米尔强调，对话沟通是第三文化建设的中心因素，文化必须被理解为一种始终处于不断流动的现象，因为"文化存在于人们本身，而不仅仅是与他们周围环境的某种模糊的联系"（Casmir, 1997, p.111）。他补充说，人们是文化的创造者和文化变迁的作者，"没有任何文化信息，会自动或显著地促进我们理解人类如何共同建立关系，并共同协商意义（原文强调），需要主体参与这样的过程"（Casmir, 1997, p.105）。然而，卡斯米尔对待这个模式是现实的，他还写道，第三文化建设模式可能在任何情况下都不起作用，并且由于各种不利的干预因素可能随时结束。尽管有这样的警告，但他强调，继续研究它是值得的，因为它有助于人们理解和处理跨文化差异。

可以看出，卡斯米尔的模式是规范的，带来了希望。它比解释更具有说服力。他主张一种需要真诚的意愿调整，甚至改变一个人的文化信仰和价值观以及理解其他文化的方法。他将第三文化建设概念化为一种主体间的过程，其中交流被概念化为象征性的互动，而不仅仅是转变。第三文化建设需要的态度不同于简单地尝试和理解文化"他者"的立场（在国际公共关系中大多数社会科学家一直坚持善意但有限的立场）。后一种立场并不需要卡斯米尔强调的那种相互性、个人承诺和开放性改变。此外，由于"自我文化"和"他者文化"之间的对立依然存在，因此增加了文化帝国主义的风险。根据卡斯米尔和亚松森－兰德的说法，"什么不是跨文化交流，是任何尝试让一种文化的代表学习、理解和采用（原文强调）自我文化模式的尝试"（Casmir & Asuncion-Lande, 1989, p.289）。事实上，这可以被视为一种民族中心主义的态度，最终将自我文化看得比他者文化更重要，前面提到的巴黎迪士尼乐园的失败就是一个完美的例子。他们进一步评论道："人类思考看似'难以置信'的能力，做'不能做的'，并且相信'难以置信'的能力带来了人类的发展，因为我们能够通过互动，超越我们在自我文化中发现的限制"（Casmir & Asuncion-Lande, 1989, p.293），因此，第三文化建设是一种超越文化帝国主义共同发展的模式。

相互的文化转变需要时间。卡斯米尔（1999）指出，时间是建立有意义和相互满意的第三文化的重要因素。这里有必要注意第三文化与第三领域的区别。前者表明更深的关系和更大程度的相互文化转变。当目标是建立持久的长期关系时，第三文化更为可取。当目标是完成短期谈判时，第三领域的概念更为适用，由于公共关系从业者参与长期和短期的关系建设，所以这两个概念是相关的。

作为第三文化/领域建设者的跨文化从业者

全球跨文化工作的公共关系从业者不断增加，在人际关系层面，这些从业者必须战略性地定位、沟通和建立与当地政府、当地媒体、民间团体、当地意见领袖、消费者或成员、当地从业者、名人以及任何其他代表重要公众、利益相关者或参与活动发展的人员的关系。然而，正如韦尔契奇所写，"关于全球企业公共关系从业者工作模式的信息依然匮乏。他们是所服务的国家的一员，还是他们只是为公司服务的外派人员？他们是与利益相关者建立持久的关系，还是如专业外交官所做的那样，由于频繁地从一个国家到另一个国家，以至于不能与之建立持久的关系"（Verčič, 2009, p.804）。他的观察既适用于公司从业者，也适用于所有类型的组织或企业中的员工。显然所有参与跨文化工作的从业者都需要被赋予一种特定的形象或角色，这种角色强调了涉及文化的特性，并突出了这种从业者需要培养跨文化交流和建立关系的技能（Burk, 1994）。

在过去二十年的角色研究领域中，四个等级的从业者角色在美国公共关系行业的文化、政治和经济背景下得到了发展（Broom, 1982; Broom & Dozier, 1986; Broom & Smith,

1978; Dozier, 1984, 1992)。多泽尔（Dozier, 1992）描述了西方公共关系从业者，在民主和资本主义经济背景下工作的典型假设。最高的角色是专家开发者的角色，而最低的角色是通信技术员，中间角色是交流协调者和解决问题的协调者。他（1992）进一步假定前三个角色可以归入交流管理者，而最后一个角色仍然是通信技术员。前者的从业者更多地参与战略、规划和联络维护，他们与组织的主导联盟（管理层）紧密合作，而后者主要提供实现公共关系目标所需的交流工具。虽然这些角色已经在各个国家进行了定量测试，但角色本身并不涉及文化因素。尽管美国在上述角色的性别动态方面已经进行了一些研究（Aldoory, 2007; Hon, L. Grunig & Dozier, 1992; Toth, Serini, Wright, & Emig, 1998），但更多的研究需要关注文化如何在全球变化的环境中成为从业者角色的核心方面（Curtin & Gaither 2007; Hodges, 2006）。

第三文化建设模式进一步发展了在动态跨文化空间工作的公共关系从业者文化导向作用的潜力。文化翻译模式倾向于招聘当地从业人员，以帮助跨国公司了解当地文化。然而，它的局限性在于，它将建立跨文化差异桥梁的责任放在了文化的另一端，却没有探索生成主体间和互相完成的第三文化的可能性。换句话说，由于这里的目标是理解他者，因此自我/他者文化二元体系仍保持不变。班克斯（1995, 2000）的社会解释理论是基于对话式的合作方式，来达成跨文化理解，并且确实朝着破解二元文化的方向迈进。当第三文化概念被引入时，我们可以设想在跨文化公共关系中，所有人际层面的交流都致力于共同创建第三文化，其中自我/他者的二元对立可以通过沟通而消解，如果可以依靠不太强势的形式来调整权力平衡，那么这种消解可能是一件好事。

因此，我提出尝试破解认为的自我/其他文化的二元体系，这样可以增加进行跨文化公共关系谈判成功的机会，并减少文化帝国主义的可能性。在人际关系语境下，自我/他者文化二元体系的消解，可以通过相互偏离所感知的自我文化而发生。这种偏离可以通过承担平等的责任、愿意改变，将注意力转移到相互转化以及第三文化建设上来实现，这可能会为看似不可调和的文化差异提供创造性的第三维度的解决方案。

我还提出，无论文化背景如何，跨文化从业者都应该尝试成为第三文化领域的建设者。这看起来可能是一个小问题，但我认为，从业者如何看待他们的文化定位，可能会对他们如何实践跨文化公共关系产生重大影响。一个从业者不是将文化差异看作"遥远的"或作为他者的责任，而是将差异视为通过互动成为自我的一部分，便能够创造性地与来自不同文化的人合作，而不会将差异视为需要克服的问题。

对于一名公共关系从业者来说，要善于进行第三文化建设，就必须呈现一种动态的文化认同。这个从业者需要成为一种能够自在地驾驭全球本土化的大都会人物（Tomlinson, 1999），成为一个在文化进程中不断前行的人，不应评判各种文化价值观和做法，而是能够在必要时与他们共同工作和发展。根据费瑟斯通的观点，一些专业人士、文化中介，如律师、管理顾问、广告商和媒体专家，已经在全球范围内变得越来越突出，他们

"熟悉多种民族文化,并且发展或在某些情况下生活在第三文化中"(Featherstone, 1995, p.91)。一些学者充分借鉴了文化中介的概念,并将其应用于公共关系从业者(Curtin & Gaither, 2007; Hodges, 2006)。文化中介是文化的生产者,因为他们在生产和消费的交汇点参与意义生产(Nixon & du Gay, 2002)。当我们认为从业者是文化的生产者时,它使我们走向一种更为动态的、在实践中发挥出来的文化概念化。霍奇斯认为,公共关系从业者作为文化中介从事的关系建设和交流实践,取决于他们的生活方式或"从业者如何生活、创造以及与公共关系工作世界相关的方式"(Hodges, 2006, p.85)。对于这种概念化,我想补充一点,跨文化从业者的生活需要一个特定的文化和关系建设的取向——第三文化取向。

关于权力的一些注释以及一个附加说明

虽然第三文化建设模式因其崇高意图而得到承认,但一些学者批评它在整合权力问题和不可调和的分歧方面不够严谨(Belay, 1993; Shuter, 1993)。这个问题是非常重要的,特别是对公共关系学的批评,即关于权力在公共关系实践中,如何发挥作用的研究还不够深入(Edwards, 2006; Gower, 2006; L'Etang, 2005; Weaver et al., 2006)。我同意这个观点,通过分析权力,我们可以转向更具社会责任感的跨文化公共关系模式和理论。因此,当前的问题是:第三文化建设模式在多大程度上解决了跨文化公共关系中的权力差异问题?

所有的人际互动,特别是跨文化互动,都不可避免地受到权力差异的影响。正如马丁和中山所说,"我们在跨文化交流中不平等,我们也不可能平等。帝国主义、殖民主义、剥削、战争、种族灭绝等的历史,使得文化群体在交流时失去平衡"(Martin & Nakayama, 2010, p.133)。贝莱以类似的方式,提出了与第三文化建设有关的权力批评,指出该模式不具备解决权力差异问题的能力,并且可能过于乐观地关注融合和转变,取而代之的是,他提供了所谓的"交互式多元文化建设"模式。该模式"对差异和文化间的相互尊重提供包容"(Belay, 1993, p.451),同时肯定了转变的可能性。换句话说,其承认权力和差异在确定是否存在相互转化的可能性方面,起着重要作用。

虽然贝莱的批评是中肯的,但卡斯米尔的确将权力差异问题考虑在内,并非天真地将注意力集中在简单的融合上。他提出一个有说服力的观点,他说第三文化建设是一个"互利的创造性过程,不一定取决于相关合作伙伴的'平等'贡献。相反,由于双方商定的需求,这个过程的意义是由贡献决定和评估的。无论每个贡献占总数的百分比是多少,都是这种情况"(Casmir, 1993, pp.419-420)。卡斯米尔承认,无论是物质还是象征性的力量差异都是存在的,这是不可避免的。虽然不可避免,但他仍然认为有可能达到所有相关方都能接受的相互性和跨文化理解水平。这一论点类似于人际交往中控制相互性概念(Stafford & Canary, 1991),该概念描述了在权力不对等的伙伴关系中,交流双方如何在特定情境下确定权力的分布及掌控者（Hon & J. Grunig, 1999）。贾汉苏兹指出"公开承认权力在关系中的位置有利于实现期望的关系结果"（Jahansoozi, 2006, p.76）。通过深入的微观层面定性研究，检验从业者如何参与成功的第三文化建设，可以更清楚地揭示在这一过程中其是如何实现相互控制的。

一个支持卡斯米尔模式及其与权力关系的论点是，该模式试图在第三文化建设过程中消除而不是维持自我/他者二元体系。它使我们能够专注于权力如何在跨文化互动的人际关系层面发挥作用。二元体系和等级二元结构倾向于生产，并往往形成权力差异的基础。该模式的概念目标之一是，通过转变来瓦解，通过二元化的思想和交流方式构建等级和权力差异。这是一种远离"非此即彼"逻辑的方式，在这种逻辑下，二元论（自我/他者文化）中的第一个词"自我"被认为是优越的（Sarup, 1996, p.57）。因此，尽管在宏观层面上实现"平等"也许是不现实的，但互动者可以通过微观层面的协商，寻求在特定语境中相互接受的解决方案。如前所述，权力的微观层面动态可以改变宏观层面的动态性，也许有利于弱势力量。因此，我们现在可以转向一个更加福柯式的权力概念（Holtzhausen, 2000）。

像文化一样，权力并不是一个静态的"事物"，并不需要总是以宏大的、自上而下的确定性方式来概念化（Berger, 2005; Curtin & Gaither, 2007; Weaver et al., 2006）。虽然没有人或实体是超越权力的，但权力并不是一个固定的现象（Foucault, 1980），我们不能认为拥有更多资源的大公司，如跨国公司，在任何情况下都会拥有更多的权力。例如，柯廷和盖瑟（Curtin & Gaither, 2007）指出，可口可乐公司尽管拥有可乐的统治权，却无法让消费者接受 New Coke®（可口可乐公司于1985年推出的一款产品）。权力并不是无条件地存在于结构中，而是由构成这些结构，并对其赋予意义的人们来制定的。

福柯（1980）在关于权力微观实践的论述中指出，权力总是对重新协商开放，因为它主要基于人们互动的实践，并且它不是任何一个实体所拥有的、抽象的东西（Holtzhausen, 2000; Holtzhausen & Voto, 2002）。正如霍尔茨豪森（2000）也使用福柯的分析，指出权力在不同层面上运作，并且在本质上既可以上升，也可以下降。事实上，权力是多模态、多标量和多方向的。关注微观实践可以帮助我们理解权力的意义、张力和定向现实如何在人类互动的个体层面上发生变化，并且互动的语境也很重要。个体在一个情境中，拥有很大权力，但在另一个情境中，可能权力不那么大。马丁和中山将这一现象称为"特权—弱势辩证法"，指出"个体可能同时处于强势和弱势地位，或者在某些情况下是强势的，在其他情况下是弱势的"（Martin & Nakayama, 1999, p.18）。例如，一位女性从业者可能代表一家大型跨国公司，在宏观层面上是强大的，但她在父权的东道主义文化下，与民间团体的男性代表之间互动和文化谈判时，可能并不处于权力地位。权力始终是有语境的和有争论的，大部分的争论都是通过象征性的、文化的和互动交流来进行的。第三文化建设使我们能够关注跨文化公共关系中，权力的复杂性和微观政治

（Holzhausen, 2000）。

现在有一个附加说明：有些人可能认为跨文化从业者作为第三文化/领域建设者，其规范作用太理想化甚至不现实。舒特（Shuter, 1993）对卡斯米尔模式提出了实用主义的批评。他指出，动机是倡导关系协同和相互依存的跨文化交流模式中至关重要的缺失因素（Starosta & Olorunnisola, 1995）。为什么应该鼓励来自不同文化背景的两个人建立第三文化？什么样的动因和动机，会创造出愿意参与"重新谈判和综合人类文化体验的最重要组成部分——态度、价值观和风俗"（Shuter, 1993, p.431）的条件？舒特有一个很好的观点，他提出了"文化主义"的概念，这为卡斯米尔的第三文化建设模式提供了一个实用主义者的转折点。文化主义背后的假设是，开明的自我利益和以任务为中心的动机可以促进合作和相互依存以获得利益。然而，舒特并不相信文化参与者会永恒地为此调整文化价值。换句话说，为了特定的相互利益，文化调整只能是暂时的。

舒特提出一个很好的观点，尽管从业者可能会参与第三次文化/领域建设，但属于外部公共团体的其他互动者，可能没有足够的动力或愿望参与这一过程。例如，一个非本地的非政府组织（NGO）试图在一种文化中，减少不安全流产过程中造成的死亡和伤害，这种文化是拥有大多数罗马天主教人口（Curtin & Gaither, 2007）的父权制文化，因此，其可能会面临大量的阻力。那么，一个非政府组织如何努力在一个极度贫困的文化中，让正在工作的儿童上学，这里父母们世代都相信，孩子挣钱比上学更有用。或者，一家跨国公司可能会面对来自后殖民文化成员的民族主义抵制，他们可能预见到该公司带来的文化/经济帝国主义实践（Bardhan & Patwardhan, 2004）。第三文化建设需要所有参与者都欢迎变革，这意味着他们愿意走出自己的文化舒适区，也许还需打破意识形态信仰。并非所有人都愿意改变，特别是这种改变涉及调整具有深厚文化根源的长期信念，或意味着放弃现有权力优势的变化。第三文化建设也许并不总是可行的，特别是当存在巨大的差异或极化的偏见时，在这种情况下，跨文化从业者可以尝试和定位重要的公众成员（最好是意见领袖），他们愿意参与对话，并达成一种相互接受的非强制性行动，从那时起的协商，可能会改变整体的看法。正如霍尔茨豪森（2002）所指出的，从后现代的角度来看，权力的差异是不可避免的，后现代的从业者需要将冲突视为常规，而不是寻求强制性的合作。舒特还认为，建立第三领域而不是更持久的第三文化的可能性更大，但这取决于情境。如果所有参与者都认为这种关系是一种可以互惠互利的长期关系，那么更多的改变和转变很可能会发生。

在我们这个世界，变化是不可避免的，它可以通过强制性交流或者通过对话和协商来实现。在跨文化公共关系的情况下，当组织和公众对问题的感知有开明的自我利益时，通过第三文化建设的改变很可能会发生。卡斯米尔认识到，要使第三文化建设取得成功，所有文化互动者都需要接受改变，并重视参与非强制性第三文化建设的好处。尽管存在权力差异，但所有相关方都需要认识到，他们正在这个过程中获益。

第四章
全球流动下公共关系的文化、传播以及第三文化建设

结尾的思考

麦当劳在莫斯科的故事为第三文化建设提供了一个很好的例子。该公司于1990年在莫斯科开设了第一家直销店,如今它在俄罗斯拥有75家分店。莫斯科人驯化了麦当劳,并把它变成一种烹饪现象,成为俄罗斯文化景观中的一部分。俄罗斯人的饮食习惯本质上是相同的,比起不知道哪里空运来的食物,他们更喜欢当地的食物。麦当劳利用当地的供应品,在广告和公共关系活动中积极传达其本土化的努力,并着重于提升公众的接受度。此外,空间也被用于公共意义上,起初麦当劳的店铺并不被视为有规则的私人空间,但麦当劳让社区参与其中,例如,顾客可以自带食品和饮料加入,欢迎为他们的孩子庆祝生日的人们带上自己的装饰品,不限制人们在麦当劳待的时间,人们在麦当劳举办会议和进行交易,并且街头儿童认为这是一个安全的场所。该公司定期进行市场调查以了解舆情,并关注社区关系项目、社交网络建设,以及日常实践和政策中的集体责任。麦当劳已经通过有意识和有针对性的微观层面,将自己融入文化景观,进而形成了宏观层面的第三文化建设政策和公共关系实践。它仍然是麦当劳,但是以俄罗斯的方式存在(Caldwell, 2004)。

上述例子表明,第三文化建设确实存在于跨文化公共关系实践中。对于公共关系学者来说,这意味着有必要使用适当的方法,对已经参与第三文化建设工作的从业者的传播实践进行实证研究,以便更好地了解他们的成就,以及他们面临的挑战。这样的研究可以帮助发展对于跨文化公共关系至关重要的第三文化理论(在本书中,肯特和泰勒也鼓励这一主张)。除了证明这一需要,本章还对公共关系学界做出了一些贡献。首先,通过阐明第三种文化建设模式如何帮助我们在全球流动的背景下概念化传播和文化,它强调了静态国家文化逻辑的局限性。其次,由于第三文化建设是一个对话和主体间互动的过程,本章的论点为对话视角做出了贡献,公共关系学界展现出对这一视角日益增长的需求和兴趣。肯特和泰勒指出,越来越多的关注对话表明了一种"理论上的转变——从公共关系强调管理交流,到强调交流作为协商关系的工具"(Kent & Taylor, 2022, p.23)。最后,本章有助于推动公共关系学术理论的不断发展,强调了在微观和宏观层面上交流与关系建构之间共同建构的本质(Durham, 2005; Falkheimer, 2007)。

从教学角度看,本章强调公共关系专业的学生需要以更复杂的方式思考,文化如何在全球流动下发挥作用,这对公共关系实践意味着什么,以及他们如何准备在跨文化空间中成功地工作。希望通过更丰富的跨文化交流课程、利用出国留学机会、对文化差异保持兴趣而不是感到沮丧,并尽可能多地旅行,从而更多地了解采取第三种文化态度的价值。对于教育工作者来说,这意味着除了那些已经提供的国际/全球公共关系课程,他们还需要鼓励学生参加跨文化交流,并帮助学生把握文化、公共关系行业和从业者的生活之间的联系(Hodges, 2006)。

从业者可以利用第三文化建设模式,以更好地理解他们的实践和文化立场,并在跨文化环境中增强自我反思。如果他们认识到第三文化建设的价值,还可以鼓励他们更多地参与相关培训(Burk, 1994),帮助他们发展跨文化心态。也许他们可以主动在工作场所中采取这些举措。总的来说,第三文化建设教导从业者在跨文化空间中更有效地工作,这不仅提升了他们的文化能力,减少了民族中心主义倾向,还使他们更具全球视野。

通过提出第三文化建设,我在本章中展示了解释性和社会建构主义方法在跨文化公共关系中概念化文化与传播之间动态关系的适用性。用汤姆林森的话来说,"全球化扰乱了我们对'文化'的概念化方式,因为文化通常将含义与固定地区的观念联系起来"(Tomlinson, 1999, p.26)。全球流动引发文化的无区域化,公共关系学界需要追赶上"文化"的基本现实(Tsing, 2000)。文化呈现出多种形式,不仅仅是民族国家的形式,也是人们在跨文化的空间中互动而产生和协商的结果。这种对文化的动态感知,使得公共关系中的第三文化建设成为可能。

问题讨论

1. 你将如何描述全球流动?你能想到全球流动现象改变了我们对公共关系中的"文化"和"公众"理解的特定方式吗?
2. 在本章中,"跨文化"这个术语在"跨国"术语中被选中,以讨论与全球流动相关的公共关系。这是不错的选择吗?如果是,为什么?如果不是,你能想出更准确的术语吗?并说出你的理由。
3. 解释社会科学与解释主义对文化和传播的定义/描述有何不同,它们之间的关系如何?
4. 跨文化的公共关系中,微观层面的关系建设,如何与宏观层面的关系建设联系起来?用一个例子来解释。
5. 第三文化建设模式如何重新定义文化自我和文化他者的关系?这种重新定义在跨文化公共关系中承诺了什么?
6. 第三文化建设模式是否适用于解决组织和公众之间权力差异等问题?用清晰的理由以及引用特定权力理论来解释你的观点(例如,福柯关于权力微观政治的概念)。
7. 请阐述第三文化建设模式在跨文化公共关系中的应用,并指出至少两个优势和两个弱点。

参考文献

Aldoory, L. (2007). Reconceiving gender for an Excellent future in public relations scholarship.In E. Toth(Ed.),*The future of excellence in public relations and communication management* (pp. 399-411).

Mahwah, NJ: Erlbaum.

Appadurai, A. (1996). *Modernity at large*. Minneapolis, MN: University of Minnesota Press.

Banks, S. (1995). *Multicultural public relations: A social- interpretive approach*.Thousand Oaks, CA: Sage.

Banks, S. (2000). *Multicultural public relations: A social- interpretive approach* (2nd ed.). Ames, IA: Iowa State University Press.

Bardhan, N. (2007, November). *What's global and what's local? Shortfalls of current conceptualizations in transnational* public relations. Paper presented at the annual convention of the National Communication Association, Chicago, IL.

Bardhan, N., & Patwardhan, P. (2004). Multinational corporations and public relations in a traditionally resistant host culture. *Journal of Communication Management,* 8(3), 246-263.

Belay, G. (1993). Toward a paradigm. shift for intercultural and international communication: New research directions. *Communication Yearbook,* 16, 437-457.

Berger, B. (2005). Power over, power with, and power to relations: Critical reflections on public relations, the dominant coalition, and activism. *Journal of Public Relations Research,* 17(1), 5-28.

Berger, P., & Luckmann, T. (1966). *The social construction of reality*. Garden City, NY: Doubleday.

Botan, C. (1992). International public relations: Critique and reformulation. *Public Relations Review,* 18(2), 149-159.

Botan, C. (1993). A human nature approach to image and ethics in international public relations. *Journal of Public Relations Research,* 5(2), 71-81.

Botan, C., & Taylor, M. (2004). Public relations: State of the field. *Journal of Communication,* 54(4), 645-661.

Broom, G. (1982). A comparison of sex roles in public relations. *Public Relations Review,* 8(1), 17-22.

Broom, G, Casey, S., & Ritchey, J. (1997). Toward a concept and theory of organization-public relationships. *Journal of Public Relations Research,* 9(2),83-98.

Broom, G., & Dozier, D. (1986). Advancement for public relations role models. *Public Relations Review,* 12(1), 37-56.

Broom, G., & Smith, G. (1978). *Toward an understanding of public relations roles: An empirical test of five role models impact on clients*. Paper presented at the annual meeting of the Association for Education in Journalism, Seattle, WA.

Burk, J. (1994). Training MNC employees as culturally sensitive boundary spanners. *Public Relations Quarterly,* 39(2), 40-44.

Caldwell, M. (2004). Domesticating the French fry: McDonald's and consumerism in Moscow. *Journal of Consumer Culture,* 4(1), 5-26.

Carey,J. (1989). *Communication as culture : Essays on media and society.* Boston, MA: Unwin Hyman.

Casmir, F. (1978). A multicultural perspective on human communication. In F.Casmir (Ed.), *Intercultural and international communication* (pp. 241-257).Washington, DC: University Press of America.

Casmir, F. (1993). Third-culture building: A paradigm shift for international and intercultural communication. *Communication Yearbook,* 16, 407-428.

Casmir, F. (1997). Ethics, culture and communication : An application of the third-culture building model to international and intercultural communication. In F. Casmir (Ed.), *Ethics in intercultural and international communication* (pp. 89-118). Mahwah, NJ: Erlbaum.

Casmir, F. (1999). Foundations for the study of intercultural communication based on a third-culture building model. *International Journal of Intercultural Relations,* 23(1), 91-116.

Casmir, F., & Asuncion-Lande, N. C. (1989). Intercultural communication revisited: Conceptualization, paradigm building, and methodological approaches.*Communication Yearbook* 12, 278-309.

Collier, M. J., & Thomas, M. (1988). Cultural identity: An interpretive perspective. InY. Y. Kim & W. B. Gugykunst (Eds.), *Theories in intercultural communication* (pp. 94-120). Newbury Park, CA: Sage.

Coombs, W. T. (2001). Interpersonal communication and public relations. In R.Heath (Ed.), *Handbook of public relations* (pp. 105-114). Thousand Oaks,CA: Sage.

Cooper-Chen, A., & Tanaka, M. (2008). Public relations in Japan: The cultural roots of Kouhou. *Journal of Public Relations Research,* 20(1), 94-114.

Culbertson, H. (1996). Introduction. In H. Culbertson & N. Chen (Eds.), *International public relations: A comparative analysis* (pp. 1-13). Mahwah, NJ:Erlbaum.

Curtin, P., & Gaither, T. (2005). Privileging identity, difference , and power:The circuit of culture as a basis for public relations theory. *Journal of Public Relations Research,* 17(2), 91-115.

Curtin, P., & Gaither, K. T. (2007). *International public relations: Negotiating culture, identity, and power*. Thousand Oaks, CA: Sage.

de Certeau, M. (1984). *The practice of everyday life.* Berkeley, CA: University of California Press.

Dozier, D. (1984). Program evaluation and roles of practitioners. *Public Relations Review,* 10(2), 13-21.

Dozier, D. (1992). The organizational roles of communications and public relations practitioners. In J. Grunig (Ed.), *Excellence in public relations and communication management* (pp. 327-355). Hillsdale, NJ: Erlbaum.

Durham, F. (2005). Public relations as structuration: A prescriptive critique of the StarLink global food contamination case. *Journal of Public Relations Research,* 17(1), 29-47.

Edwards, L. (2006). Rethinking power in public relations. *Public Relations Review,* 32(3), 229-231.

Falkheimer, J. (2007). Anthony Giddens and public relations: A third way perspective. *Public Relations Review,* 33(3), 287-293.

Featherstone, M. (1995). *Undoing culture: Globalization, postmodernism and identity.* London: Sage.

Ferguson, M. (1984, August). *Building theory in public relations : Interorganizational relationships*.Paper presented at the convention of the Association for Education in Journalism and Mass Communication, Gainesville,FL.Foucault, M. (1980).*The history of sexuality.* New York: Vintage Books.

Gaither, T. K., & Curtin, P. (2008). Examining the heuristic value of models of international public relations practice: A case study of the Arla Foods crisis.*Journal of Public Relations Research,* 20(1), 115-137.

Gower, K. (2006). Public relations research at the crossroads. *Journal of Public Relations Research,* 18(2), 177-190.

Grunig, J. (1990). Theory and practice of interactive media relations. *Public Relations Quarterly,* 35(3), 18-23.

Grunig, J., Grunig, L, Sriramesh, K., Huang, Y., & Lyra, A. (1995). Models of public relations in an international setting. *Journal of Public Relations Research,* 7(3), 163-186.

Gupta, A., & Ferguson, J. (1992). Beyond "culture": Space, identity, and the politics of difference. *Cultural Anthropology,* 7(1), 6-23.

Hannerz, U. (1997). Scenarios for peripheral cultures. In A. King (Ed.), *Culture,globalization and the world-system* (pp. 107-128). Minneapolis, MN: University of Minnesota Press.

Heath, R. (2000). A rhetorical perspective on the values of public relations: Crossroad sand pathways toward concurrence. *Journal of Public Relations Research*, 12(1), 69-91.

Hodges, C. (2006) "PRPculture": A framework for exploring public relations practitioners as cultural intermediaries. Journal of Communication Management, 10(1), 80-93.

Hofstede, G. (1984). *Culture's consequences: International differences in work related issues.* Beverly Hills, CA: Sage.

Hofstede, G. (2001). *Culture's consequences: International differences in work related issues* (2nd ed.). Thousand Oaks, CA: Sage.

Holtzhausen, D. (2000). Postmodern values in public relations. *Journal of Public Relations Research,* 12(1), 93-114.

Holtzhausen, D., & Voto, R. (2002). Resistance from the margins : The postmodern public relations practitioner as organizational activist. *Journal of Public Relations Research,* 14(1), 57-84. Hon, L. C., & Grunig, J. (1999). *Measuring relationships in public relations.* Gainesville, FL: Institute for Public Relations.

Hon, L. C., Grunig, L., & Dozier, D. (1992). Women in public relations: Problems and opportunities. In J. Grunig (Ed.), *Excellence in public relations and communication management* (pp. 419-438). Hillsdale, NJ: Erlbaum.

Huang, Y. (2001). OPRA: A cross-cultural, multiple-item scale for measuring organization-public relationships. *Journal of Public Relations Research,* 13(1), 61-90.

Hung, C.J. F. (2005). Exploring types of organization-public relationships and their implication for relationship management in public relations. *Journal of Public Relations Research,* 17(4), 393-426.

Ihator, A. (2000). Understanding the cultural patterns of the world- An imperative in implementing strategic international PR programs. *Public Relations Quarterly,* 45(4), 38-44.

Ihlen, Ø., & van Ruler, B. (2007). How public relations works: Theoretical roots and public relations perspectives. *Public Relations Review,* 33(3), 243-248.

Jahansoozi, J. (2006). Relationships, transparency, and evaluation:The implications for public relations. InJ.L'Etang&M.Pieczka(Eds.), *Public relations: Critical debates and contemporary practice*(pp. 61-91). London: Erlbaum.

Johansson, C. (2007). Goffman's sociology: An inspiring resource for developing public relations theory. *Public Relations Review,* 33(3), 275-280.

Kent, M., & Taylor, M. (2002). Toward a dialogic theory of public relations.*Public Relations Review,* 28(1), 21-37.

Ledingham, J. (2006). Relationship management: A general theory of public relations. In C. Botan & V. Hazleton (Eds.), *Public relations theory* (Vol.2, pp.465-483). Mahwah, NJ: Erlbaum.

Ledingham, J., & Bruning, S. (2000). *Public relations as relationship management: A relational approach to the study and practice of public relations.*Mahwah, NJ: Erlbaum.

L'Etang, J. (2005). Critical public relations: Some reflections. *Public Relations Review,* 31(4), 521-526.

L'Etang, J. (2006). Public relations and rhetoric. In J. L'Etang & M. Pieczka (Eds.), *Critical perspective in public relations* (pp. 106-123). London: International Thomson Business Press.

Lyra, A. (1991). *Public relations in Greece : Models, role and gender* (Unpublished master's thesis). University of Maryland, College Park.

Macnamara, J. (2004). The crucial role of research in multicultural and crosscultural communication.

Journal of Communication Management, 8(3),322-334.

Martin, J., & Nakayama, T. (1999). Thinking dialectically about culture and communication. *Communication Theory,* (9)1, 1-25..

Martin, J., & Nakayama, T. (2010). *Intercultural communication in contexts* (5th ed.). New York: McGraw-Hill.

Maynard, M., & Tian, Y. (2004). Between global and local: Content analysis of the Chinese web sites of the 100 top global brands. *Public Relations Review,* 30(3), 285-291.

Molleda, J-C., & Roberts, M. (2008). The value of "authenticity "in "global" strategic communication: The new Juan Valdez campaign. *International Journal of Strategic Communication,* 2(3), 154-174.

Moon, D. (1996). Concepts of "culture ": Implications for intercultural communication research. *Communication Quarterly,* 44(1), 70-84.

Ni, L. (2009). Strategic role of relationship building: Perceived links between employee-organization relationships and globalization strategies. *Journal of Public Relations Research,* 21(1), 100-120.

Nixon, S., & du Gay, P. (2002). Who needs cultural intermediaries? *Cultural Studies,* 16(4), 495-500.

Packman, H., & Casmir, F. (1999). Learning from the Euro Disney experience.*Gazette,* 61(6), 473-489.

Pal, M., & Dutta, M. (2008). Public relations in a global context : The relevance of critical modernism as a theoretical lens. *Journal of Public Relations Research,* 20(2), 159-179.

Pearce, W., & Cronen, V. (1980). *Communication action and meaning:* The creation of social realities. New York: Praeger.

Pearson, R. (1989). Business ethics as communication ethics: Public relations practice and the idea of dialogue. In C. Botan & V. Hazleton, Jr. (Eds.), *Public relations theory* (pp. 111-131). Hillsdale, NJ: Erlbaum.

Rhee, Y. (2002). Global public relations: A cross-cultural study of the Excellence theory in South Korea. *Journal of Public Relations Research,* 14(3), 159-184.

Rhee,Y.(2007). Interpersonal communication as an element of symmetrical public relations: A case study. In E. Toth (Ed.), *The future of excellence in public relations and communication management* (pp.103-117). Mahwah,NJ: Erlbaum.

Robertson, R. (1992). *Social theory and global culture.* London: Sage.

Robertson, R. (1995). Globalization: Time-space and homogeneity-heterogeneity. In M. Feat-herstone, S. Lash, & R. Robertson (Eds.), *Global modernities*(pp. 25-44). London: Sage.

Roudometof, V. (2005). Transnationalism, cosmopolitanism, and globalization. *Current Sociology,* 53(1), 113-135.

Sarup,M. (1996). *Identity, culture and the postmodern world.* Edinburgh,Scotland: Edinburgh University Press.

Sha, B.-L. (2006). Cultural identity in the segmentation of publics: An emerging theory of intercultural public relations. *Journal of Public Relations Research,* 18(1), 45-65.

Shuter, R. (1993). On third-culture building. *Communication Yearbook,* 16,429- 436.

Sriramesh, K. (1996). Power distance and public relations: An ethnographic study of Southern Indian organizations. In H. Culbertson & N. Chen (Eds.), *International public relations: A comparative analysis* (pp. 171-190). Mah-wah, NJ: Erlbaum.

Sriramesh, K. (2007). The relationship between culture and public relations. In E. Toth (Ed.), *The future of excellence in public relations and communication management* (pp. 507-526). Mahwah, NJ: Erlbaum.

Sriramesh, K., & Verčič, D. (2001). International public relations: A framework for future research.

Journal of Communication Management, 6(2), 103-117.

Sriramesh, K., & White, J. (1992). Societal culture and public relations. In J.Grunig (Ed.), *Excellence in public relations and communication management* (pp. 597-614). Hillsdale, NJ: Erlbaum.

Stafford, L., & Canary, D. (1991). Maintenance strategies and romantic relationship type, gender and relational characteristics. *Journal of Social and Personal Relationships,* 8(2), 217-242.

Starosta, W. (1991, May). *Third culture building: Chronological development and the role of third parties.* Paper presented at the annual meeting of the International Communication Association, Chicago, IL.

Starosta, W., & Olorunnisola, A. (1995, April). *A meta-model for third culture development.* Paper presented at the annual convention of the Eastern Communication Association, Pittsburgh, PA.

Thomlison, T. (2000). An interpersonal primer with implications for public relations. In J. Ledingham & S. Bruning (Eds.), *Public relations as relationship management* (pp. 177-203). Mahwah, NJ: Erlbaum.

Tomlinson, J. (1999). *Globalization and culture.* Chicago, IL: University of Chicago Press.

Toth, E. (1989, November). *The crisis: When interpersonal communication theory explains public relations behavior.* Paper presented at the annual meeting of the Speech Communication Association, San Francisco, CA.

Toth, E. (2000). From personal influence to interpersonal influence: A model for relationship management. In J. Ledingham & S. Bruning (Eds.), *Public relations as relationship management* (pp. 205-219). Mahwah, NJ: Erlbaum.Toth, E., & Heath, R. (1992). *Rhetorical and critical approaches to public relations.* Hillsdale, NJ: Erlbaum.

Toth, E., Serini, S., Wright, D., et al. (1998). Trends in public relations roles: 1990-1995. *Public Relations Review,* 24(2), 145-163.

Tsing, A. (2000). The global situation. *Cultural Anthropology,* 15(3), 327-360.

Useem, J., Donoghue, J, & Useem, R. (1963). Men in the middle of the third culture. *Human Organization,* 22(33), 129-144.

Verčič, D. (2009). Public relations of movers and shakers: Transnational corporations. In K. Sriramesh & D. Verčič (Eds.), *The global public relations handbook: Theory, research and practice* (rev. ed., pp. 795-806). New York: Routledge.

Verčič, D., Grunig, L., et al. (1996). Global and specific principles of public relations. In H. Culbertson & N. Chen (Eds.), *International public relations: A comparative analysis* (pp. 31-65). Mahwah, NJ: Erlbaum.

Wakefield, R. (2001). Effective public relations in the multinational organization. In R. Heath & G. Vasquez (Eds.), *Handbook of public relations* (pp.625-647). Thousand Oaks, CA: Sage Publications.

Weaver, C. K., Motion, J., et al. (2006). From propaganda to discourse (and back again): Truth, power, the public interest and public relations. In J.L'Etang & M. Pieczka (Eds.), *Public relations: Critical debates and contemporary practice* (pp. 7-21). London: Erlbaum.

Williams, O., & Murphy, P. (1990). The ethics of virtue: A moral theory for marketing. *Journal of Macromarketing,* 10(1), 19-29.

Woodward, W. (2000). Transactional philosophy as a basis for dialogue in public relations. *Journal of Public Relations Research,* 12(3), 255-275.

Wu, M. Y., Taylor, M., et al. (2001). Cultural and societal influences on Taiwanese public relations. *Public Relations Review,* 27(3), 317-336.

Zaharna, R. (2000). Intercultural communication and international public relations: Exploring parallels. *Communication Quarterly,* 48(1), 85-100.

Zaharna, R. (2001). "In-awareness" approach to international public relations. *Public Relatio-ns Review,* 27(2), 135-148.

推荐阅读

Chen, G-M., & Starosta, W. (2004). Communication among cultural diversities. In G-M. Chen&W. Starosta(Eds.),*International and intercultural communication annua*l: Vol. 27. Dialogue among diversities(pp. 3-15).Washington, DC: National Communication Association.

Frost, A. (2000). Negotiating culture in a global environment. *Journal of Communication Management,* 4(4), 369-377.

Giddens, A. (1984). *The constitution of society : Outline of the theory of structuration.* Berkeley, CA: University of California Press.

Hannerz, U. (1997). *Transnational connections: Culture, people, places.* London: Routledge.

Hutchison, L., & Pauly, J. (2003). Think local, act local: The fate of community relations in an age of global public relations . In D. Demers (Ed.), *Terrorism,globalization and mass communication* (pp. 233-248). Spokane, WA: Mar-quette Books.

Lee, S. (2006). Somewhere in the middle: The measurement of third culture.*Journal of Intercultural Communication Research,* 35(3), 253-264.

L'Etang, J., & Pieczka, M. (Eds.). (2006). *Public Relations: Critical debates and contemporary practice.* Mahwah, NJ: Erlbaum.

Macmanus, T. (2000). Public relations: The cultural dimension. In D. Moss, D.Verčič, & G. Warnaby (Eds.), *Perspectives on public relations research* (pp.159-178). London: Routledge.

Mckie, D., & Munshi, D. (2007). *Reconfiguring public relations: Ecology, equity and enterprise.* London: Routledge.

Rosenau, J. (2003). Distant proximities: Dynamics beyond globalization.Princeton, NJ: Princeton University Press.

Spicer, C. (1997). Communication from a collaborative frame. In C. Spicer (Ed.),Organizational public relations: A political perspective (pp.202-221).Mahwah,NJ: Erlbaum.

Urry, J. (2003). *Global complexity*. Cambridge, UK: Polity Press.

White, J. (1987, August). *Public relations in the social construction of reality: Theoretical and practical implications of Berger and Luckmann's view of the social construction of reality.* Paper presented at the annual meeting of the Association for Education in Journalism and Mass Communication, San Antonio, TX.

Yoshitake, M. (2004). Research paradigm for dialogue among diversities. In G-M. Chen & W. Starosta (Eds.), *International and intercultural communication annual: Vol. 27. Dialogue among diversities* (pp. 16-42). Washington,DC: National Communication Association.

第五章
跨文化类型学与公共关系研究
对霍夫斯泰德维度的批判

杰弗里·考特赖特、瑞秋·沃尔夫和约翰·巴尔德温

跨文化传播的学者们的主要工作之一，就是发展理解与比较文化的方法与理论框架。其中在跨文化传播领域，最引人关注的社会科学范式之一，就是由荷兰组织心理学家吉尔特·霍夫斯泰德（Geert Hofstede）提出的理论框架（1984, 1986, 1997）。1980年，他出版了一本书，来描述他在40个国家的文化中所做的研究。在书中，他分析了组织价值，并将其分为四个维度——权力距离、不确定性规避、男性气质/女性气质、个人主义/集体主义。基于海量的研究，这些维度都获得了长足的发展，它们被精准地应用到教育与管理领域（Hofstede, 1986）。霍夫斯泰德陆续出版了多本书，并开发了一个非常有用的网站（1987—2009）来解释这些维度，展示了它们在日常交流与商业实践中对解释国家文化差异的价值。

事实上，在跨文化传播领域，学者们都或多或少地采用了霍夫斯泰德所划分的这些维度，频率远高于其他理论框架，并且跨国公共关系的研究者们似乎也有这样的偏好。在这一章中，我们将按人们普遍的理解先来介绍霍夫斯泰德所划分的维度，并探讨它们的优点与局限性。接着，我们将这些维度应用在一个全球公共关系的案例——多芬的"真美运动"中。最后，在指出该框架的局限性后，我们希望可以为公共关系的学生与研究者们，提供更多可用于文化理解的理论工具。

霍夫斯泰德维度

霍夫斯泰德最初的研究发现源于一项从1967年到1973年的纵向研究，该研究收集了来自53个国家超过50000名参与者的数据（Hofstede, 1984）。他在跨国公司IBM的组织

框架内开展研究,尝试辨别国家文化差异如何相对于其他因素(如职业、教育、收入水平等)影响传播与组织行为的预测。霍夫斯泰德运用他的调查数据建构起了原创的四个维度。

霍夫斯泰德原创的四个维度

第一个维度,权力距离,指的是一个国家内权力最小的机构和组织成员,对权力分配不平等的期望和接受程度(Hofstede, 1997, p.28)。霍夫斯泰德(1984)认为,周围的社会和文化环境使得组织呈现出平等或不平等,他在1997年出版的书《文化与组织:心理软件的力量》中,概述了人们如何能看到这个维度在组织与学校,以及其他政治经济的社会结构中运行。各国(被看作不同的文化)的权力距离,分布在较大的差异范围内。拥有较低权力距离的国家,组织可能偏于咨询型,下级有机会参与到决策过程甚至可以直接以名字称呼高层;拥有较高权力距离的国家,人们会期待有不同的规则适用于高层,并认为这种差别对待是公平与正确的。

第二个维度,不确定性规避,指的是一种文化的成员感受到不确定性,或未知情况威胁的程度(Hofstede, 1997, p.113)。不确定性规避指数决定了社会中的人对不可预知情况的应对方式,高不确定性规避指数,意味着将不确定性看作一种威胁。在不确定性规避指数高的国家文化中,将规则看作社会秩序所必要的和渴望的(Hofstede, 1980, 1997),人们倾向于用负面的眼光去看待不确定性;在低不确定性规避指数的国家,人们倾向于拥抱变化与模糊性,某种程度上规则更加模糊,对于违反规则的惩罚也更加模糊与薄弱,而不同文化的人可能会感受到更加友好。

第三个维度,男性气质/女性气质,指的是文化就像人一样也有具体的性别。该维度将假定的生物学范畴上男女性别划分延展到了文化框架上。这个维度有两种定义,但这两种定义是互斥的。首先,在所谓的"男性"文化中,男性与女性都更重视男性特质,比如力量、可评估的成绩和物质上的幸福与进步。相比之下,关系建立、协作等作为"女性"社会的特征,则不太受重视(Hofstede, 1980, 1998)。在这一范畴中,"女性"社会更重视对他人的关照与关系的维持,比如通过一些体面的行为。其次,"男性"文化延续传统的社会结构,维持着性别角色的区分,男性做"男人"的事情,而女性做"女人"的事;而"女性"文化则允许甚至鼓励更多不固定的性别角色,因此男性可能去换尿布、烹饪,而女性可能去建筑工地工作或骑摩托车。

霍夫斯泰德的第四个维度是个人主义/集体主义。他解释道(1997):

> 个人主义适用于个人之间的关系较为疏远的社会:每个个体都被期待对他或她自己与家庭负责。集体主义则与之相反,适用于那些自出生开始,就被整

第五章
跨文化类型学与公共关系研究对霍夫斯泰德维度的批判

合进紧密联结的小群体中的人,这种联结贯穿了人们的一生,并以绝对的忠诚作为代价,对他们进行持续的保护。

个人主义文化以个体的身份为核心,强调"我"的思考与个人价值的提升,这是它的中心原则(Hofstede, 1984, 1997)。这类文化相对于关系更注重任务,也更倾向于使用"低语境"语言进行沟通(Hofstede, 1997),即使用"精确的编码"或实际的词语(Hall, 1959)。

集体主义,恰好与之相反,是"高语境"文化,即意思的解读需要根据沟通的语境,基于角色的定位与情境(Hall, 1959),这就使得发言者要么更多以沉默来应对,更依赖非言语的沟通与微妙的措辞差异,要么为了其他的目的才使用口头沟通,比如"装饰"和"夸张",而不是为了传达准确的意思。集体主义文化强调的是群体,"我们"的思考与全体成员是最重要的。相对于任务,人们更注重关系,并进行高语境的沟通(Hofstede, 1997)。这一维度被许多学者注意到,比如跨文化心理学家哈里·特里安迪斯(Harry Triandis)和他的同事(Kim & Triandis, et al., 1994; Triandis, 1995),他们根据文化是否被接受以及地位差异,区分两类个人主义与集体主义(横向的与纵向的)。然而,许多跨文化传播的学者更倾向于霍夫斯泰德的理论定义。

霍夫斯泰德维度逐渐成为一个主流的跨文化传播理论化的社会科学范式,它出现在许多篇引言中,成为跨文化传播的基石之一。例如,古迪孔斯特和李在讨论跨文化传播理论建设时,将其作为评估这类理论的标准,它"符合文化差异的多个维度"和"将被使用的文化差异理论的维度,与特定的文化范式相连,而这些范式影响着传播行为的解读"(Gudykunst & Lee, 2002, p.44)。他们明确地说明了霍夫斯泰德维度和高低语境沟通的概念(Hall, 1959)十分重视个人主义与集体主义,并将此作为他们跨文化传播理论模式的重点。除此之外,还有许多跨文化传播学者也使用了霍夫斯泰德维度,尤其是在个人主义/集体主义的概念中(Kim, 1993, 2005; Ting-Toomey, 1988)。最近兴起的是权力距离(Ting-Toomey, 2005; Ting-Toomey & Kurogi, 1998)与不确定性规避(Gudkyunst, 2005)及其他维度,实际的研究应用也非常丰富:凯尔(Kale, 2006)使用霍夫斯泰德维度,来测试游戏网站设计中的文化暗示;瓦迪和梅丽(Vadi & Meri, 2005)则用霍夫斯泰德维度,来评估爱沙尼亚(Estonian)文化在酒店行业的应用;卡林尼、克鲁斯德斯和米诺(Kalliny, Cruthirds, & Minor, 2006)则将霍夫斯泰德维度作为理论框架,来阐释阿拉伯人与美国人在幽默的使用上的差异,以及这些差异对商业管理模式带来的影响。

在开创这些维度时,霍夫斯泰德为现代跨文化研究及理论奠定了基础,他所设立的维度不仅出现在学术研究中,还被应用到了跨国或全球商业实践中,这些文化维度,尤其是个人主义/集体主义的概念,已经成为一种描述和评估文化差异的普遍范式。与此同时,对霍夫斯泰德维度的采纳、改编与应用,也招致了学者对这一框架越来越多的批判。

对原创维度的批判

在我们看来，这些维度有值得被推崇的特质，正因如此，我们在自己的教学与研究中依然会使用它们。这些维度是基于一个包含50,000名受试者的超大样本系统化发展而来的，所有受试者均处于霍夫斯泰德最初的IBM组织框架之内。这个样本涵盖了比我们通常接触到的更多文化背景，现在可以对超过70个国家和地区的文化进行比较（Hofstede, 1987—2009）。并且，由于在各文化中的受试者的取样规模都相同，可以进行相应的文化比较。首先，这些维度为如何讨论一些议题，提供了一种通用语言，比如墨西哥和印度尼西亚的异同。它们也受到了许多学者的关注：心理学家与组织行为学家，将个人主义与广泛的人格特质、行为联系起来（Bond & Smith, 1996; Triandis & Suh, 2002）。其次，这些维度为我们提供了有效的工具来考察跨文化差异，例如科尔斯（Kohls, 2001）关于韩国以及我们自身文化体验的探讨，他认为集体主义这样的概念可以解释烧酒（米酒）仪式，即只装满另一个人的杯子或赠礼行为；而权力距离则帮助我们更好地解读介绍、鞠躬及其他肢体语言。最后，这些维度为理解各国文化提供了一种跨学科的通用语言。

如前所述，这些维度受到越来越多的批评，尤其在跨文化传播领域，而这些批评主要围绕方法论、概念界定及实际应用等议题展开。

方法论

对于这些维度最大的批评，从社会科学的角度看来，主要基于初始分数的建立。慧、泰安德斯和蔡（Hui & Taiandis, 1985; Cai, 1998）开始质疑跨文化尺度的有效性，指出要获得一个各方面都完美的尺度是十分困难的，甚至是在两种文化中，这个过程不仅需要回译[①]，还需要创造各种文化所包含的调查项目；因此，测试可能存在翻译或等价性方面的问题。除此之外，从IBM员工获取的初始样本所得出的结论，并不一定能概括整个文化。麦克斯维尼和史密斯（McSweeney & Smith, 2002）指出，霍夫斯泰德对IBM数据库的使用，存在一些研究者通常会忽略的局限。麦克斯维尼指出，在IBM组织内部以及在后来的营销岗位收集数据的方法，极大地限制了我们使用原始分数预测比原先规模更大的受众的能力（普适性）。他还指出，霍夫斯泰德并没有很好地控制组织和职业差异的变量。为了回应这些批评，霍夫斯泰德（2002）在他的方法上做了些许调整，并进行了反驳，他还扩大了样本规模，尽管这些样本仍主要由学生和教授们组成（Hofstede, 1987—2009）。在一种文化中，在学术研究与商业实践中流行的价值观可能并不适用于其他群体，比如工薪阶级的个体，或是很少接受正规教育的群体。我们不奢望可能存在适用于特定国家文化中所有成员的价值观（例如，反主流文化），且在一种文化中，可能有一大批人并不共享同一种价值体系。

---

① 指让一个人将一种尺度翻译成另一种语言后，再让另一个人将其翻译回来进行对比的过程。

第五章
跨文化类型学与公共关系研究对霍夫斯泰德维度的批判

麦克斯维尼等人的批评在 *Human Relations*（《人类关系》）和 *Psychological Bulletin*（《心理学简报》）等一流杂志上引发了长时间的争论。他认为，"有几次霍夫斯泰德进一步完善了自己的模式，但其从未承认过那个研究中存在任何重大的错误或缺陷"。史密斯则指出霍夫斯泰德"更宁愿去修正他计算测量结果的方法，而不愿修正自己提出的概念"（Smith, 2002, p.125）。但不可否认的是，霍夫斯泰德的研究极具启发性，它带来了许多新的研究与讨论。

概念界定的问题

霍夫斯泰德维度引发了无数概念性问题。首先，是否存在其他维度？在1987年，一个名为"华夏文化协会"的研究小组断定这四个假定的通用维度并不足以描述中国社会现状。因此，他们拓展了第五个维度，儒家工作动力（Confusion work dynamism），这是一种建立在实用主义、努力与节俭等概念上的文化价值观，期待一种长期的价值回报。相应地，中国受访者在这一实用主义价值上的得分相当高，而美国受访者得分则较低。霍夫斯泰德现已将这一维度整合进了他网站上关于"长期回报"的词条中。然而，使用相同的四个（甚至是五个）维度、以千篇一律的方式去解读文化的问题在于，它可能会使我们忽视其他可变的文化维度。

这些维度的概念定义引发了更多的争议。如前所述，我们已经看到了男性气质与女性气质的双重含义引发的问题。即使是相互对立的维度概念，也可能需要我们重新审视。将一种维度看作连续的，会使其比将一种维度看作二分的，具有更强的理论性和表面效度，即它看起来似乎更为合理，例如我们认为一种文化比另一种文化更具有个人主义特征，会比我们认为一种文化不是个人主义就是集体主义的判断更为合理。这两类维度可能在单一文化（或是亚文化）中并存。实际上，大多数学者都认为，在任何文化中都存在一个连续统一体的两端，但每种文化都有其特定的价值偏好，使它们处于这个连续统一体上的某个特定位置。

但是，连续统一体的概念表明，个人主义和集体主义这样的价值观，不可能同时存在于同一种文化的更高层面。研究自我建构[个人主义/集体主义的个人层面（心理）组成部分]的学者认为，独立的自我和相互依存的自我建构不是彼此的镜像，而是独立存在的。部分学者（Martin & Nakayama, 1999; Pudlinski, 1994）认为，对于跨文化传播和文化自身而言，在看似相反的价值观之间存在着一种动态的、相互关联的、辩证的张力，例如变化和稳定性，而不是一种特定的、二元对立的、静态的文化偏好。在霍夫斯泰德的某些维度上，这种张力也可能在一种特定文化中被感知。例如，F.约翰逊（F.Johnson, 2000）将非裔美国人文化的两种主要价值观确定为个人表达与社区，这两种价值观代表个人主义和集体主义，它们在这种文化中是并存的，而不是连续统一的。此外，菲奇的研究（Fitch, 1998）也提出层级、地位（hierarchy）和信任、人际关联感（confianza）两种概念，同时存在于哥伦比亚绝大多数的社会关系中。

就概念化本身而言,即使在单一维度的同一领域得分相近的国家,也可能以不同的方式传达或体验这种价值。例如,危地马拉和菲律宾可能拥有非常相近的权力距离得分,但地位的细微差别(如它如何表现,向谁表现)也可能在微小但重要的方面有所不同。也就是说,这些文化维度的传统测量方式,可能仅仅着眼于文化成员如何回应研究者的观点,而非反映文化的具体定义、结构和社会现状。因此,卡吉特恰布西和贝里(Kagitcibasi & Berry, 1989)提出批评,认为个人主义等概念可能包含了不止一个维度,或者文化在一种情境中可能更倾向于连续统认为一体的一点(例如更高的权力距离),比如组织情境,而在另一种情境中,偏向于连续统一体中的另一点(例如更为平等),如宗教情境。米勒(Miller, 2002)指出,文化内涵的细微差别以及文化内部的特殊性是对个人主义和集体主义传统观念的挑战。

实际应用的问题

部分关于霍夫斯泰德框架的争议,并不在于框架构建本身,也不在于霍夫斯泰德的研究,而在于学者和培训员使用它们的方式。两个主要的应用上的争议是本质化(这些维度适用于一种国家文化中的所有个体或群体)和两极化(将这些维度都解释为"非此即彼",而不是一个连续统一体)。研究者们难以清晰地判断这些问题在何种程度上是概念界定的问题还是实际应用的问题。

马丁和中山在他们跨文化研究的辩证法中指出,"人们既是(文化的)群组成员,也是个体,因而跨文化接触也具有两个方面的特性"(Martin & Nakayama, 1999, p.15)。霍夫斯泰德严格限制了他的文化维度作为预测指标的适用范围,并明确指出不应将其应用于个体,然而研究者却难以抑制这种趋势。史密斯写道:"如果我们之后不能使用那些特性来更精准地理解群体中的个体行为,将文化作为一个整体来赋予特性又有何意义呢?"(Smith, 2002, p.122)当下跨文化研究的趋势已不仅仅是依赖于霍夫斯泰德的框架,而是包含了文化层面的预测指标(如霍夫斯泰德维度)与个人层面的预测指标(如心理学的一些变量)。因此,古迪孔斯特、李和M.S.金姆清晰地区分了不同的概念,例如自我建构与个人主义、不确定性规避(文化的一种描述)和对不确定性的容忍度(一种心理学特征),并指出文化将会影响个体层面的一些变量(Gudykunst & Lee, 2002; M.S.Kim, 1995)。

然而,本质化想法的危害超过了忽视个体差异的危害。当前许多使用后实证主义范式的跨文化传播学者,已不再将国家视为文化(例如本书中巴尔丹的章节),而霍夫斯泰德早期的研究却包含了这种观念。麦克斯威西(McSweency, 2002)认为,霍夫斯泰德维度可能不再是确定文化差异最好的测量工具,"国家文化"这样的证据并不存在。他还指出,霍夫斯泰德认为一个国家的文化存在于这个国家的所有个体中,并因此导致行为差异的观点是错误的假设。对本质化的质疑在于许多跨文化传播的研究将单一文化(如泰国文化)在两个层面上看作一个整体:首先,它忽视了在主流文化中,许多共同文化（或亚文化）的差异，比如基于阶级、性别、种族、年龄等因素的差异，即使是同一文化中的不同组织间也可能有差异。比如我们在一些维度上给新西兰（New Zealand）一个特定分数，但这个分数，可能会掩盖毛利人（偏集体主义）与欧洲后裔白人（偏个人主义）之间的巨大文化差异，还有每个群组中阶级、教育水平、性别、年龄层等方面的差异，抑或社会差异，例如更适应城市化或工业化文化的毛利人与不太适应的毛利人之间的差异。除此之外，多样的组织和职业文化很可能在某些特定城市中共存（McSweeney，2002），更进一步混淆了受访者之间的差异，最终根植于国家文化差异的观念。

其次，这些维度可能让读者误以为文化是不变的，也就是说，它们掩盖了文化动态的一面。这一点在霍夫斯泰德的网站上也有所体现（1987—2009），不同国家在多个维度的分数，仍和1980年的初始研究结果大致相同。史密斯（2002）指出，尽管霍夫斯泰德对他的研究做了一些补充，但并没有收集新的数据，仍然以20年前的数据支撑他所声称的现存的文化维度。1980年，世界发生了极大的变化，他也认为，既然霍夫斯泰德的研究已不再具有预测的效度，现在部分国家文化的标准分数理应被修改。他还指出，霍夫斯泰德发现了"从个人主义/集体主义维度来看，大多数国家在每隔五年的时间周期内都发生了显著的变化"，尽管与此同时他仍声称，国家文化变化非常缓慢（Smith，2002，p.125）。当然，媒介系统、城市化、工业化与全球化之间日益紧密的相互依赖，都在改变和模糊文化，仅凭霍夫斯泰德的评分来评测文化是不够客观的。

最后一个实践上的限制，并非源于霍夫斯泰德本人，而是在于那些应用了这个概念的人。霍夫斯泰德一开始就将每个维度都看作一个连续统一体，指出某种文化可以在某个维度上获得较高的分数，比如个人主义，或较低的分数，或居中的分数。作为一个连续统一体，我们可以理解为，一种文化个人主义的内涵越少，它就越偏向于集体主义。也就是说，任何一个给出的连续统一体的两端，都可以被理解为相反的两极。尽管强调了连续统一体这一类概念可能出现的问题，但我们必须承认，这些概念比二元概念具有更强的理论性。采用一分为二的思考方式，人们将文化划分为每个连续统一体中非此即彼的两类。沿用我们之前的例子，一种文化要么是"个人主义者"，要么是"集体主义者"。不幸的是，学者们常常在实践、研究，甚至是理论上，将理论性更为丰富的连续统一体简化为二元对立体。也就是说，在探讨文化时，学者们倾向于预测一种文化是更偏向"个人主义"还是"集体主义"，而不是简单地称其为"更加个人主义化"。比如，学者们常常将日本和美国，分别比作高权力距离与低权力距离的国家（Haruta & Hallahan，2003；Oetzel & Ting-Toomey，2003）。然而，霍夫斯泰德测量维度的一项比较研究却显示两国的分数相近。即使日本在个人主义/集体主义这一项的得分接近平均值，它也通常被简单地划分到"集体主义"文化中。无论是从分数的接近性，抑或从上文指出的文化可变性来看，在一项对于大量使用个人主义/集体主义方式来解释文化和心理特征的研究进行元分析的过程中，奥伊瑟曼、昆与肯梅尔迈尔（Oyserman，Koon，&

Kemmelmeier, 2002)发现,欧裔美国人并没有拉丁裔美国人那么个人主义,也没有日本人那么集体主义。总而言之,当对于霍夫斯泰德维度的批判性审问不断出现时,我们就鼓励在全球化的语境下的跨文化公共关系研究中,应用这些维度时采取"谨慎行事"的态度。霍夫斯泰德的文化维度,也许可以为一些跨文化差异提供建议,甚至为这些差异提供评估的框架,但这些维度最后不应被假定为对文化差异的最终分析结果,尤其是在一个文化多样性显著增加和改变的世界中。

被应用到公共关系研究中的霍夫斯泰德维度

如上所述,跨文化传播的学者已逐渐用更复杂的眼光看待个人主义/集体主义及霍夫斯泰德提出的其他概念。然而在公共关系领域,学者们从应用霍夫斯泰德维度的诸多研究综述中发现,与早期的跨文化传播研究相似,这些维度通常被援引来从国家差异的角度解释不同的公共关系实践。比如,库姆斯、霍拉迪、哈塞诺尔和西格尼策(Coombs, Holladay, Hasenauer, & Signitzer, 1994)使用霍夫斯泰德维度来解释澳大利亚、挪威和美国三个国家专业化过程中出现的文化差异。更多的时候,这些维度被用来解释东西方文化之间的差异(Haruta & Hallahan, 2003; Kang & Mastin, 2008; Sriramesh, Kim, & Takasaki, 1999)。之后这些调查,倾向于解释个体行为差异,比如南美的政策文体(Thatcher, 2000)。正如大多数研究一样,公共关系研究倾向于将国家作为一种文化来看待,而不是在国内寻找文化差异(Gould, Gupta, & Grabner-Krauter, 2000; Haruta & Hallahan, 2003)。与跨文化传播研究相似,单一国家的研究更倾向于依赖一些具体的维度,比如儒家工作动力、不确定性规避,尤其是个人主义/集体主义(Cooper-Chen & Kaneshige, 1996; Freitag, 2002)。

正如该领域学者常引用的霍夫斯泰德(1980)对文化的定义——"思考过程的集合"一样,他的维度对个体行为有至关重要的影响也在情理之中了。从传播的观点来看,个体行为支配了传播的方法和渠道,更多的研究应聚焦于这些个体行为(以及他们的变量)。通常来说,公共关系学者将霍夫斯泰德的维度看作对整个国家文化如何变化的公认构想。然而,他们却很少关注这些维度对个体行为的实际影响;人们假设这些维度确实能影响行为,却无法测定这些影响的大小。在某些情况下,这些维度实际上并不能准确地预测行为。比如,托马斯(1998)指出,他在韩国的观察并不符合他原先根据霍夫斯泰德维度预测的文化差异变量。

此后,将霍夫斯泰德的维度作为框架,去测量个体行为中的文化差异被运用到了国际/跨文化公共关系中。在国际公共关系文献中,学者通常认为文化差异变化显著,因此公共关系模式与实践,应根据具体的文化而定。过去的公共关系模式都聚焦于西方文化,因此很可能在其他文化中失效(Sriramesh, 2009)。同样地,霍夫斯泰德维度被频繁地作为理论框架来辨别文化差异,然而研究者却并未质疑这些维度可能并不全面,而其他存在的"国家文化"指标可能被忽视了的观点。将这些维度作为一个理论框架,或是仅有的文化差异的指标,国际/跨文化公共关系的学者们可能忽视了一些无法被霍夫斯泰德模式解释的微妙的批判性的文化差异,这些细微差别,可能在公共关系实践中引起相反的结果。

然而,一些公共关系学者确实是在谨慎小心地应用国家文化的观点(Freitag, 2002; Holtzhausen, Petersen, & Tindall, 2003; Synnott & McKie, 1997; Wu, 2002)。有些学者试图理解个体与"国家文化"维度的个人主义有何异同(Freitag, 2000)。其他学者则在一种文化中关注团体的差异。比如,吴(2002)指出,由于中国人的地域差异,西方人对中国文化的首要印象并不准确。霍尔茨豪森、彼得森与廷德尔(Holtzhausen, Petersen & Tindall, 2003)则考察了南非的共存文化是如何被国家文化所影响,并被概括为公共关系模式的。

综上所述,我们不难发现霍夫斯泰德维度,尤其是个人主义/集体主义,在很多领域都有强有力的支撑,包括跨文化传播,特别是国际/跨文化公共关系。然而这些维度及其细微差别需要我们更为谨慎地对待与考虑,以填补以往文献中的空白。当跨文化传播学者正使得这些维度越来越复杂的时候,公共关系的研究者才刚刚开始提供研究与理论去修正或验证这些维度,并对其扬长避短。这本书的主要论点之一就是,在一个全球互联的世界里,民族国家不能被视为仅有的文化测量尺度,文化是动态的而非静态的,文化间的相似与差异,必须通过能够解释超越国家界限或次国家层面(如地区、族群等)文化力量的方式来进行研究和理论化。因此,公共关系学者必须先认识到这些复杂性,再来应用霍夫斯泰德维度。下文中,我们考虑了维度在特定案例研究中的有用性,其中涉及全球范围的活动。

多芬的"真美运动"

多芬的"真美运动"在2006年赢得了顶级活动的殊荣,赢得了美国公共关系协会颁发的银砧奖(Silver Anvil Award)。该活动的获奖总结由联合利华(Unilever,多芬品牌背后的荷兰公司)和爱德曼公关公司(Edelman Public Relations Worldwide)提供,主要聚焦于该活动在美国的成功:

> 受全球研究的推动……爱德曼在媒体关系上的努力唤起了前所未有的品牌意识,从《今日秀》和《奥普拉》的片段到《人物》杂志的封面,成功将多芬品牌引入流行文化,并在全国范围内引发了一场关于美的定义以及在营销和广告中如何描绘美的对话。[美国公共关系协会(PRSA),2006年,卷4]

事实上,随着一个全新的多芬产品线Dove Firming的推出,该活动在德国及美国的试播中，使用了"无电视广告和广告牌/平面广告功能最小化副本"。

这项运动实际上是全球性的，多芬在30多个国家开设了"真美运动"网站。该运动自2004年开始，特别是通过多芬自尊基金持续筹集资金来支持有关肥胖和健康的研究，如饮食失调与晚年疾病的关系（如心脏病、乳腺癌）。虽然这一运动开始可能只是作为市场营销战略的一部分，但它致力于解决问题，在各个网站、社交媒体链接、互动游戏和活动，以及旨在建立年轻女性、年长女性和该活动之间的关系的其他策略中，都呈现出多样的公共关系话语惯例。

多芬运动的既定目标是"扩展美的定义"，不再局限于好莱坞和麦迪逊大道（纽约的一条街道，美国广告商业的中心）强调的苗条和好看等固有观念。事实上，此次活动并不符合传统的时尚模式（Unilever, 2009a），而是继续关注日常生活中的女性，尤其那些由于大众媒体强调的所谓"完美"标准而容易失去自信的年轻女性、年长女性。联合利华已经成立了一个多芬自尊基金来支持该活动并帮助世界各地的女性。我们期待在一些特定的国家，有一些不同的活动方式（例如可以肯定的是，该活动在巴西的网站应该与在美国或英国的网站差异较大）。我们将试图从霍夫斯泰德的文化维度，推测并仔细查看多芬的活动网站，来检验霍夫斯泰德研究的实际作用。

检验霍夫斯泰德文化维度的方法之一是制定一套可以应用于任何公共关系活动的预期方案。通过辨识之前提及的实际应用中的先进案例，我们可以预测多芬的"真美运动"是如何根据不同文化来定位不同受众的。首先，在具有高权力距离的文化（国家）中进行的活动会有诉诸权威的特征，很可能对应家庭或群体内部的层级结构，比如家庭权威；对于低权力距离的文化（国家），则可能诉诸平等关系。这类活动可能传递出一切观点都被重视的信息，对专家与门外汉一视同仁；或是强调在家庭中，像对待朋友知己一样对待父母和孩子。回到多芬的案例中，高权力距离的文化会聘请健康或美容方面的专家，而低权力距离的文化会强调母亲、祖母以及女儿之间的关系，并不提及地位的差异。

公共关系活动通常聚焦于生活中的不确定性，并帮助受众为日常生活中的问题寻找解决方案。霍夫斯泰德的第二个维度——不确定性规避就是为了说明，在不同文化中人们愿意容忍模糊性。我们可以预见，在高不确定性规避的文化中执行的活动会提供一个引导途径，为公众提供具体的方法来解决问题。不确定性由于可以带来可预测性，本身可能就是一种吸引力。而对于低不确定性规避的文化，该活动会提供更多的潜在解决方案，这明显比只提供以产品为中心的运动有更好的效果。对于多芬"真美运动"，其吸引力在于提供了一种减少文化不确定性的途径，这包括提倡健康的减肥方法预防和治疗厌食症，以及提出提升自信的具体措施。对于能够接受更多不确定性的文化，其吸引点在于观众拥有能解决这些问题的自由。

霍夫斯泰德的男性气质/女性气质维度引发了像多芬"真美运动"这样的活动的争议，因为它们本身就是特意针对女性的，且这个维度与性别差异密切相关，更注重谦卑与关怀而非竞争。但这个全球化的运动对于何为自信的女性提出了一种单一而矛盾的观点,一方面它敦促女性接纳自身,另一方面却又去迎合传统的美丽观点(例如通过出售化妆水等其他商品,或通过聘请符合限定的"美丽"范围的模特)。此维度中的其他概念则认为,对于更男性化的文化应该诉诸可测量的结果,而对更女性化的文化应该诉诸如挽回面子这样的关系类话题。与集体主义相似,这一连续统一维度的末端,就是另一种导向(女性化),即维护他人的尊严。值得注意的是,即使在美国,传统观点也认为,女性在社交化的过程中被教导更多地采取这种方式。在多芬这个案例中,男性导向的文化应关注减肥的结果、受健康问题或自信问题困扰的女性数量等方面。而更女性化的方式相比量化的结果,更强调自我实现的感受、高自信以及总体的健康。因此,这个运动作为一个整体实际强调的是一种女性化的方式。与此同时,这个活动同时提供了调色凝胶的购买链接,进而加强了对于美丽的持续性关注;还将女性描绘为仅穿内衣或裸体的形象,与传统女性谦卑的观点相悖。最后,在一些文化中(例如美国文化),该活动还提供了一些年轻女性如何"既强大而富有影响力,又保留女性化的魅力"的讨论链接(Unilever, 2009a),类似的讨论还有如何从他人身上受到启发,同时在自己内心设立"真美"的标准,以及成功的定义是什么。

最后两个霍夫斯泰德维度比较简单。对于个人主义/集体主义维度,我们预期在个人主义文化中的活动,会诉诸个人观点态度的形成与为了个人利益而努力;在这个案例中,则是自己创造对于美丽的定义。在集体主义文化中的活动,则应强调小家、大家以及朋友之间的连接是如何产生意义的。在多芬的案例中,一个集体主义者实现美的途径应该遵循相关群体对美的定义。对于中国派生的维度——长期导向与短期导向,短期导向的活动将诉诸立竿见影的效果。显然,这种类型的活动在饮食和美容行业十分普遍。长期导向的活动则包括倡导一种健康导向的生活方式,这一点特别体现在多芬的案例中。因为这个方向注重美德、尊重传统和履行教育的社会义务,因此也是长期导向的。

需要注意的是,当我们将霍夫斯泰德的文化维度应用到多芬"真美运动"时,我们并没有分析多芬运动的所有网站,只有前两位双语作者能在有需要的情况下翻译那些网站,在接下来的章节中,我们会先指出,霍夫斯泰德的研究如何解释不同国家多芬活动网站的差异,接着我们会毫无保留地论证,这个活动为协调全球公共关系文化提供了一种合理的途径。

文化差异?

在某种程度上,多芬"真美运动",实现了适用于多个联合利华所涉猎国家的目标。霍夫斯泰德维度和他所取得的研究数据,可能是该运动取得成功的原因(尽管至少在一个国家——中国——遭遇了失败)。但是,运动在某些国家的开展路径有赖于霍夫斯泰德维度之间的辩证张力。以下简要分析了这些张力,指出这种类型活动的缺点,并提出在全球范围公共关系活动中需要采用的方法。

如表5.1所示，霍夫斯泰德的每个维度都被评为100分，从而提供不同文化之间的比较数据（假设国家=文化）。例如，与中国相比（IDV=20），澳大利亚（IDV=90）对个人主义的评价非常高，这表明，中国的文化具有集体主义倾向。对于每个维度，0和100表示二元对立连续体的两端，图表中每个连续体的标签都对应着特定的倾向。澳大利亚和加拿大之间的比较说明了IDV如何代表个人主义，而该项的低分则暗示了我们前面讨论过的维度的集体主义方面。因此，PDI（权力距离）的值高表示将对等级制度的尊重以及对地位差异的接受作为一种规范；低分表示一种更为平等的文化。MAS（男性气质）的高分值，与该项的低分值恰恰相反，因此低分值指向女性气质。以权力距离为例，多芬"真美运动"强调赋予年轻和年老的女性更广泛的美的定义，反映了对位于二元对立连续体的两端的两类文化的吸引力。使用专家（例如医生和著名的化妆/美容专家）则是吸引更高权力距离文化的合理选择。然而，法国是唯一一个在活动网站首页上出现医疗专家的国家，这与其PDI的高分值一致（68，见表5.1）。

表5.1 多芬"真美运动"中不同国家在霍夫斯泰德维度下所得的分数

国家	霍夫斯泰德评分				
	权力距离（PDI）	个人主义/集体主义（IDV）	男性气质/女性气质（MAS）	不确定性规避（UAI）	长期导向（LTO）
澳大利亚	36	90	61	51	31
奥地利	11	55	79	70	
比利时	65	75	54	94	
巴西	69	38	49	76	65
加拿大	39	80	52	48	23
智利	63	23	28	86	
中国	80	20	66	30	118
法国	68	71	43	86	
德国	35	67	66	65	31
意大利	50	76	70	75	
墨西哥	81	30	69	82	
新西兰	38	90	14	53	44
葡萄牙	63	27	31	104	
英国	35	89	66	35	25
美国	40	91	62	46	29

来源：霍夫斯泰德（1987—2009）；"长期导向"板块部分数据空白表明原始数据缺失

相比之下，德国的网站可能会没有这样的权威数据（德国的PDI是35）。然而，它的网站是唯一一个以沙龙专业人士为特色的网站，就像法国网站是唯一一个聘请医生作为

第五章
跨文化类型学与公共关系研究对霍夫斯泰德维度的批判

发言人的网站一样。尽管该广告系列的所有网站都强调了董事会中的女性成员，但观众是否会因为她们是领导者而给予尊重的态度并不确定。董事会几乎完全由女性组成的这一事实表明，相较等级森严的制度，这种结构更偏向于平等的对话。那么，霍夫斯泰德的PDI评分，可能无法解释高PDI国家（例如比利时、巴西、智利、墨西哥、葡萄牙）活动的成功。然而，中国PDI的高分可能解释了为什么联合利华放弃了其在"真美运动"方面的努力，而转向与中国制作的、类似于《丑女贝蒂》的电视节目合作（Fowler, 2008）。然而，总的来说，尊重权威与所有女性平等（所有女性都是美丽的）之间的辩证关系，强化了霍夫斯泰德的原意，即这些维度应被视为连续统一体，而不是两极对立。这种辩证张力却不能减轻一些妇女与女孩感受到的自我审判。

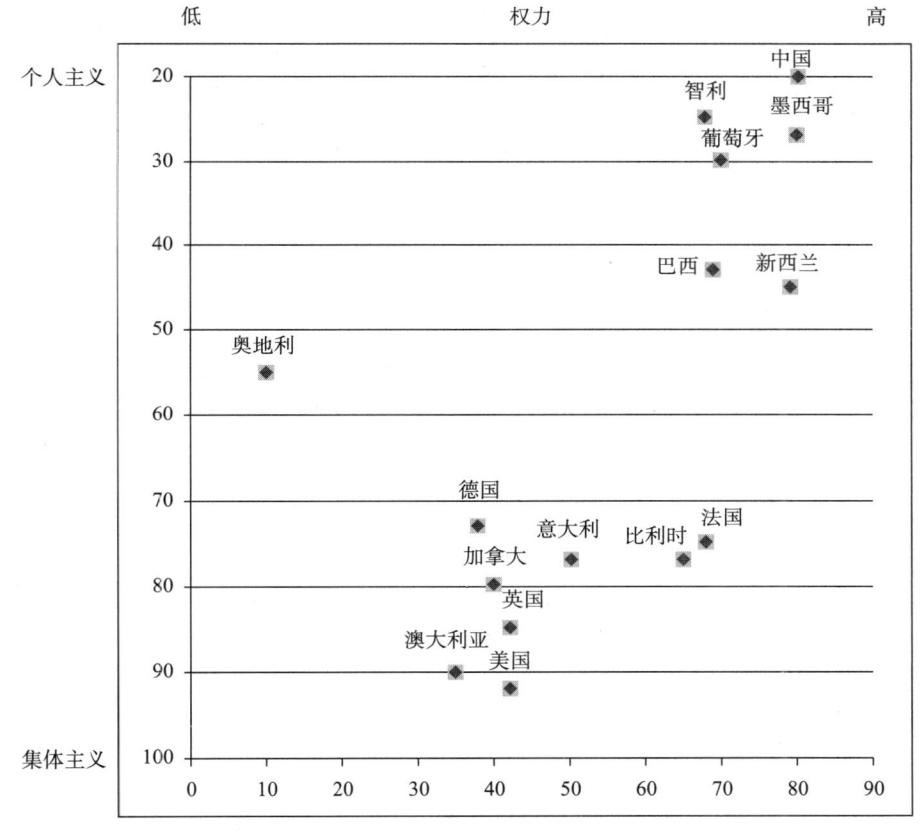

图5.1 多芬"真美运动"中不同国家在霍夫斯泰德的权力距离和
个人主义/集体主义维度下取得的分数对比

同样，多芬"真美运动"在避免不确定性（UAI）方面，也呈现出一种辩证的张力。该运动旨在消除自我怀疑、降低模糊性，从而吸引UAI较高的国家（如葡萄牙、法国和智利）。另外，向妇女和女孩提供的多样的解决方案又提倡了选择，从而利用模糊性去吸引那些以英语为主要语言的文化，因为这些文化在不确定性规避中往往得分较低（见图5.2）。虽然这场运动优先讨论了自我形象和女性健康问题，但这类话题通常是通过情感来表达的，而不是冷冰冰的事实和统计数据。这种强调对容忍模糊性的文化更友好——但该运动暗示了其首选的解决方案，并明确了什么是"正常"，什么是"不正常"。这种模糊性在不同网站链接到同一个可视化程序时显现出来，并与我们依据霍夫斯泰德研究结果的期望并不一致。澳大利亚将"身体思考"作为一种更有条理的自尊研讨会形式，与美国网站中自圆其说的讲习班形成鲜明对比。两国都处于连续统一体的中间（见表5.1），它们的表现却有所不同。应该指出的是，英国网站并没有提供这些方案的链接，但同时也对模糊性有很高的容忍性。实际上，所有这些网站都提供了专家意见和其他事实信息的链接，但在处理模糊性水平方面，各国网站的差异很小。

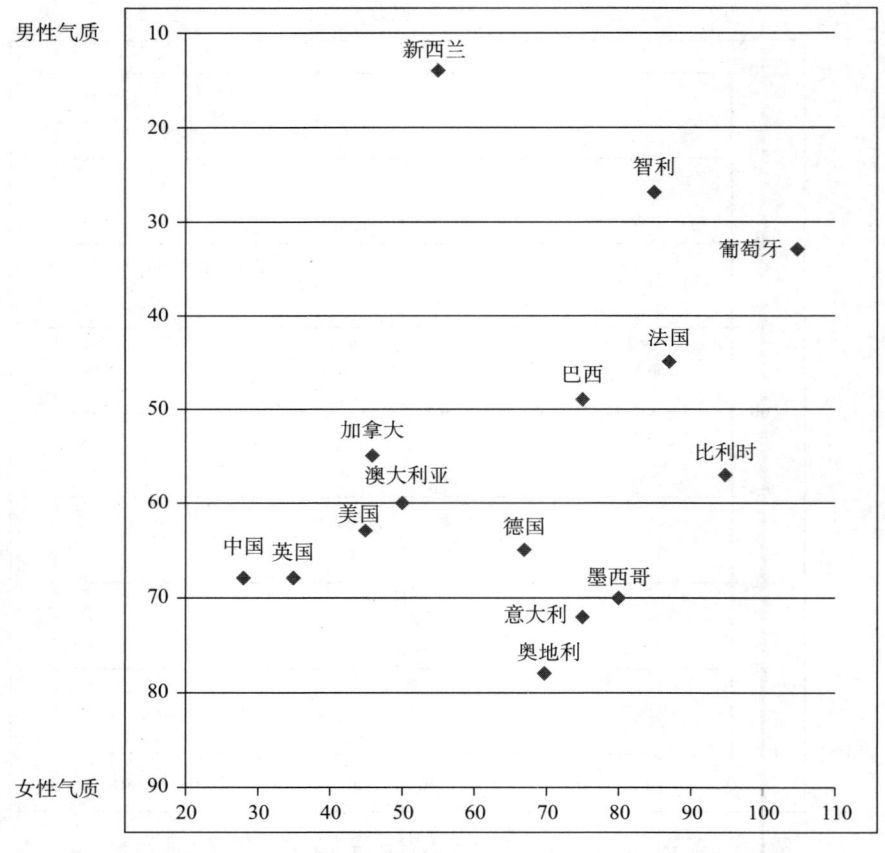

图5.2　多芬"真美运动"中不同国家在霍夫斯泰德的男性气质/女性气质以及不确定性规避维度下取得的分数对比

霍夫斯泰德剩余维度的应用揭示了网站之间没有实质性差异。该运动强调女性解决问题的关怀方法、开放自我表达和建立关系，自然倾向于男性化/女性化维度中的女性化方面。但是，根据图5.2，这样一个焦点在少数国家会遇到问题。相反，个人主义和集体

第五章
跨文化类型学与公共关系研究对霍夫斯泰德维度的批判

主义之间仍存在辩证张力,这项运动同时鼓励妇女和女孩提升自尊,并认识到她们仍然可以以其他女性作为参考,而不仅仅是统一苗条的模特。至于长期导向(LTO),网站倾向于探索健康的生活方式。简而言之,根据霍夫斯泰德的研究结果,"真美运动"应该具有更多的文化差异性,而这项运动实际上比预想的更统一。他的发现只强调了我们在应用权力距离、不确定性规避、个人主义/集体主义和长期导向等方面的辩证张力,这种强调更女性化世界观的文化,理论上不应该吸引所谓的"男性文化"。自2004年以来,该运动每年都会在全球范围内引发多次新闻报道,并将多芬品牌与女性身体形象问题联系起来(Austen, 2006; Postrel, 2007)。那么是什么使得多芬"真美运动"如此成功?

该活动的全球吸引力

除了少量的个体差异,活动的区别在于跨文化的同质性。正如上文所预期的那样,人们可能认为,在像墨西哥这样的集体主义文化中开展活动,应更多地关注家庭——尤其是大家庭。第一个诉求可能是以家庭为纽带的,比如在几个不同的国家的活动网站上可以找到一个名为《冲击》(*Onslaught*)的电影视频,来敦促父母(可能只是母亲)先于社会向女儿传授关于美丽的知识。即使传播专业人士并不熟悉霍夫斯泰德的文化研究,具体而言,文化调研会导致不同导向的活动。例如,弗莱德(Friday, 2006)对德国和美国经理进行访谈研究发现,德国经理人重视互动中的可信度,有趣的是,美国经理人则恰好与德国的低距离指数相反。他的研究表明,德国的一则广告可能会把重点放在增加竞选可信度的专家的意见上。对拉丁美洲价值观的研究将尊重和家庭列为文化的核心价值观,这表明一个开放的提议将自尊与家庭联系的稳定性关联起来(Lindsley, 2000)。实际上,墨西哥网站上的开头是视频《变革》(*Evolution*),其重点是在模特成为广告牌图标之前的变化,该视频在网站中迅速展开,以下面的文字作为旁白:

> 多年来,我们一直被那些定义"完美"的模特所迷惑。她们让我们觉得只有像她们一样才能被认为是美丽的……然而,这些形象在现实中只是一种幻觉。本视频旨在批判模特的照片出现在我们眼前之前所经历的各种变化。

德国和奥地利的网站首页上展示的是同一个视频,页面开始时显示一个带有视频中出现的女人(高加索人,可能是日耳曼人)的照片与一个简单的邀请观看视频的小框。同样的邀请框也出现在巴西和意大利的网站上,并链接到一部在集体主义文化中最受期待的电影——《冲击》(*Onslaught*)(葡萄牙语:Sob Pressao,译为"压力下";意大利语:L'Attacco,译为"攻击")。虽然链接和页面间如何跳转有着细微的差别,但最终可以在大多数页面上找到大多数元素。可以在德国的网站上找到《冲击》。观众可以在墨西哥网站上找到跨国专家小组以及组员的个人简介。大多数文化中的网站都有相关资源的链接与特定研究的链接（特别是涉及十个国家关于美的认知的研究）；还有各种互动网站，比如博客或讨论板；以及几个"仅供女孩使用"的链接，比如测验（试图确定被照片编辑后的图像）；一个关于自尊的日记以及一个交互式图像，让观众可以将平均身形拉伸到芭比娃娃的比例。有些国家的网络有竞赛，有些国家则没有；有些国家的网站有更多的链接或更复杂的功能，有些则没有。

一开始，多芬的"真美运动"网站，似乎同时引用了小众文化营销和全球品牌吸引策略。普适吸引力似乎是图片投放在所有网站上，其中包含了特定的霍夫斯泰德维度两端的各种元素。例如，有专家和科学研究的倡导（都由多芬赞助）会吸引那些重视地位和专业知识（高权力距离）的人，但也有机会让人们在被视为平等的论坛中分享想法，以及代表平等主义的协议。在某些国家，这些网站无疑更加复杂，美国与其他大多数国家相比，其联系和复杂程度明显更高。这与美国在霍夫斯泰德维度下得分较低相反，反映了较高的权力距离（Kang & Mastin, 2008），或者它也可能是运动从美国开始，且大部分材料都使用英语这一事实的结果。这些网站包括利用微妙的闪存软件（男性化），但也有部分女性化的特征，比如赋予多种声音相同的尊重（在论坛上不批评那些不同的意见），并在本质上是关系性的（母亲/女儿焦点），反映了女性气质（Kang & Mastin, 2008）。该网站利用相对简单的网页设计，体现出较高的不确定性规避（Kang & Mastin, 2008），但很少提供具体的解决方案，更多关注认识层面，追求更好的皮肤和健康护理（低不确定性规避）的一个模糊方向。网站看似与其他人有联系（"邀请朋友"，一个与他人互动的机会来建立一种社区，以及母女谈话和研讨会的链接），实际上强调参与者个人的观点（私人日志，"分享你的意见"，竞赛/游戏）。

一个跨越任何具体霍夫斯泰德维度的普适吸引力，清楚地证明了这场运动的智慧——这一运动保留了品牌质感，却在许多不同的文化背景下获得了吸引力。同时，这种吸引力并不像看起来那么普遍。权力距离确实是平衡的，但在研究的所有网站中，专家和研究都被放到了副页，有时需要两个或三个链接才能定位。这些文本主要聚焦于女性的互动和关系——但这可能是非常合适的，因为在所谓的男性文化中，女性通常被社会化为比男性更注重关系（Hofstede, 1987—2009）。与女性化的这一方面相关联，表现出对他人的尊重是文本某种开放性的体现，比不确定性规避更易被容忍。这些网站的女性化和开放性方面与和他人的联系有关——博客、公告栏、母女连接，但实际上并不能证明集体文化。集体主义的标志更应该是和内部群组的连接。友谊（邀请一个朋友）和母女关系都出现在各种文化中，即使是个人主义文化中，也十分重视核心家庭与友谊，尽管对于朋友的定义可能有所差异。总而言之，即使是在像墨西哥这样的集体主义国家，这些网站也主要是个人主义的，敦促消费者"表达自己的意见"和"成为他们自己"。尽管如此，与专注于妇女健康的地区或国家特定组织的联系，都可能会将妇女的身份与各国中更大的集体联系起来。

第五章
跨文化类型学与公共关系研究对霍夫斯泰德维度的批判

虽然这些网站是相对同质的，但我们已经注意到的细微差异也表明了文化的独特性，尽管霍夫斯泰德维度并不能完全解释这些差异，但其核心就是美的概念。《冲击》和《变革》的视频显然适用于欧洲大部分地区的西方观众，包括大多数受现代（西方）时尚产业强烈影响的欧洲观众。然而，广告专家已经注意到，多芬"真美运动"在中国并不成功，活动主要基于不同的美的文化概念，因而对中国根本没有吸引力（Fowler, 2008）。中国传统文化推崇圆润的面庞，而不是尖锐的面庞、小鼻子和胖乎乎的脸颊（Xu & Finer, 2007），并且可能与儒家文化中的礼仪有关，也与儒家思想赋予女性在社会中的角色定位（如工作者、妻子、母亲）有关。然而也有研究表明，中国的"美丽经济"发展如此迅速，以至于中国人需要发明一个新词"美女经济"来描述它（Xu & Finer, 2007）。中国女性正在迅速采用西方的美丽观念，试图"用西方美容标准来重塑自己，代表着女性作为制造者的共产主义理想，转变为女性作为消费者的新自由主义形象，融入西方的富裕社会中"。近期中国美容比赛的推广活动，由于要求模特又瘦又高，对中国女性的身体造成"直接的、立即的破坏性影响"，并引领中国女性以白为美。在最近的一项研究中，中国女性认为，美国模特比中国模特更具吸引力（Jankowiak, Gray, & Hattman, 2008）。从这个意义上说，多芬"真美运动"的失败并非因为它提倡了非中国式的美丽标准，而是因为它挑战了西方对美的主流价值观，因为中国女性似乎正在试图严格采用这一标准。

在某些情况下，其他框架可能会让我们深入了解多芬"真美运动"和与公共关系相关的广告。许多领域的学者，尤其是传播和商业领域的学者，纷纷涌向霍夫斯泰德的价值框架，但是，也有学者提供了不同的框架。例如，施瓦兹（Schwartz, 1992）认为在所有文化中某种程度上都存在11种价值观，研究表明偶尔的差异更多是基于年龄差异而非文化。其中包括自我导向、激励、享乐主义、成就、权力、安全、顺从、传统、灵性、仁爱和普适主义。这些可以作为一种有效途径来分析（西方）时尚产业（享乐主义、刺激、权力、顺从）和多芬（Unilever, 2009b）回应（关于自我安全感——时尚行业致力于破坏安全感；自我导向、普适主义和仁爱，比如在女孩的页面中有"你如何影响他人的自尊？"的链接）。

著名的社会学家塔尔科特·帕森斯（Talcott Parsons, 1951）提出了一个完全不同的框架，一些学者已经将其应用于理解文化多样性（Gudykunst & Kim, 2003）。这个帕森斯标注为"模式变量"的框架，提到了一系列指导一个人（在这种情况下，也可指一种文化）行为的二元值，如情感（情绪）与中立性（理性）、工具性（目标导向）与表现力（为了自身的利益而享受互动）等（参见本书中肯特和泰勒的章节）。他的一些维度也可以用来解释一些具体情况。例如，这些网站通常关注情感（关于自尊感的日志），还关注知识（测验，报告，研究）；这些往往更"普遍"，因为任何人都可以分享他或她的观点。并且还有多种表达取向，特别是在讨论板上（尽管网站作为一个整体有帮助女孩和女性了解皮肤和美容健康的工具性目标，并提倡使用多芬产品来改善这些方面）。在不同文化背景下的网站，呈现的专家的研究和传记可能更多地反映了地位成就之高，而非地位的成因（在列举专家证书这一方面），以及某种"特定"的地位视角。通过这种视角，一些人由于他们的证书而被赋予了更多地位。但是，在几个网站首页上，对专家和研究人员资料的折叠，则更强调了人人可以平等地分享想法的更"普遍"的状态。

人类学家克拉克洪和斯特罗特贝克（1961）也提供了一些价值维度，尽管把这些视为世界观的差异更为合适，但许多方面都适用于此（更全面地总结了这些观点，Gudykunst & Kim, 2003; Neuliep, 2006; 参见本书中肯特和泰勒一章）。其中包括人性（善/恶/善恶混合）、人与自然（人受制于自然、人与自然和谐共生或寻求征服自然）、时间（过去、现在、未来）、活动（行动、存在或"正在成为"，即从事形而上学或精神目标的活动）和关系维度（通过直系或附属团体定义的个人主义或集体主义），这里适用的主要是人与自然。美容行业显然专注于女性"控制"自然，通过化妆、手术、饮食和（过度）运动来改变自己的形象（特别在《冲击》视频中可以看到）。多芬"真美运动"表面上反对这个观点，强调自我，并找到自己的美丽。但同时，这些网站还提供抗皱霜和平滑皮肤产品，并且鼓励女性掌控自己的美丽命运。因此，这些网站与其反对的美容业有着不同却又相似的地方，即更强调西方的控制自然的观点。在网站上我们可以看到一些关系维度的痕迹，聚焦于连接母亲、朋友和匿名人士。特别是后者，很难归入克拉克洪和斯特罗特贝克1961年的分类，这些分类没有预见到互联网聊天、社交网站或在线公告栏等形式。如上所述，在这些网站上的分享，尤其是这里有许多思想是以匿名和短暂的形式进行分享的，因此是个人主义的。有人可能会说，这些网站的重点是让女性简单地"存在"——享受她们自己的身份，而不是通过规定的美容标准，以某种方式"成为"某种"可衡量"的东西。但是，在这里如何应用活动维度（行动/存在/正在成为）或其他克拉克洪和斯特罗特贝克价值维度仍有待观察。

也许对美文化和广告进行分析的更有效的探索途径不在于任何框架，而在于文化特定的美和价值观。因为这些网站大多相似，所以很难在多芬的活动中找到显著的差异。然而，值得注意的是，墨西哥的网站比其他网站包含更多的竞赛，而不仅仅基于互联网的测验。这些竞赛不是与已知的其他人（集体）进行的，也没有清楚地反映任何其他霍夫斯泰德价值观。因此，在墨西哥文化中，人们喜欢各种各样的比赛可能还有别的原因。也许文化特定研究的最大应用，如民族志方法（Philipsen, Cuoto, & Covarrubias, 2005），将是研究人员分析消费者在每个国家的讨论板上的评论。由于网站的内容和布局似乎在很大程度上受到国际同质化品牌目标的影响，我们可以通过检查不同文化的观点来了解对美的文化反应。这是一种主视角（Gudykunst & Nishida, 1989）。

总之，多芬的"真美运动"似乎是明智的全球运动，也使其在2006年获得了银砧奖。这项运动的部分文化或者说是跨文化方面的优点涵盖了多重可以吸引各类霍夫斯泰德维度文化的元素。这个运动不仅应用了这些维度，还印证了一些跨文化传播学者的观点，即所有维度至少在某种程度上存在于每种文化中。这避免了维度的实际局限性，例如二元化（在这种情况下，在单一连续体的任一端来处理广告，也就是说，使它们成为纯粹的个人主义或集体主义）。然而，这一说法有三个值得注意的地方：首先，网站遵循有限文化论，即将民族国家视为与文化平等的概念，这必然会掩盖国家内部的巨大文化差异。例如，在整个巴西网站上，尽管非裔巴西人或混血儿将近50%，但有色人种的妇女却很少。因此，强烈关注自尊，旨在提升马斯洛需求层次，假定了其对安全、营养和住房的基本需求已得到满足。这场运动忽略了它所涉及的国家中的贫困人群（参见本书杜塔和帕尔的章节）。在这方面，可能国内针对某一群体的市场营销反而会更有效果。这个运动取得了较大的成功，说明了永恒的、跨文化的美的价值，且本土化地设定了美是什么。其次，由于没有建立更多的网站，这场运动可能会增加全球自上而下的同质化力量的风险，这些力量已经开始抹去当地文化。全球化的许多批评者，比如拉丁美洲的批评者（Ortiz, 2003）指责，全球化将西方价值观念烙印在日益全球化的国家中。全球化总是以本土文化为代价，特别是经济较弱国的本土文化。因此，大公司在出口其产品和技术的同时，也出口其文化（McPhail, 2002）。最后，无论是全球化还是多芬"真美运动"都隐含了一些更有利于某些文化标准（个人主义观点，某种美的概念——即便比麦迪逊大道和好莱坞的夸张概念更简单、更现实）的微妙的意识形态上的偏见。出于这个原因，修辞工具可能为我们分析这个活动提供了一个有用的框架，为了在我们得出结论之前提供一个启发式的"注脚"，我们将简要阐述这种方法。

根据肯尼斯·伯克（Kenneth Burke）的研究，公共关系中的修辞可以作为"用来激励组织与公众之间合作的度量性和伦理性的语言与符号"（Courtright & Smudde, 2007, p.4）。伯克关于符号使用的观点，无论是话语符号还是视觉符号，都可以阐释多芬"真美运动"以大致相同的信息吸引多种文化的灵活性。特别是，我们可以站在两个视角：不协调性视角与认同视角。

不协调性视角（Burke, 1935/1984）最能解释我们在应用霍夫斯泰德维度时发现的辩证关系。不协调性视角出现在一个人同时使用两个看似相反的想法时，比如"集体主义和个人主义"。我们可以用集体个人主义来说明多芬"真美运动"，通过鼓励其他女性建立关系，并诉诸个人自尊的吸引力。这种吸引力的美妙之处在于，人们可以选择一个术语。对于个人主义文化，我们可以争辩说，该运动的重点在于个人的提升。对于身份由团体定义的文化，该运动重点关注倾听并与他人建立联系的吸引力。为了协调霍夫斯泰德的其他辩证关系，我们也可以争辩说，这场运动融合了"等级平等"和"长期实用主义"等策略，为真正的美丽提供了"首选方案"。

不协调性视角的灵活性可能让更多的观众认同他们最愿意接受的观点。身份认同（Burke, 1950/1969）发生在一个人认为她或他的价值观、信仰或想法与讲话者所传达的信息相似时，多芬"真美运动"通过自我表达、分享和共同关切与女性产生共鸣。因此，认同视角解释了在使用霍夫斯泰德维度时，该活动如何在男性气质（MAS）更高的文化中取得成功。更重要的是，无论一种文化在霍夫斯泰德维度的得分如何，此活动邀请这种文化中的人们来进行身份认同，有利于产生一种战略意义。这在人们批评运动的代表形象（例如，这些模特仍然不能代表各种女性面部和身体特征，而运动忽略了一些美容标准在人们出生时就可能根深蒂固的证据；Postrel，2007）时特别引人注目，或者其他联合利华产品推荐与"真美运动"传递出的信息相矛盾的事实（M. K. Johnson，2008）。

结论

本章我们已经讨论了霍夫斯泰德维度的替代方案。跨文化传播研究提供了其他类型学，如价值导向（Kluckhohn & Strodtbeck，1961；Parsons，1951；Schwartz，1992）以及独特地看待每种文化价值观的方法（通过使用主位研究的方法）。从修辞工具的角度来看公共关系，我们还简要应用了肯尼斯·伯克研究中的原则，结合多芬"真美运动"，重新解释我们基于霍夫斯泰德维度的结论。这是一个激动人心的视角，可以将这些替代方法应用于创建全球公共关系活动，分析公众并与他们更具战略性的方式联系起来。

因此，我们希望本章能够帮助读者更好地理解现在的文献中最常用的文化类型学之一。在阅读本章之后，公共关系学者和实践者应该更多地意识到应用霍夫斯泰德维度的局限性，并在进行研究时扬长避短，除此之外，公共关系教师可能会扩展与特定维度相关的各种问题（例如，"男性"和"女性"文化究竟意味着什么，这是不是一个有益的区别）。我们也希望学生们能从各种视角来理解文化的重要性。对于所有读者而言，本章应作为加强人们对全球化过程中公关文化重要性的认识，并理解其错综复杂性的重要一步。

问题讨论

1. 运用霍夫斯泰德维度去理解公共关系等框架中的文化差异的优势和局限性，通过诸如民族志这样的深入研究，独特地看待每一种文化的优势和局限性。
2. 描述一些你的国家内不同的"共同文化"——大文化中的小文化。这些文化与霍夫斯泰德维度中的主流民族文化有何不同？
3. 想想你的民族文化，或者你曾经访问过的文化。查看霍夫斯泰德开发的网站（1987—2009），如果它在那里。您是否同意网站上的评分？并说说是或否的原因。除了霍夫斯泰德维度，还有什么其他维度可以大致地描述你的文化？
4. 想象一下，从现在起10—15年，代表一家跨国公司，如宜家或联合利华进行公共关系的运作。首先，这些公司的母国文化会在多大程度上影响公共关系？为什么？（在网上查询任一家公司的发源地，然后看看霍夫斯泰德的网站），如果你打算直接在欧盟国家开展活动，你在多大程度上会使用霍夫斯泰德文化层面的评分来针对不同的国家进行策划？为什么？

5. 假设你正在策划宜家或联合利华针对欧盟的活动。本章末尾介绍的霍夫斯泰德维度之外的方法，是否有助于你策划一项活动？具体解释一下这些方法是如何帮助到你的。

参考文献

Austen, A. (2006, June 23). *The beauty backlash.* BBC News. Retrieved from http://news.bbc.co.uk/2/hi/5074642.stm.

Bond, M. H., & Smith, P. B. (1996). Cross-cultural social and organizational psychology. *Annual Review of Psychology,* 47, 205-235.

Burke, K. (1969). *A rhetoric of motives.* Berkeley, CA: University of California Press. (Original work published 1950).

Burke, K. (1984). *Permanence and change: An anatomy of purpose* (3rd ed.). Berkeley: University of California Press. (Original work published 1935).

Cai, D. (1998). Issues in conducting cross-cultural research. In J. N. Martin, T. K. Nakayama, & L. A. Flores (Eds.), *Readings in cultural contexts* (pp. 29-38). Mountain View, CA: Mayfield.

Chinese Culture Connection. (1987). Chinese values and the search for culture-free dimensions of culture. *Journal of Cross-Cultural Psychology,* 18(2), 143-164.

Coombs, W. T., Holladay, S., et al. (1994). A comparative analysis of international public relations: Identification and interpretation of similarities and differences between professionalization in Austria, Norway, and the United States. *Journal of Public Relations Research,* 6(1), 23-29.

Cooper-Chen, A., & Kaneshige, M. (1996). Public relations practice in Japan: Beginning again for the first time. In H. M. Culbertson & N. Chen (Eds.), *International public relations: A comparative analysis* (pp. 223-237). Mahwah, NJ: Erlbaum.

Courtright, J. I., & Smudde, P. M. (Eds.). (2007). *Power and pasblic relations.* Cresskill, NJ: Hampton Press.

Dove helps us define real beauty. (2007, October 12). *Charlotte* (NC) *Observer,* p. 1E. Retrieved from NewsLibrary:database.

Fitch, K(1998). *Speaking relationally: Culture, communication, and interpersonal connection.* New York: Guilford.

Fowler, G. A. (2008). Unilever gives "Ugly Betty" a product-plug makeover in China. *Wall Street Journal* (Eastern ed), p. B1.

Freitag, A. R. (2002). Ascending cultural competence potential: An assessment and profile of U.S. public relations practitioners' preparation for international assignments. *Journal of Public Relations Research,* 14(3), 207-227

Friday, R. A. (2006). Contrast in discussion behaviors of German and American managers. In L. A. Samovar, R. E. Porter, & E. R. McDaniel (Eds.), *Intercultural communication: A reader* (11th ed., pp. 298-308). Belmont, CA:Wadsworth.

Gould, S. J., Gupta, P. B., et al. (2000). Product placements in movies: A cross-cultural analysis of Austrian, French and American consumers' attitudes toward this emerging, international promotional medium. *Journal of Advertising,* 29(4), 41-58.

Gudykunst, W. B. (2005). An anxiety/uncertainty management (AUM) theory of effective communication.

In W. B. Gudykunst (Ed.), *Theorizing about intercultural communication* (pp. 281-322). Thousand Oaks, CA: Sage.

Gudykunst, W. B., & Kim, Y. Y. (2003). *Communicating with strangers: An approach to intercultural communication* (4th ed.). Boston, MA: McGraw-Hill.

Gudykunst, W. B., & Lee, C. M. (2002). Cross-cultural communication theories. In W. B. Gudykunst & B. Mody (Eds.), *Handbook of international and intercultural communication*(2nd ed., pp.25-50). Thousand Oaks, CA:Sage.

Gudykunst, W. B.,&Nishida, T.(1989). Theoretical perspectives for studying intercultural communication. In M. K. Asante & W. B. Gudykunst (Eds.), *Handbook of international and intercultural communication* (pp. 17-46). Newbury Park, CA: Sage.

Hall, E. T. (1959). *The silent language.* Garden City, NY: Doubleday.

Haruta, A., & Hallahan, K. (2003). Cultural issues in airline crisis communications: A Japan-U.S. comparative study. *Asian Journal of Communication,* 13(2), 122-150.

Hofstede, G. H. (1980). *Culture's consequences: International differences in work-related values.* Beverly Hills, CA: Sage.

Hofstede, G. H. (1984). *Culture's consequences: International differences in work-related values* (abridged ed.). Beverly Hills, CA: Sage.

Hofstede, G. H. (1986). Cultural differences in teaching and learning. *International Journal of Intercultural Relations,* 10(3), 301-320.

Hofstede, G. H. (1997). *Cultures and organizations, software of the mind: Intercultural cooperation and importance for survival.* New York:McGraw-Hill.

Hofstede, G. H. (1998). *Masculinity and femininity: The taboo dimension of national cultures.* Thousand Oaks, CA:Sage.

Hofstede, G. H. (2002). Dimensions do not exist: A reply to Brendan McSweeney. *Human Relations,* 55(11), 1355-1361.

Hofstede, G. H. (1987-2009). *Geert Hofstede cultural dimensions.* Retrieved from http://www.geert-hofstede.com/.

Holtzhausen, D. R., Petersen, B.K., et al. (2003). Exploding the myth of the symmetrical/asymmetrical dichotomy: Public relations models in the new South Africa. *Journal of Public Relations Research,* 15(4), 305-341.

Hui, C. H., & Triandis, H. C. (1985). Measurement in cross-cultural psychology: A review and comparison of strategies. *Journal of Cross-Cultural Psychology,* 16(2), 131-152.

Jankowiak, W., Gray, P. B., et al. (2008). Globalizing evolution:Female choice, nationality, and perception of sexual beauty in China. *Cross-Cultural Research,* 42(3), 248-269.

Johnson, F. (2000). *Speaking culturally: Language diversity in the United States.* Thousand Oaks, CA: Sage.

Johnson, M. K. (2008). Is Naomi Wolf pulling punches for Dove's Real Beauty campaign? *Lucire.* Retrieved from http://lucire.com/insider/20080215/is- naomi-wolf-pulling-punches-for-doves-real-beauty-campaign/.

Johnson, V.,&Peppas,S.C.(2003). Crisis management in Belgium: The case of Coco-Cola. *Corporate Communications: An International Journal,* 8(1), 18-22.

Kagitcibasi, C.,& Berry,J.W.(1989). Cross-cultural psychology: Current research and trends. *Annual Review of Psychology,* 40, 493-531.

Kale, S. H. (2006). Designing culturally compatible Internet gaming sites. UNLV *Gaming Research Review Journal,* 10(1), 41-50.

Kalliny, M., Cruthirds, K. W., & Minor, M. S. (2006). Differences between American, Egyptian and Lebanese humor styles. *International Journal of Cross Cultural Management,* 6(1), 121-134.

Kang, D. S., & Mastin, T. (2008). How cultural difference affects international tourism public relations Web sites: A comparative analysis using Hofstede's cultural dimensions. *Public Relations Review,* 34(1), 54-56.

Kapoor, S, Hughes, P. C., et al. (2003). The relationship of individualism-collectivism and self-construals to communication styles in India and the United States. *International Journal of Intercultural Relations* 27(6), 683-700.

Kim, M.S. (1993). Culture-based conversational constraints in explaining cross-cultural strategic competence. In R. L. Wiseman & J. Koester (Eds.), *Intercultural communication cornpetence* (pp. 132-150). Newbury Park, CA: Sage.

Kim, M. S. (1995). Toward a theory of conversational constraints. In R. L. Wiseman (Ed.), *Intercultural communication theory* (pp. 148-169). Thousand Oaks, CA: Sage.

Kim, M. S. (2005). Culture-based conversational constraints theory: Individual and culture-level analyses. In W. B. Gudykunst (Ed.), *Theorizing about intercultural communication* (pp. 93-117). Thousand Oaks, CA: Sage.

Kim, Triandis, et al. (1994). *Individualism and collectivism: Theory, method, and applications.* Thousand Oaks, CA: Sage.

Kluckhohn, C., & Strodtbeck, F. (1961). *Variations in value orientations.* New York: Row, Peterson.

Kohls, L. R. (2001). *Learning to think. Korean: A guide to living and working in Korea.* Yarmouth, ME: Intercultural Press.

Lindsley, S. (2000). U.S. Americans and Mexicans working together: Five core Mexican concepts. In L. A. Samovar & R. E. Porter (Eds.), Intercultural communication. *Communication Theory,* 9, 1-25.

McPhail, T. I. (2002). *Global communication: Theories, stakeholders, and trends.* Boston, MA: Allyn & Bacon.

McSweeney, B. (2002). Hofstede's model of national cultural differences and their consequences: A triumph of faith-A failure of analysis. *Human Relation,* 55(1), 89-118.

Miller, J. G. (2002). Bringing culture to basic psychological theory-beyond individualism and collectivism: Comment on Oyserman et al. (2002). *Psychological Bulletin,* 128(1), 97-109.

Neuliep, J. W. (2006). *Intercultural communication: A contextual approach*(3rd ed.). Newbury Park, CA: Sage.

Oetzel, J. G., & Ting-Toomey, S. (2003). Face concerns in interpersonal conflict: A cross-cultural empirical test of the Face negotiation theory. *Communication Research,* 30(6), 599-624.

Ortiz, R. (2003). Revisitando la notion de imperialism cultural [Revisiting the notion of cultural imperialism]. In R. Ortiz et al. (Eds.), *Communication, culture, and globalization* (pp.46-62). Bogota, Colombia: Pontifica Universidad Javeriana.

Oyserman, D., Koon, H. M., et al. (2002). Rethinking individualism and collectivism: Evaluation of theoretical assumptions and meta analyses. *Psychological Bulletin,* 128(1), 3-72.

Parsons, T. (1951). *The social system.* Glencoe, IL: Free Press.

Philipsen, G., Cuoto, L. M., et al. (2005). Speech codes theory: Restatement, revisions, and response to criticisms. In W. B. Gudykunst (Ed.), *Theorizing about intercultural communication* (pp.55-68). Thousand Oaks, CA: Sage.

Postrel, V. (2007). The truth about beauty. *Atlantic Monthly,* 299(2), 125-127.

Public Relations Society of America. (2006). *Dove campaign for real beauty.* [Inventory No. 6BW-0607D07J]. Retrieved from http://www.prsa.org/Intelligence/.

Pudlinksi, C. (1994, November).*A theoretical exploration of dialectic approaches in intercultural communication.* Paper presented at the annual convention of the Speech Communication Association, New Orleans, LA.

Schwartz, S. (1992). Universals in the content and structure of values: Theoretical advances and empirical tests in 20 countries. In NI. P. Zanna (Ed.), *Advances and experimental social psychology* (Vol. 25, pp. 1-66). San Diego, CA: Academic Press.

Smith, P. B. (2002). "Culture's consequences:" Something old and something new. *Human Relations,* 55(1), 119-135.

Sriramesh, K. (2009). The relationship between culture and public relations. In K. Sriramesh & D. Verčič (Eds.), *The global public relations handbook: Theory, research, and practice.*(rev.ed., pp. 47-61). New York: Routledge.

Sriramesh, K., Kim, Y., et al. (1999). Public relations in three Asian cultures: An analysis. *Journal of Public Relations Research,* 11(4), 271-292.

Synnott, G.,& McKie, D. (1997). International issues in PR: Researching research and prioritizing priorities. *Journal of Public Relations Research,* 9(4),259-282.

Thatcher, B. I.(2000). Writing policies and procedures in a U.S./South American context. *Technical Communication Quarterly,* 9(4), 365-399.

Thomas, J. (1998). Contexting Koreans: Does the high/low model work? *Business Communication Quarterly,* 61(4), 9-22.

Ting-Toomey, S. (1988). Intercultural conflict styles: A face-negotiation theory. In Y. Y. Kim & W. B. Gudykunst (Eds),*Theories in intercultural communication* (pp. 213-235). Newbury Park, CA: Sage.

Ting-Toomey, S. (2005). The matrix of face: An updated face-negotiation theory. In W. B. Gudykunst (Ed.), *Theorizing about intercultural*(pp. 71-92). Thousand Oaks, CA: Sage.

Ting-Toomey, S.,& Kurogi, A. (1998). Facework competence in intercultural conflict: An updated face-negotiation theory. *International Journal of Intercultural Relations,* 22(2), 187- 225.

Triandis, H. C. (1995). *Individualism and collectivism: New directions in social psychology.* Boulder, CO: Westview Press.

Triandis, H. C., & Suh, E. M. (2002). Cultural influences on personality.*Annual Review of Psychology,* 53, 133-160.

Unilever. (2009a). *Campaign for real beauty mission.* Retrieved from http:// www.dove.us/#/CFRB/arti-CFRB.aspx[cp-documentid=7049726]/.

Unilever. (2009b). *Dove: Girls only: How do you impact others?* Retrieved from http://www.dove.us/#/cfrb/girlsonly/impact-others.aspx/.

Vadi, M., & Meri, R. (2005). Estonian culture in the framework of Hofstede's model (case of hotel industry). *Trames,* 9(3), 268-284.

Wu, X. (2002). Doing PR in China: A 2001 version-Concepts, practices and some misperceptions. *Public Relations Quarterly,* 47(2), 10-18.

Xu, G., & Feiner, S. (2007). *Meinu Jiuji/* China's beauty economy: Buying looks, shifting value, and changing place. *Feminist Economics,* 13(3), 307-323.

推荐阅读

Harris, P. T., & Moran, R. T. (2000). *Managing cultural differences: Leadership strategies for a new world of business.* Houston, TX: Gulf.

Kim, M.-S.(2007). Our culture, their culture, and beyond: Further thoughts on ethnocentrism in Hofstede's discourse. *Journal of Multicultural Discourses,* 2(1), 26-31.

McKie, D. (2005). Review essay: Globalizing public relations: Old wine, new bottles, and good years. *Public Relations Review,* 31(1), 149-152.

Ming-Yi, W., Taylor, M., et al. (2001). Exploring societal and cultural influences on Taiwanese public relations. *Public Relations Review,* 27(3), 317-336.

Moran, R. T., Braaten, D. O., et al. (1994). *International business case studies for the multicultural marketplace.* Houston, TX: Gulf.

Nakata, C. (Ed.). (2009). *Beyond Hofstede: Culture frameworks for global marketing arid management. Basingstoke,* UK: Palgrave Macmillan.

Taylor, M. (2000). Cultural variance as a challenge to global public relations: A case study of the Coca-Cola scare in Europe. *Public Relations Review,* 26(3), 277-293.

Vasquez, G. M, & Taylor, M. (1999). What cultural values influence American public relations practitioners? *Public Relations Review,* 25(4), 433-449.

Wu, M.-Y., &Baah-Boakye, K. (2009). Public relations in Ghana: Work-related cultural values and public relations models. *Public Relations Review,* 35(1),83-85.

第六章
全球公共关系后现代转向的必要性

德里娜·霍尔茨豪森

公共关系的实践方法不是单一的。批判学者认为，我们的世界观（我们对社会及其运作方式的基本假设）深刻地影响着我们在特定情境中的行为举止。这一观点在公共关系的实践中也同样正确（J.E. Grunig, 1994）。因此，持有后现代主义世界观的公共关系实践者和非后现代主义者会进行不同的实践。即使有的人没有给自己贴上后现代的标签，他们也可能支持并无意识地遵循一些后现代主义的原则，因为后现代的思想已经从许多方面渗入文化实践。

本章详细阐述了后现代的公共关系实践，并解释了后现代理论为何促使我在实践上形成了激进主义（行动主义）观念。我首先从后现代主义的理论视角出发，解释后现代理论和批判理论之间的差异，并探讨全球公共关系和国际公共关系之间的不同点。本章分别对全球公共关系和国际公共关系进行了后现代的批判，并且在每个实例中都详细阐述了实践者在这些实践中可能面临的陷阱。本章的结尾对霍尔茨豪森和沃托（2002）此前提出的公共关系的激进主义定义进行了深入探讨。

后现代主义思想

后现代主义给全球公共关系带来的范式与批判理论所提供的范式略有不同。关于这两种范式的构成，学界存在一些争议，而观点经常重叠。例如，我认为分析权力、政治和知识之间的关系是后现代主义者的任务，但帕尔和杜塔（2008）却认为这些问题属于现代主义批判理论。这些争议的核心在于后现代主义是与现代主义的决裂，或是对现代主义的延续。

持决裂观者认为，后现代社会与现代社会如此不同，以至于任何理论和哲学思想的延续都是不可能的。另一些人则认为，后现代主义只不过是现代主义的延续。我更喜欢利奥塔的论点，即后现代主义是现代主义之前的一种状态，"一件作品只有首先是后现代的才能成为现代的"（Lyotard, 1992, p.147）。他反对与现代性决裂的观念，认为那是"一种遗忘或压抑过去的方式……是重复过去而不是超越过去"（Lyotard, 1993, p.48）。这一观点意味着，所有现有的实践和理论都需要被批评，以防它们成为一种元叙事或主导范式。

我更倾向于把重点放在评论类型的基本假设上，以确定它是不是后现代的。也许最重要的区别在于，批判理论从马克思主义视角出发关注资本主义生产和社会制度是如何塑造权力的。而后现代主义者则侧重于讨论在政治和知识生产过程中，权力是如何在不经意间被构建的，他们认为马克思主义仅仅是关于资本主义的另一场辩论。马克思主义强调"经济活动……（和）经济基础决定社会其他部分的性质和结构"（Edgar & Sedgwick, 2002, p.221）。后现代主义者关注社会权力体系建立中的语言使用和意义创造。然而，埃德加和塞奇威克认为，批判理论在20世纪80年代变成了一种"借鉴结构主义、后结构主义和后现代主义思想家著作的文本批评"（Edgar & Sedgwick, 2002, p.91），例如福柯（Foucault）、德里达（Derrida）和利奥塔（Lyotard），他们总被认为与后现代思想相联系。

因此，将批判理论、社会理论（social theory）和后现代主义理论进行明确区分显然是困难的；这些理论之间的差异不是很明显，以至于有人可能会认为，这些差异并不那么重要。后现代主义者认为，想要对批判性话语和后现代主义进行严格的区分，本质上是对思想论域（intellectual discourses）进行区别和分类，以确立一种思想对另一种思想的支配地位，而这恰恰是后现代主义所反对的。实际上，这种智慧领域的"去分化（反分化）"（Connor, 1989, p.202）是后现代主义的重要特质之一。正是这种对支配性话语的抵制，使后现代主义有别于批判理论和社会理论。后现代主义者主张复杂性，反对对观念和思想进行简单笼统的分类。事实上，后现代主义者将自己视为智慧的游牧人，他们在不同的理论和范式中漫游，以寻找可以解释社会权力不平衡的论述（Deleuze & Guattari, 1983）。

尽管如此，批判理论、社会理论和后现代理论之间仍存在着一些难以消除的基本哲学差异（Best & Kellner, 1991, p.298）。或许其中最显著的一点就是，后现代观念认为所有理论和实践都是局部的、即时的。后现代主义理论的一个重要原则是拒绝元叙事和规范的、整体的话语，即反对那些声称具有规定性且被认为代表最佳或唯一解决方案的意义系统，换句话说，后现代主义质疑任何一种思想体系被视作规范的、最优选择和唯一解决方案的观念。在公共关系领域中，卓越公关理论就是一个典型的例子（L. A. Grunig, J. E. Grunig, & Dozier, 2002）。不过，伊伦、范·鲁勒和弗雷德里克森（Ihlen, van Ruler & Fredriksson, 2009）认为，公共关系属于社会理论范畴。尽管这两种方法都为该领域提供了有价值的观点，但我们必须认识到，每一种方法都有自己的理论视角，并不能全面反映所有观点。后现代主义强烈反对在任何研究领域中建立单一的霸权话语的企图，因为这种做法会扼杀多元理论阐释的活力,进而阻碍哲学思想的拓展和知识的增长。后现代主义者的主要努力是通过不断反省来研究自己的理论和立场,以消除原有立场。因此,将一种理论话语凌驾于另一种理论之上是彻底的非后现代主义。

这正是赛德曼预言社会学理论将会走向终结,并转而支持社会理论的原因,他主张将社会理论置于后现代主义理论方法当中。他的观点源自他对作为社会科学的社会学理论的批判,他认为社会科学"从对自身真实和促进人类进步的双重声称中获得了合法性"(Seidman, 1997, p.4),并在社会的宏观层面上支持社会变革。因此,社会学家认为,在政策和政治层面上进行变革是可能的。社会理论主张"抛弃绝对标准、普遍范畴和宏大理论;倾向于局部的、历史语境的和实用主义的社会调查"(Seidman, 1997, p.5)。这一观点注重微观层面,即日常生活和社会互动层面的社会变革。"位于现代主义社会学理论中心地位的千禧年社会希望(millennial social hope)"(Seidman, 1997, p.119)与赛德曼关于社会理论的主张形成了鲜明的对照:赛德曼认为社会理论是"放弃追求人类解放的现代主义幻想,支持对虚假封闭(false closure)的解构,窥探当前开放的社会现状和未来社会的可能性……那是霸权主义话语的终结"(Seidman, 1997, p.120)。与贝斯特和凯尔纳(Best & Kellner, 1991)的观点不同,赛德曼不再对宏观和微观层面的理论化抱有希望,转而支持后现代主义方法,主张参与到为争取公正而发生的事件和斗争中。他将社会理论视为一种着眼于宏观层面理论化的研究途径;将社会理论等同于微观层面的理论化。这一观点对后现代主义公共关系的全球实践和国际实践都非常重要(正如我在下文中所解释的)。

使后现代主义理论有别于其他理论的重要特征是它对于话语的处理方式。后现代主义中有两种话语方式,分别由福柯和利奥塔提出。正如埃德加和塞奇威克指出的那样,话语的含义并不是单一的,从技术意义上讲,它仅仅是指人们相互间交谈的方式。在批判理论中,话语往往被当作分析单元。后现代主义的方法主要集中在叙事话语分析上,侧重分析意义是如何通过表述和故事叙述(例如在历史文本中)形成的,特权和权力体系是如何通过语言的使用构建起来的,福柯(1972)是这种分析方式的主要倡导者。利奥塔提出了"话语类型"的概念(Lyotard, 1988, p.29)。基于后结构主义的一些基本原则,利奥塔认为,语言体系为在特定话语类型中发展起来的话语赋予了合理性。

话语不仅内嵌在书面和口头语言中,还包含在信号和象征符中。在考察意义如何形成的新方式中,话语的概念应运而生。话语是由社会及其制度所塑造的。但是,话语与塑造话语的制度和社会实践不同,与说话者及说话对象的立场也不同(Macdonnell, 1986, p.1)。由于语言并不能反映话语所指向的外部现实,所以一种话语通过与另一种话语之间的联系,直接或间接地生效。关于话语的辩论中,至关重要的一点是,意义只能在区别于社会和制度实践的具体形式中找到,且语言本身没有意义。话语的形成和意义的创造是通过制度实践,尤其是通过制度环境中语言和符号的使用来实现的。这种观点直接将公共关系实践置于后现代主义的讨论范畴。公共关系实践者通常是社会制度和强大的传播实体的代理人,由他们来进行话语塑造,以遮掩话语背后的强大利益集团(Holtzhausen, 2002)。

就像批判理论家一样,后现代主义者用来揭露语言内潜在权力结构的方法被称为解构,它涉及一种话语分析的方法。话语分析的方法对语言是如何被用来巩固现有权力关系,以及对被权力话语淹没的社会弱势和边缘群体所遭受的损害进行了解构(见本书杜塔和帕尔章节以及爱德华章节)。有权势者的话语可以淹没其他话语,因为他们会利用公关人员等来呈现自己的观点,使其看起来真实合理。强势话语实体提示权力所在的策略之一是使用二元对立,例如以下二元区分:男人/女人、白色/黑色、白领/蓝领、文明/原始、异性恋/同性恋、资本主义/社会主义、高雅文化/通俗文化、新闻/公关。在这些二元对立的例子中,哪一方占据社会的主导地位一目了然。解构和话语一样,源于后结构主义理论,且主要来自后现代主义早期学者德里达的著作。然而,后现代主义在反对利用语言提供真理性陈述这一点上,是与结构主义相悖的。语言永远无法精确客观地表述任何思想或情景,且当一个人使用语言的时候,就立即失去了对自己所说之话的意义控制。因此,语言是不稳定的、开放的,可以有多种不同的意义解释。后现代主义者还认为,通过抵制主导话语并揭露其潜藏的意识形态来获得权力是可能的,因此他们提出了使用话语来抵制主导权力的策略。然而,后现代主义者注重的是日常实践和当下环境对主导话语的抵制,而不是在更宏观的社会层面上进行考察(Lyotard, 1984; West, 1997)。这也是本章的目的,即让实践者们知晓一些策略,这些策略可以帮助他们拒绝成为主导权力结构中的一部分。因为话语具有扩散性和不稳定性,所以权力也是扩散的、不稳定的,可以在语言传播的许多阶段加以抵制。

后现代主义方法显然对后现代公关实践的构建具有重要意义。但是,在全球和国际公共关系中的后现代主义实践者角色得到详细解释之前,从后现代主义的角度出发来处理全球化现象,并将后现代主义的理论应用到这一现象上是非常重要的。然而,首先要解决的重要问题是,全球化的概念在公共关系理论中是如何应用的,以及它与国际公共关系有何不同。

全球公共关系与国际公共关系

国际公共关系领域中有两种观点在争夺理论主导地位。一种观点认为,这种实践应该被称为全球公共关系,该观点产生于卓越公关研究(Sriramesh & Verčič, 2003; Verčič, L. A. Grunig & J. E. Grunig, 1996)。这种观点认为,全球实践中的最佳公共关系是跨国通用的,并且是基于卓越公关理论原则,然后根据当地文化和惯例进行调整的(参见本书韦克菲尔德一章)。尽管地方层面上的实践存在差异,但适用于卓越理论的原则同样适用于全球公共关系。另一种观点认为,由于每个国家的社会、政治、法律、文化、媒体和教

全球文化语境下的公共关系：基于多重范式视角
Public Relations in Global Culture Contexts: Multi-Paradigmatic Perspectives

育制度的不同，本土文化以深刻和独特的方式影响着公共关系实践。从业人员应该认识到扎哈纳（2001）所说的国际公共关系的认知内部研究方法。同时，从业者们在进行公关实践之前，应该使自己熟悉对方国家各方面的情况。即便涉及卓越公关的一些方面，公共关系的实践也没有通用的准则，因为所有的实践都具有地域性。从后现代主义的角度来看，全球公共关系和国际公共关系是两种非常不同的实践形式，每一种都对后现代从业者提出了一系列挑战。

全球和国际的区别是非常重要的，因为这两种公共关系经历着各自独特的挑战，也被后现代主义以不同的方式解构。此外，从业者参与的企业类型将决定他们如何实践公共关系。公关从业人员通常会进行四种类型的外交努力：国际的、多国的、跨国的和全球的（Sylvie, Wicks, et al., 2008）。在国际企业中，公共关系从业者替那些为当地市场创造产品或服务的组织工作，然后为其他国家调整那些产品或服务。多国企业在一个国家设立总部，然后在国外市场设立子公司，子公司在产品开发方面有很大的自主权，会根据特定环境进行产品研发。全球企业生产的产品会在全球范围内发布，例如好莱坞电影、计算机和其他科技产品、体育器材等。西尔维娅等人将跨国企业纳入全球性企业，他们将其称作"一种全球扩张的网状途径"，它不仅依赖外国子公司对总部的想法进行改造，以适应当地市场需求，同时还期望子公司为自己的市场研发产品，并将其最好的想法传达给总部以在全球范围内发布。他们还表示，"跨国模式是以子公司和市场间的思想、知识和产品的流动交换为基础的"（Sylvie, et al., 2008, p.91）。

有人可能认为，自从各国开始互通贸易以来，国际投资就一直存在。从公共关系的角度来看，当母公司以选择性的方式进入一个或多个国家时，将会应用国际企业和多国企业的体制。与全球体制相比，这种方法更注重了解对象国家的文化和本土习惯，从而与主体文化的关系更密切。然而，全球和跨国体制的重点是全球扩张，这给公共关系实践带来了一系列不同的环境。后现代主义对这两种类型的实践进行了分析。

全球化的后现代批判

虽然亚当·斯密和卡尔·马克思已经预见到了全球化带来的负面影响，但直到新的通信技术相继出现，他们的预言才成真。斯密和马克思预见到全球化将导致区域部落的毁灭，因为资本主义需要不断创造新市场。贝斯特和凯尔纳认为，"由计算机和通信技术介导的网络型社会"促进了"基于精密的技术科学、迅速扩张的全球电信系统、多媒体和交互式科技文化的形成，以及信息技术、消费和政治的新形式"下的资本主义重组（Best & Kellner, 2001, pp.205-206）。这意味着全球化离不开资本主义。为了生存，资本主义机构必须积累财富。要做到这一点，资本主义必须在没有市场的地方创造市场。为了创造新的消费者，首先必须改变传统的生活方式，"这意味着非资本主义的谋生方式必须被资本主义的方式取代"（Bauman, 1993, p.210）。为了实现全球化，传统资本主义首先要

第六章
全球公共关系后现代转向的必要性

进行重组。为了反映这种重组，全球化时代也被称为西方工业发展的后工业化阶段，它遵循工厂制度，按照官僚主义原则建立了更复杂的体制（Bell, 1973; Burns, 1962）。

后工业社会是围绕着知识的创造和信息的使用而组织起来的。后工业社会是由它获取、处理和发布信息的方法塑造的，这些方法都被计算机彻底改变了（Hatch & Cunliffe, 2006, p.92）。这就导致了知识和信息的商品化，这是后工业社会的显著特征。

公共关系通过技术科学的实践、创造和传播信息的能力促进后工业时代的全球化。技术科学指的是科学，特别是为技术资本主义服务的社会科学，它的唯一目的是提高产量和测量产量。技术资本主义指的是"当今社会组织中的资本和技术的结合"（Best & Kellner, 2001, p.213），它在市场、跨国企业和全球企业中以更有力的形式出现，在民族国家中的力量则较小（见本书杜塔和帕尔章节中的跨国霸权概念）。在技术科学发展的进程中，公共关系并不是一个陌生的概念。大多数情况下，它们以目标管理（MBO）的形式出现，并自视为一种关注沟通实践带来的可测成果的社会科学。作为社会科学，公共关系的特点是使用可量化的措施来对人们及其交流过程进行分类，以控制这些过程，以便为他们效力的组织获取利益。技术科学也推动了霸权话语的扩张。罗珀认为，卓越理论为公共关系实践创造了一种霸权话语，推动了全球化的深化。通过了解卓越理论中对称和非对称的沟通，他认为公共关系从业者通过妥协来获得他们想要的东西，从而为其所在的组织获取对民族国家的影响力。他说，"从长远来看，这些妥协对企业的益处远远超过了对民间社会中关键利益相关者的益处，并且可以削弱这些利益相关者的谈判力量"（Roper, 2005, p.84）。因此，我们可以看到全球实践与国际公共关系存在差异，也可以理解为什么卓越理论更有可能成为全球组织的工具。这些组织有许多起源于西方国家，它们的从业人员在组织中接受了卓越理论的教育。相反，国际公关更有可能出现在国与国之间，并且它们的公关人员可能较少地接受卓越理论的培训。例如，在南非，尽管国家拥有强大的公共关系教育体系，但许多传播人员却从未受过公共关系教育（Holtzhausen & Tindall, 2009）。正如罗珀（2005）所指出的，接受过正式公关教育的从业者掌握了卓越公关理论，并通过运用这些知识，使全球化成为可能。

后现代主义者认为，语言的使用，特别是一种进步话语的使用，促进了全球化。进步话语通过激起那些没有现代物质财富和现代化制造业、农业进程的地区人民的自卑感，来创造他们对商品和服务的需求（Bauman, 1993）。这就导致了社会的分裂，使得他们可以对发展中的社会进行重组。公共关系从业者不仅塑造了进步信息的内容，还塑造了人们对新产品和服务的需求。因此，全球公关实践促进了全球资本主义摧毁传统社会的能力，这些传统社会在过去可以维持自身与环境的和谐。此外，全球公关常常是一种信息生产工具，它使人们相信他们的传统生活方式是没有价值且不文明的，导致他们奋力追求那些以破坏环境为代价的消费品。全球公关由此塑造了其组织创造进步元叙事的能力（Lyotard, 1992），尽管它会给本土共同体带来伤害，并威胁到民族国家能够决定自己命运的主权。元叙事是不受挑战的话语，因为它们被认为是真理的和不可逆转的。元叙事的目标是通过单一的支配性意识形态和理论来主导话语和权力，这些意识形态和理论都被以一种理性的、客观的、真理性的方式呈现出来。后现代主义者认为，他们所宣扬的元叙事和真理只不过是社会支配阶层的观点，他们希望以此来维护自己的权力。从这一点出发，我们就能明白为什么后现代主义者将"进步"视为一种元叙事。

上述后现代主义对全球化的批判，不应该被视为对全球公关从业人员能力的全面否定或绝望论调。这种批评的目的是让从业者意识到他们的实践可能造成的危害，并鼓励他们理解、了解和承认这些问题，以调整自己的实践，与力图改变现状的激进主义相协调。这一过程的第一步，是通过反省让他们认识到所处理的情况内在的复杂性和混乱性。在后现代主义语境中，反省指的是仔细思考和有意识地拒绝先入为主的观念、刻板印象和解释。在全球实践中，真正做到反省是非常困难的。因为公关从业者所获得的很多知识，来自调查研究、以图表形式呈现出来的信息、专家和同行的表述、媒体，或者是以上述权力形式呈现出来的内容，这使得他们很难分析和识别潜在的意识形态。大部分关于公关实践对象社群和人群的信息都不是从业者直接与公关对象群体接触得来的。这种"无关联"的间接知识以理性客观的面貌出现，使我们与受我们实践影响的人群保持情感联系。它巧妙地消除了所有情况内部的复杂性和多义性，使我们变得麻木不仁，正如鲍曼（1993）所深刻指出的那样。

公关实践内部复杂性的一个例子就是"自相矛盾"（aporiae）理论在实践中却以不矛盾的面貌呈现。事实上，这可能是当今最矛盾的专业实践之一。例如，在公共关系中，从业者们不断在服务于组织利益和服务于当地社群利益的矛盾中挣扎。这些矛盾的紧张局势往往无法克服，从业者不得不在困难而混乱的局面中得过且过。意识到矛盾的存在并承认实践内在的复杂性，是后现代主义实践者观点的一部分。

全球实践可能会产生意想不到的后果，但不一定是负面的。毋庸置疑，现代科技和医学让世界上许多地方的人从疾病中解脱了出来，并彻底地改善了数百万人的生活质量。例如，在世界上许多地方，性是一个禁忌话题，而避孕药物的出现使得这些地区的女性可以对自己的生活有更多的主导权。禁忌话题之所以被禁忌，往往是出于某一政党权力巩固的需要，或者是因为社会给这些话题贴上了羞耻的标签。这种沉默往往会维持一些非人性化的习俗，比如女性的割礼。例如，在许多非洲文化中禁止谈论性，以防暴露出女性遭受严重性虐待的事实（这在西方文化的许多小团体内同样存在）。2000年，纳尔逊·曼德拉总统在南非德班举行的第13届国际艾滋病大会上发表了关于艾滋病毒和艾滋病的讲话，这是一个重大发展，因为在南非，性是一个禁忌话题。但有时，对利润的追逐可以促使组织打破禁忌。例如对于月经的解释，月经在每个社会发展的某一阶段里都曾被视为禁忌话题，甚至有些社会现在仍然如此。当Kotex（知名卫生巾品牌）想要增加它们的卫生巾销量时，它们开始通过在药店内显眼的位置展示卫生巾来进行推销

(Heinrich & Batchelor, 2004)。由此带来的结果是，一个母女之间都禁忌的话题，一个在某些社会中女性难以启齿的话题，在原始利益的驱动下，成为一种自然现象，并被视为女性身体健康的必要功能。

同样地，在许多原本不被允许进行民主和政治参与的国家，全球媒体和多国媒体对于利润的追逐也产生了一些意想不到的效果，推动了民主和政治参与概念的发展。克蕾迪描述了沙特皇室控制下的媒体是如何允许"明星学院"节目登上荧幕的，该节目借鉴了"老大哥"节目的概念。该节目在黎巴嫩制作，被包括沙特阿拉伯在内的许多中东国家转播。这个例子说明，资本主义利益有时可以压倒某些当地的文化价值观，而这些价值观实际上是对人民的压迫，或者是对其内部的边缘群体的压迫。对该节目的宗教批评因王室的经济利益而得到了调和。该节目在沙特引发了大量的讨论和争议，因为女性和男性住在一起，这严重地挑战了沙特关于社会中妇女角色的宗教信仰。此外，观众可以投票选出他们最喜欢的演员，让沙特人了解基本的投票程序。这是媒体文本合成的一个案例，在这个案例中，西方的电视真人秀节目以黎巴嫩的社会实践和规范为基础，转型成了中东本土节目，"使宽泛的社会和政治斗争具体化"（Kraidy, 2009, p.345）。现代科技促进言论自由和民主的另一个案例是在2009年伊朗大选中使用推特，让全世界知道德黑兰街头发生的事情（Grossman, 2009）。有些人甚至称之为"推特革命"（Morozov, 2009, p.11）。

正如这些案例所表明的那样，尽管全球媒体和技术实践对传统社会构成威胁，但"也应该从辩证的角度来看待它们为社会变革和社会重建提供开端的可能，它们已经激起的矛盾以及它们促进民主化的可能性"（Best & Kellner, 2001, p.214）。因此，全球实践中的后现代公关人员应该寻找辩证的机会来激发讨论和辩论。

全球实践的结构可能性

网络组织（network organization）是公共关系从业者越来越多采用的实践途径，是网络社会的一种现象（Castells, 1996），是全球化时代的后现代主义社会现象。网络社会有五个属性（Barney, 2004, p.177）：

- 资本主义经济从工业基础向信息基础转型；
- 全球资本主义经济活动的网络组织模式；
- 随着远距离时空传播技术的发展，重新定位人类活动的时间和空间组织；
- 基于网络接入和流量控制的权力分配；
- 地域化的人类身份与非地域化的网络之间的紧张关系。

网络组织都具有相似的属性；也就是说，它们允许独立的公共关系从业者和较小的机构通过发展网络、整合成员之间的优势来对抗大公司（Holtzhausen, 2007）。新的通信技术促进了网络的发展，使得从业者能够跨越时间和空间进行工作，形成全球竞争力。

这些网络是临时的，从业者可以同时参与许多不同的网络传播风险并拓展市场。与其他从业者建立联系是建立网络组织的基础。霍尔茨豪森和韦尔德（2008）在最近的一项调查中发现，网络结构是美国实践中最普遍的组织结构，在7分制中平均分为5.05。网络结构也似乎是最平等的组织结构，性别、组织类型或工作级别在此类组织中没有显著差异。

网络结构的临时性质与"临时契约"的后现代概念相契合，"临时契约在专业、情感、性、文化、家庭、国际领域以及政治事务中取代永久机构"（Lyotard, 1984, p.66）。对临时性结构的偏爱反映了后现代对可能造成"恐怖"的支配和霸权结构的抵制（Lyotard, 1984, p.67）。通过网络组织，从业者成为全球信息网络的一部分，如果所有的信息都可以自由访问，就会有解放的可能性。被控制和约束以用来拓展市场的信息将使知识本身商品化，并将受其执行能力的支配。因此，没有可测利润输出的知识将变得多余，尤其是那些仅被当作技术知识的信息。激进主义实践者将确保全球利益相关者都能得到"他们所缺少的、帮助他们做出明智决策的信息……通过让公众自由访问记忆库和数据库"。利奥塔将其称为完美信息的语言游戏，因为它将一切辩论的封闭可能性都排除在外，促进一种后现代形式的政治，这种政治"既尊重对正义的渴望，也尊重对未知的渴望"（Lyotard, 1984, p.67）。

信息和知识网络面临的一个问题是，它们依赖于技术，因此排除了那些无法使用技术访问的国家和人民。虽然信息技术在美国以及欧洲和许多亚洲国家普遍存在，但在许多发展中国家中，却只有受过教育的中上层阶级可以使用。这进一步扩大了发达地区和发展中地区之间的数字鸿沟，并将世界分成了两类人。一类人可以轻松地在跨时空的知识中遨游，并适应来自自身以外环境所产生的知识和文化产品。这类人认同自我身份，并不一定觉得受到外来思想的威胁，尤其是因为这些想法是在一个国际主义话语流派中产生的（Lyotard, 1988, p.29）。没有使用网络的另一类人无法接触到外来的思想和行为，往往被困于知识的真空当中，从而成为强大的地区实体和歧视性文化实践的受害者。尽管缺乏技术的生活本身并没有错，但这将阻碍人们在全球经济中参与资源共享。此外，如果人们不知道其他地区的社会实践是如何变化的，往往无法对自己的社会环境提出挑战。因此，这些人经常感到被新知识所威胁，并且倾向于向大队伍靠拢，退回民族主义和种族认同（West, 1997）。身份政治是后现代主义斗争的一个非常重要的部分，因为它可以帮助人们认识到，不存在单一主导或期望的身份，尤其是因为主导话语主要受到西方国家大众传媒的塑造。然而，对所有人来说，对自身身份是独特的文化身份还是种族沙文主义提出疑问是很重要的。当全球实践与本土身份相适应时，全球公关与国际公关的差异消失，两种实践方式融为一体。也就是说，在某个阶段，无论是全球公关还是国际公关，从业者都会接触到影响他们实践的当地社会和文化习俗。

后现代主义与国际公共关系

如果没有地方节点的推动，全球化进程是不可能实现的。后现代主义者坚持认为所有的实践都应该是本土化的（Eribon, 1991），并且如上所述，他们对任何可能形成霸权的一般全球公关理论都持批判态度，从而进一步巩固了强大的全球利益，特别是在地方层面。

反对在全球公共关系实践中采用当地文化的观点，也从后现代的角度提出了问题。关于文化自由的假说认为，文化是良性的，也应该被认为是良性的。因此，文化不能受到挑战。这个假说认为，殖民主义战争已经摧毁了文化社会，现在应该协助它们重建。人们有权过自己认为合适的生活，不需要殖民势力的许可。这确实是一个有效的论断。然而，他们没有认识到，所谓的文化有时候只不过是政治权力的伪装罢了。在世界上许多国家，殖民权力被"种族沙文主义"（West, 1997, p.81）所替代；一种邪恶被另一种邪恶所替代，令人感到讽刺和毛骨悚然。例如，在非洲许多国家，殖民强权离开后的专制统治时期经常导致大屠杀和种族清洗。此外，关于自由和民族的表述往往只是反映了支配阶级男性的观念，即他们认为文化代表什么，而这些表述通常是同质化的，故意压制了表述的多样性和异质性。如此一来，特定的文化概念就会被用来掩盖其背后的政治本质。在平等、个性和民主等问题所提出的挑战上，文化经常被用来与之辩驳。在许多国家，父权制度没有受到挑战，因为它被称为文化，尽管伴随它的是虐待行为。

然而，即使这些做法实际上是文化，这些虐待性和压迫性的文化实践是否应该得到尊重和容忍，是非常值得怀疑的。当所有实践都被视为文化时，自由公关实践将导致公共关系被用来建立与当地权力所有者的关系，这些人并不一定追求或支持平等和民主的原则，也不关心次等群体的利益。这些人的权力通常由占主导地位的语言和符号系统来确保，而宣传这些主导语言系统的媒体系统则受益于权力持有者，并被其拥有和操纵。鲍曼分析道：

> 对个体自主权最无情、最残忍的镇压，是以"人权"的名义延续下去的……将"少数人的权力"集体化（但少数总是渴望成为多数人，或至少渴望有权像多数一样行动）（Bauman, 1993, pp. 46-47）。

不仅全球企业常常进一步巩固这些"权力体系"（Best & Kellner, 2001），国际公关者往往也会迎合这些强大的网络以帮助维持它们。这些权力持有者无一例外地通过与强大的国际组织和全球组织建立伙伴关系来获得经济利益，因为他们的权力允许这些组织在没有阻力的情况下运作。

两种国际公共关系实践模式显示了地方节点如何帮助维系统治体系。一种是个人影响模型（Sriramesh & White, 1992），当公共关系从业者被期望与重要人物建立联系时使用。另一种是文化传译模型，当地方从业人员为多国企业解读当地文化习俗时使用（J. E. Grunig, L. A. Grunig, et al., 1995）。从表面上看，文化传译模型是亲切的。一种帮助他人更好地理解当地文化的做法可能会遇到这样一个问题：通常只有当地环境中统治精英的文化实践才会被解读，然后这些实践以一种假设文化同质化的方式呈现出来。

关于这种同质化表述，我想起了我个人的一个例子。20世纪90年代上半叶，当我担任南非旅游委员会（South African Tourism Board）的企业沟通主管时，我的任务之一就是接待来自20多个国家的记者，这些国家在南非有旅游办事处。有一次，一群日本记者到访。在他们离开后，我才得知他们的来访，并被告知，与我的会面没有被列入他们的日程，因为日本记者组成了紧密的新闻俱乐部，不欢迎女性，无论是记者还是公关人员。尽管当时南非新当选的黑人政府已经向民主社会转型，这种情况还是发生了。在这个例子中，组织排斥我的决定显然是受到了男性中心主义观点的主导，即把女性作为文化产物，而我则认为这是一种深刻的政治和性别行为。

当地的公共关系实践可以是歧视性的和幼稚的，特别是当从业者在实践中没有受过教育的时候。代表全球和跨国利益的从业人员应注意，在履行职责的过程中，女性从业人员并不羞耻。几年前，在访问南非的时候，一位年轻的黑人女性从业者告诉我，她被要求在一个仍是种族社群的农村地区开展一场健康运动。南非宪法规定了种族社群的传统治理。这位从业者，一个彻底的现代都市人，必须将自己包裹起来，并且由一名男性代表自己说话，请求酋长允许她向他讲话。酋长同意后，她还得请求酋长允许她对他的人民讲话。尽管她说如果必须完成任务，她不介意这么做，但这也带来了一定程度的屈辱。这让我想起了一个客户让我在约翰内斯堡市中心的一个高级俱乐部为他安排一个活动的那一天。我们都不知道的是，这个俱乐部是一个以英国传统绅士俱乐部为原型的精英男性团体，在任何情况下都不允许女性出席。我惊叹于大楼的玻璃窗、皮革的气味和精雕细刻的螺旋楼梯口处英国女王伊丽莎白二世的画像。然而我被一名黑人男性带出了大楼，引到了人行道上，让我等待经理过来同我说话。在种族隔离制度下的南非，一名白人女性被一名黑人从俱乐部扔出去并不让我觉得难以理解。如果不是南非英语机构的一员，大多数文化传译员对于白人女性有时地位低于黑人男性的事实感到难以理解。

一个问题是，文化传译者成为"无私的第三方"，把社会中的其他人视为"绝对的刻板印象"（Bauman, 1993, pp.114-115）。文化传译现在的责任是对这个群体而不是对个人的责任。因此，文化传译有助于企业在新环境中的社会化，这是一个基于"对社会分配的权利和义务进行分类和区分"的管理过程（Bauman, 1993, p.120）。社会化的目标是纪律、标准化、控制、隔离和监督。

个人影响模型本身就说明了一切。这显然是一个与主导权力体系相一致的角色，旨在获得影响力。在美国，这是典型的说客角色，尽管有不同形式的立法，他们仍然设法利用赞助商的大量资金寻求政治影响力。

后现代批判可能听起来很严厉，但它也为辩证干预提供了机会，使得在国际或全球环境下工作的公共关系从业人员能够驾驭和维持全球环境的内在复杂性，同时抵制歧视性和反民主的做法。从业人员必须具备某些条件才能利用这些辩证干预措施，并担任公共关系活动家的角色。

积极的实践者

此前，罗西娜·沃托（Rosina Voto）和我开始了一项厘清激进主义公共关系从业者角色的项目：

> 作为组织积极分子的从业者们将通过抵制主导权力结构，在组织中担当良知，尤其是当这些组织不具有包容性时；他们将偏向员工和外部公共话语而非管理层；将在特定情况下做出最人性化的决定；并通过分歧和冲突促进新的思维方式和问题解决方式。这些行动将有助于组织的文化解放和内部自由。（Holtzhausen & Voto, 2002, p.64）

为了理解公共关系从业者如何成为积极分子（activist），应该对这个定义进行更详细的分析。

抵抗策略

后现代理论的一个哲学问题是，许多学者认为它否定了作为积极分子的能力，因为坚持某种原则可能被视为开启霸权话语的尝试。例如，如果一个人拥护民主和解放，问题就会立即变成谁来决定什么是民主，谁决定谁需要解放？因此，确保这些术语不被用来掩盖不公正的实践是很重要的。这就是为什么后现代主义者认为，所有参与民主化和解放进程的努力都必须是地方性的，反映当地人民的愿望的（Eribon, 1991; Lyotard, 1984; West, 1997）。不是让从业者来决定谁应该得到支持。如果没有参与到地方的基层活动中，从业者将无法参与到任何工作中。因此，参与全球和跨国组织的从业人员不能站在后面，让文化传译员决定谁应该得到他们的支持。一旦他们了解了他们所代表的组织如何影响和可能伤害当地的利益相关者，他们就可以积极地参与到这些利益相关者中，并帮助他们阐明自身立场。因此，对当地事件和进程的了解是很重要的。同样重要的是，从业者要明白自己的行为是如何经常延续不公正的。即使是那些不期望在国际领域工作的从业者，也很可能在职业生涯的某个阶段，面对与自己文化观点不同的人打交道的挑战。了解自己的行为和自己的组织，甚至是国家，对不同于自己的人可能有什么影响，这是后现代公共关系实践的目标之一。

如果没有批判立场，抵抗是不可能的，而获得和应用这种立场的从业者被称为"批判研究者"（critical worker researchers）（Kincheloe & McLaren, 1994, p,147）或"文化从业者"（cultural workers）（West, 1997, p.74）。这些从业者是"有天赋的（通常是有特权的）文化贡献者"，他们希望与意志消沉的、涣散的、非政治化和无组织的人站在同一战线，以使社会行动成为可能（West, 1997, p.66）。在他的分析中，西方为后现代主义激进分子的活动奠定了基础：赋权、社会行动、自由、民主和个性的扩展。实践者可以通过减少组织的负面影响来做到这一点。例如，通过集中组织力量和资源，并推动"把人视为纯粹的消费者和被动的公民"的消费文化发展（West, 1997, p.8），公共关系从业者是无法成为后现代主义的积极分子的。正如我之前所说的（Holtzhausen, 2002），一个位于地方和区域办公室分散管理的通信系统，比集中的结构提供的参与性交流实践的机会更多。

作为批判文化工作者的公关人员，必须努力维护那些抵制组织的人的能力，他们为自己的权益挺身而出，大声疾呼，并努力让自己的声音被听到。这对于积极的公共关系从业者来说并不容易。正如韦斯特所言，在所有批判工作者中，尽管从业者感觉在他们的即时工作环境中暴露出权力结构，但他们仍然在经济上依赖于他们批判的结构，这使得他们的批评"同时具有进步性和笼络性"（West, 1997, p.66）。但他也强调，没有制度上的压力，任何变化都不会发生。因此，即使是具有笼络性的压力也比没有压力好。这种紧张关系是一个很好的"自相矛盾"的案例，即对变革的渴望不能与生存的需要相协调，然而这两者都必须实现。尽管这对许多人来说可能是理想主义的，但实践者每天仍然扮演着行动主义积极分子的角色（Holtzhausen, 2000; Holtzhausen & Voto, 2002）。同样重要的是，反抗不需要华丽的姿态，也不需要公开的反叛。在会议上发言、制定包容性战略、意识到可能的危害、让其他人意识到潜在的歧视性做法，这些都是积极分子可以每天使用的策略。有意识地生活在日常微观实践中是行动主义的第一步。

西方倡导自由、民主和个性的行动，贝斯特和凯尔纳将"崇敬自然，尊重所有生命、可持续性和生态平衡"（Best & Kellner, 2001, p.11）添加到解放项目中。他们也提到通过分析获取理解的重要性，"应该结合正面和反面进行分析，批评压迫、统治和剥削的各种形式，同时总结道德和技术演进的正面可能性"（Best & Kellner, 2001, p.15）。这将暴露出社会的复杂性，这是保持混乱、确保差异文化政治带来的矛盾突出的唯一途径。这样做的一种方式是尽可能多地对不同的观点进行分析。公共关系从业者作为环境监控者和意见提出者的独特地位在于提供这些分析。

同样重要的是，从业者要明白自己的行为是如何经常延续不公正的。即使是那些不期望在国际领域工作的从业者，也很可能在职业生涯的某个阶段，面对与自己文化观点不同的人打交道的挑战。了解自己的做法和自己的组织，甚至是国家，对不同于自己的人可能有什么影响，这是后现代主义公共关系实践的目标之一。后现代主义者将参与当前、本地的具体事件称为微观政治，而宏观政治则关注社会的整体状态和制度层面的权力斗争。

优先考虑利益相关者的声音

如果公共关系从业者认为自己实践的本质是民主的，而不是经济的，是政治的，而不是财务的，那么他们将会从不同的角度看待自己的角色。也就是说，对于组织而言，他们代表利益相关者的利益；对于利益相关者而言，他们代表组织的利益。南非的从业人员表示，为了帮助他们的组织在非常动荡的环境中生存，他们必须优先考虑以前被边缘化的公众对组织的观点（Holtzhausen, 2005）。这对大多数从业人员来说可能是陌生的，因为他们每月都要从组织那里拿到工资。这一论点很大程度上与对代理理论的批判分析相关（Hatch, 1997; Pfeffer, 1997; Wright, Mukherjib, et al., 2001），代理理论是一种经济理论，它认为当一个组织变得过于庞大，单一所有者（委托人）无法管理时，就会指派代表委托人进行管理。在典型的组织中，经理就是代理人，但越来越多的组织开始逐渐依靠政府以减税、优惠和其他积极性立法的形式进行干预，以维持生存——甚至不包括最近的事件，例如美国巨额金融救助机构——间接地给予纳税人在这些组织中的份额比以往任何时候都要多。我想说的是，这些组织运作的社区及其纳税人事实上已经成为这些组织的负责人和股东，尽管股份上不会反映这一点。此外，股份计划也会使许多员工成为委托人，这意味着他们除了是员工利益相关者，也有着和公共关系从业者一样的责任。

从这个角度来看，利益相关者比组织本身更重要。没有利益相关者，组织将不可持续，因为一个不遵守其环境价值体系的组织将被关闭，正如新制度经济学派理论所指出的（Sandhu, 2009）以及上述分析显示的那样（Holtzhausen, 2005）。如果一个组织对所有的利益相关者负责，这些利益相关者将包括纳税人和社群。已经有迹象表明，民主给利益相关者带来了更多的责任，并与他们的偏好有关。在一项关于民主对南非环境的公共关系实践影响的研究中，从业人员报告说，他们将组织的利益相关者置于管理之上，并将其视为积极的公共关系实践的一部分（Holtzhausen, 2005; Holtzhausen, Petersen, et al., 2003）。对他们来说，激进的行为意味着在发现歧视和不公时，挑战主导的管理模式。因此，开放的交流气氛对民主制度至关重要。

提供信息和公开交流一样重要。公共关系活动人士有责任确保利益相关者拥有他们作出知情决策所需的所有信息，根据利奥塔的说法，这是"完美信息"语言游戏的前提条件。信息的可访问性确保了没有任何一方在辩论中享有特权，这将"尊重对正义的渴望，也尊重对未知的渴望"（Lyotard, 1984, p.67）。正如哈贝马斯提出的，信息的可访问性不应导致普遍的一致意见，但对异议者来说，这将阻碍"元叙事"和"元规范"。利奥塔承认话语的差异性，并坚持认为所有的"语言游戏"（Lyotard, 1984, p.66）都必须是当地的，这对理解异议（dissensus）的概念非常重要。

推动异议考察的新方法

异议（dissensus）的使用是一种关注语言使用的抵抗策略。利奥塔（1992）提出了一种促进不同意见而不是一致意见，积极行动而不是唯命是从的实践方法，这是公共关系实践者能够实践与后现代伦理一致的公共关系的唯一途径。作为一种行动主义形式的后现代主义公关，其重要议题就是暴露社会的不平等，尤其是在这些从业者所在组织中的不平等，这对于从业者来说是非常重要的。对于教育工作者来说，当他们用非批判性方法教授理论的时候，他们应该了解到理论对学生的影响。缺少批判的理论和观点很快就变成了霸权话语。

不停地改变无疑是生存的必要条件。然而，这种变化是如何通过话语策略产生的，是后现代主义者与其他批判性观点的不同之处。许多现代批判性思维都是基于对公共领域和共识问题的分析。哈贝马斯认为，通过"无约束的、统一的、建立共识的议论性语言的核心经验"（Habermas, 1984, p.10），就有可能实现真理。通过公共领域的对话，可以进行辩论性的演说。他认为，由于人们的干预，这种做法是很难实现的。例如，大众传播工作者在战略上操纵沟通，使不受约束的辩论演讲变得困难。

后现代主义者认为权力扭曲了所有的传播情境并且决定了共识的方向。也就是说，共识会使那些在讨论中拥有最多权力的人享有特权。为了对抗权力在辩论中的影响，利奥塔（1992）支持异议。他认为，共识笼络了弱势群体，以维持现状，使强势群体受益。利奥塔提出的一个问题是，讨论的条款可以在某一党派的习语中出现，而另一党派的理解却没有得到认可。他称这是一个"倾向性差异"，这一概念是指仅在一方的参照框架内进行讨论，"当一个党派在其语言中完成了对其反对意见的冲突处理，另一个党派就无法在其语言内指出该党派的错误之处"（Lyotard, 1988, p.9）。"倾向性差异"的一个案例是我被排除在日本记者会面之外。当讨论参与者使用不同的"话语类型"（Lyotard, 1988, p.29）时，"倾向性差异"就存在了。在日本记者的案例中，我使用了一种政治话语类型，而我的男性同事则使用了一种文化话语类型。利奥塔认为这两种类型的话语是大相径庭的，因为两者不能同时做到公正。我相信我遭受了不公正的待遇，因为我的话语没有被认为是政治性的。如果我能和我的同事达成协议，那将是一种虚假的共识，因为我们之间差异的深度是无法被认识到的。另外，如果我和他们达成共识，我不会在将来的类似行为中做出任何改变，也不会促成任何改变。通过阐述不可调和的差异的本质，利奥塔称之为"张量"（tensor），至少我加深了对这个问题的认识。

利奥塔将共识与思考的终结联系在一起，并认为只有当异议者提出新的思维方式并拓展思维过程时，才有可能发生改变。为了处理这些矛盾，矛盾双方必须意识到矛盾并理解其存在的原因。即使矛盾永远无法解决，也不应该强行解决。为了保证平等和民主，公开这些"张量"是很重要的（Lyotard, 1993, p.54）。因此，公共关系从业人员不应争取共识,而应首先通过公开讨论,使各方认识到"张量",并促进不同意见的交流碰撞,即使它涉及冲突。在这些讨论中可以看出,后现代主义者强烈地意识到现代生活的复杂性,并强调暴露人们在道德和道德决策中所面临的许多紧张关系的重要性,而非将这些问题掩盖起来,以支持那些掌握着最大权力的人。公共关系行动主义者有责任为不同意见和公开讨论创造机会,在不强迫达成共识的情况下展开辩论。这在全球实践中尤为重要,因为在全球实践中,文化环境非常复杂,且容易被误解,特别是人们往往出于自然本能,从自身视角去理解任何特定的文化情境。正如我之前所说的,"后现代公共关系从业者想要将话语的混乱性从抑制它的严密束缚中解放出来"(Holtzhausen, 2000, p.105)。这就是后现代主义、激进的公共关系实践者在当今全球化的氛围中所扮演的角色。

结论

正如本章所指出的那样,努力成为一个积极的实践者并不容易。从我的个人经验来看,要站出来反对这种规范,成为公众无争议话题中唯一一个异端是多么困难。然而,经过这些年的努力,我认识到了这种可能,尤其是这些话是确信的,不带评价、愤怒或仇恨的。人们也不能想当然地认为自己总是正确的。我们应该认识到,后现代主义(以及其他所有的"主义")只是一种审视世界的视角。每个人有每个人的视角,那些潜在的假设往往是不能相互契合的。

虽然我认为尊重他人的观点是必要的,但我也认为让别人知道自己与他人的不同是很重要的。如果人们不谈论种族隔离和歧视,南非就不会改变。在南非,民主社会的变化不是一夜之间发生的,而是一个充满辩论和争议的过程,在这个过程中,组织内部发生的争论与在餐桌上、政治集会以及私下谈话中的争议一样多。后现代主义并不意味着"任何事情都可以发生",因为当"他者"发出强烈呼唤正义的声音时,这种声音不能被忽视。

随着新技术的普及,公共关系从业者将变得越来越有影响力。主流媒体正逐渐被边缘化,而公众直接向外界表达声音的可能性则越来越大。这使我们有更大的责任成为道德和负责任的世界公民。此外,它不需要实践者有大的举动,尽管有时可能是必要的。最近的一个例子就是温德尔·波特(Wendell Potter),他辞去了在健康保险公司Cigna公关副总裁的职务,因为他反对公司为阻止医疗改革而发布的误导性和歪曲性的信息(Potter, 2009)。

后现代公共关系行动主义实现的一个潜在威胁是,作为一种理念,它会因过于理想主义而被抛弃。我认为以这种方式建构行动主义对于学生而言是不利的,因为这会向他们传达一种错误的信息,这种做法是不切实际的,阻力最小的路径更可取。这将成为一种自我实现的预言,因为学生们会认为行动主义者的做法是无法实现的。实际上,有很多例子说明从业人员通过他们的日常实践改变组织环境并帮助改善他人的生活，同时为组织的可持续性做出贡献。

最后，虽然后现代主义支持对差异的尊重，但是意识到一些文化习俗的压迫性非常重要。不知为何，文化批评已经成为我之前提到的交流禁忌之一。许多为保护文化而辩论的文本证明了这一点。我支持鲍曼（Bauman, 1993）的做法，为了确保文化不被用作歧视性习俗的假名，我们在实践中应当保证对群体规范的遵守不会成为我们坚守道德信念或忽视他人困境的障碍。

问题讨论

1. 后现代主义公共关系的实践与其他形式的公共关系实践有何不同？
2. 你认为在全球公共关系实践中遵循后现代原则的从业者会遇到哪些挑战？
3. 你认为在全球实践中成为一名公共关系行动主义者是否现实？
4. 讨论你是否认为公共关系从业者有权在其他国家就涉及歧视性文化的习俗发表意见。
5. 讨论全球公共关系和国际公共关系实践之间是否确实存在差异，以及这会如何影响你作为公共关系行动主义者的角色。

注释

[1] 关于世界观的影响的更全面的讨论，参见劳丹（Laudan, 1977）、萨普（Suppe, 1979）、基尔尼（Kearney, 1984）和小约翰（Littlejohn, 1989）。关于公共关系中这个话题的具体讨论，参见J.格鲁尼格（J.Grunig, 1989）关于世界观概念的对称和不对称传播。

[2] 鲍曼将aporia描述为"无法克服的矛盾，它会导致无法解决的冲突"（Bauman, 1993, p.8）。

参考文献

Barney, D. (2004). *The network society.* Maiden, MA: Polity Press.

Bauman, Z. (1993). *Postmodern ethics.* Cambridge, MA: Blackweli.

Bell, D. (1973). *The coming of post-industrial society.* New York: Basic Books.

Best, S., & Keliner, D. (1991). *Postmodern theory: Critical interrogations.* New York: Guilford Press.

Best, S., & Keilner, D. (2001). *The postmodern adventure: Science, technology, and cultural studies at the third millennium.* New York: Guilford.

Brown, D. (2000). Mandela urges united AIDS fight: Drop rhetoric, take action, ex-president says. *The Ottawa Citizen,* World Section, p. B4.

Burns, T. (1962). The sociology of industry. In A. T. Walford, M. Argyle, D. V. Glass, & J. J. Morris (Eds.), *Society: Problems and methods of study* (pp. 185-215). London: Routledge, Kegan & Paul.

Castells, M. (1996). *The rise of the network society.* Oxford, UK: Blackwell. Connor, S. (1989). Postmodernist culture: An introduction to theories of the contemporary. Cambridge, MA: Blackwell.

Deleuze, G., & Guattari, F. (1983). *Anti-Oedipus.* Minneapolis, MN: University of Minnesota Press.

Edgar, A., & Sedgwick, P. (Eds.). (2002). *Cultural theory: The key concepts.* New York: Routledge.

Eribon, D. (1991). *Michel Foucault.* Cambridge, MA: Harvard University Press.

Foucault, M. (1972). *The archaeology of knowledge.* New York: Pantheon Books.

Grossman, L. (2009, June 17). Iran protests: Twitter, the medium of the movement. *Time* (New York ed.), p.174.

Grunig, J. E. (1989). Symmetrical presuppositions as a framework for public relations theory. In C. H. Botan & J. Vincent Hazieton (Eds.), *Public relations theory* (pp. 17-44). Hillsdale, NJ: Eribaum.

Grunig, J. E. (1994). World view, ethics, and the two-way symmetrical model of public relations. In W. Armbrecht & U. Zabel (Eds.), *Normative aspekte der public relations*, Normative aspects of public relations (pp. 69-89). Opladen, Germany: Westdeutscher Verlag.

Grunig, J. E., Grunig, L. A., et al. (1995). Models of public relations in an international setting. *Journal of Public Relations Research, 7*(3), 163-186.

Grunig, L. A., Grunig, J. E., et al. (2002). *Excellent public relations and effective organizations: A study of communication management in three countries.* Mahwah, NJ: Eribaurn.

Habermas, J. (1984). *The theory of communicative action* (Vol. 1). Boston, MA: Beacon.

Hatch, M. J. (1997). *Organization theory: Modern, symbolic, and postmodern perspectives.* Oxford, UK: Oxford University Press.

Hatch, M. J., & Cunliffe, A. L. (2006). *Organization theory: Modern, symbolic, and postmodern perspectives.* New York: Oxford University Press.

Heinrich, T., & Batchelor, B. (2004). *Kotex, Kleenex, Huggies: KimberleyClark and the consumer revolution in American business.* Columbus, OH: Ohio State University Press.

Holtzhausen, D. R. (2000). Posrmodern values in public relations. *Journal of Public Relations Research, 12*(1), 93-114.

Holtzhausen, D. R. (2002). Towards a postmodern research agenda for public relations. *Public Relations Review, 28*(3), 251-264.

Holrzhausen, D. R. (2005). Public relations practice and political change in South Africa. *Public Relations Review, 31*(3), 407-416.

Holtzhausen, D. R. (2007, May). *The postmodern turn in organizational theory.* Paper presented at the 57th Annual Conference of the International Communication Association, San Francisco, CA.

Holtzhausen, D. R., Petersen, B. K., et al. (2003). Exploding the myth of the symmetrical/asymmetrical dichotomy: Public relations models in the new South Africa. *Journal of Public Relations Research, 15*(4), 305-341.

Holtzhausen, D. R., & Tindall, N. T. J. (2009). *Toward a roles theory for strategic communication: The case of South Africa.* Paper presented at the 92nd Annual Convention of the Association for Education in Journalism and Mass Corn mu nication, Boston, MA.

Holtzhausen, D. R., & Vow, R. (2002). Resistance from the margins: The post- modern public relations practitioner as organizational activist. *Journal of Public Relations Research, 14*(1), 57-84.

Holtzhausen, D. R., & Werder, K. G. P. (2008, October). *The emergence of new organizational structures and their relationship with public relations practice.* Paper presented at the Annual Congress of EUPRERA, Milan, Italy.

Ihlen, Ø., van Ruler, B., et al. (2009). *Public relations and social theory: Key figures and concepts.* New York: Routledge.

Kearney, M. (1984). *Worldview.* Novato, CA: Chandler & Sharp.

Kincheloe, J. L., & McLaren, P. L. (1994). Rethinking critical theory and qualitative research. In N. K. Denziii & Y. S. Lincoln (Eds.), *Handbook of qualitative research* (pp. 138-157). Thousand Oaks, CA: Sage.

Kraidy, M. (2009). Reality television, gender, and authenticity in Saudi Arabia. *Journal of Communication,* 59(2), 345-366.

Laudan, L. (1977). *Progress and its prcthlems: Towards a theory of scientific growth.* Berkeley, CA: University of California Press.

L'Etang, J. (2004). *Public relations in Britain: A history of professional practice in the 20th century.* London: Erihaum.

Littlejohn, S. (1989). *Theories of human communication* (3rd ed.). Belmont, CA: Wadsworth.

Lyotard, J.-F. (1984). *The postmodern condition: A report on knowledge.* (C. Bennington & B. Massumi, Trans.). Minneapolis, MN: University of Minnesota Press.

Lyotard, J.-F. (1988). *The differend: Phrases in dispute: Theory and history of literature* (Vol. 46). Minneapolis, MN: University of Minnesota Press.

Lyotard, J.-F. (1992). Answering the question: What is postmodernism? In C. Jencks (Ed.), *The postmodern reader* (pp. 138-150). London: Academy Editions.

Lyotard, J.-F. (1993). *Libidinal economy. Bloomington,* IN: University of Indiana Press.

Macdonnell, D. (1986). *Theories of discourse. An introduction.* New York: Black well.

Morozov, E. (2009). The repercussions of a "Twitter revolution." *The Boston Globe,* p. A11.

Pal, M., & Dutta, M. J. (2008). Public relations in the global context: The relevance to critical modernism as a theoretical lens. *Journal of Public Relations Research,* 20(2), 159-179.

Pfeffer, J. (1997). *New directions for organization theory: Problems and prospects.* New York: Oxford University Press.

Potter, W. (2009). GOP fcar tactic from health insurance companies. Retrieved from http://www.ireport.com/docsiDOC-3 15401.

Roper, J. (2005). Symmetrical communication: Excellent public relations or a strategy for hegemony? *Journal of Public Relations Research,* 17(1), 69-86.

Sandhu, S. (2009). Strategic communication: An institutional perspective. *International journal of Strategic Communication,* 3(2), 72-93.

Seidman, S. (1997). The end of sociological theory. In S. Seidman (Ed.), *The postmodern turn: New perspectives on social theory* (4th ed., pp.119-139). Cambridge, UK: Cambridge University Press.

Srira mesh, K., & Veri, D. (Eds.). (2003). *The global public relations handbook.* Mahwah, NJ: Erihaum.

Sriramesh, K., & White, J. (1992). Societal culture and public relations. In J. E. Grunig (Ed.), *Excellence in public relations and communication management* (pp. 597-614). Hillsdale, NJ: Eribaum.

Suppe, F. (1979). *The structure of scientific theories* (2nd ed.). Urbana, IL: Illinois University Press.

Sylvie, G., Wicks, J. L., et al. (2008). *Media management: A case book approach.* New York: Eribaum.

Veri, D., Grunig, L. A., et al. (1996). Global and specific principles of public relations: Evidence from Slovcnia. In H. M. Culhertson & N. Chen (Eds.), *International public relations: A comparative analysis* (pp. 31-65). Mahwah, NJ: Eribaum.

West, C. (1997). The new cultural politics of difference. In S. Seidman (Ed.), *The postmodern turn: A new perspective on social theory* (pp. 65-81). Cambridge, UK: Cambridge University Press.

Wright, P., Mnkherjib, A., et al. (2001). A reexamination of agency theory assumptions: Extensions and extrapolations. *The Journal of Socio-Economics,* 30(5), 413-417.

Zaharna, R. S. (2001). "In-awareness" approach to international public relations. *Public Relations Review,* 27(2), 135-148.

推荐阅读

Appignanesi, R., & Garratt, C. (1999). *Introducing postmodernism.* Cambridge, UK: Icon Books.

Crome, K., & Williams, J. (Eds.). (2006). *The Lyotard reader and guide.* New York: Columbia University Press.

Foucault, M. (1980). *Power/knowledge: Selected interviews and other writings* 1972—1977. New York: Pantheon Books.

Jencks, C. (Ed.). (1992). *The post-modern reader.* London: Academy Editions. Lyotard, J-F., & Thébaud, J-L. (1985). Just gaming. Minneapolis, MN: University of Minnesota Press.

Rabinow, P. (Ed.). (1984). *The Foucault reader.* New York: Random House.

第七章
对通用/特定公共关系理论的批判：
缩小跨国知识差距的需求

罗伯特·韦克菲尔德

公共关系的通用/特定理论为有效指导跨国组织的公共关系提供了框架。本章探讨了某些跨国实体和特定跨国公司（TNC）如何在全球协商的通用原则和本国市场的实际因素之间保持平衡。文化是通用/特定理论的一个要素，正如斯里拉梅什（2007）所指出的，文化是公共关系实践的必要基础。因此，在本章中，我特别关注通用/特定公共关系理论如何能鼓励人们更好地认识到在全球化语境下的公共关系中文化的重要性。

本章提出了与通用/特定公共关系理论有关的两个前提。第一个前提是，许多跨国公司的公共关系已经逐渐成为机械论支撑的"大市场营销模式"（Hutton, 2001），重视全球营销而不是当地营销。公共关系的重组为质疑其所服务的组织和社会价值提供了合法素材（Verčič, 2009; Wakefield, 2000）。通用/特定理论的制定在某种程度上是为了批判性地研究这个问题。第二个前提是，关于通用/特定理论的研究尚未达到其最初的意图，这些研究更多集中在莫莱达和拉斯金（Molleda & Laskin, 2005）提出的关于各国公共关系的描述性研究上，而不是作为考察跨国公司传播实践的指南，这些研究应更关注影响跨国传播实践的各种文化环境因素。因此，如果要为公共关系实践者提供真正的效用，就需要对通用/特定理论的现状及其变动进行更多的考察。在全球动态已经改变了特定文化和社会政治/经济因素的情况下尤其如此，因为要有效发挥其作用，从业人员必须应对这些因素的变动。这种情况揭示了一个问题，全球化的动力是否将这些具体变量融合到了理论的通用领域，而不是集中在具体的问题上。因此，本章分析了跨国公司及其公共关系活动的运作和影响。但是，孤立地考察这些跨国公司是不够的，因为它们存在于更广泛的社会背景下，所以只有在更广泛的背景下才能充分理解其运作和效果。

第七章
对通用/特定公共关系理论的批判：缩小跨国知识差距的需求

霍尔茨豪森认为，"公共关系作为一个学科对社会有深远的影响，需要在一个更广阔的社会、文化和政治背景之内被理解和解读，而不是在一个狭隘的组织功能中被定义"（Holtzhausen, 2000, p.95）。伊伦和范·鲁勒提出了类似的观点：

> 大多数公共关系理论家关心的都是组织与公众的关系，而不是组织如何将自身与公共区域和整个社会联系起来的问题……劳森和多齐尔（1992）声称公共关系不应像服从管理那样发挥作用，而应采取更远的立场。他们的基本观点是，学术研究不应与它所研究的社会机构过于紧密地联系在一起，因为这会导致观点的缺失或只关注一个观点。必须用社会方法来补充现有的行政办法，同时也揭露了当今社会中公共关系应该是什么，而不仅仅是在组织层面上应该是什么。（Ihlen & van Ruler, 2007, p.245）

按照劳森和多齐尔（1992）的建议，在考察跨国公司公共关系时，本章还概述了跨国公司与社会之间相互作用的公共关系实践。似乎如果忽视了组织对这些利益相关者的影响，就很难完全理解在更广泛社会中组织和各种利益相关者之间的关系，反之亦然。很明显，大多数公共关系从业人员在某种类型的组织内发挥职能，他们在支持本组织实现其盈利目标和满足更广泛的社会需求方面也需要经常保持微妙的平衡。一方面，他们受到所属组织程序及其世界观的支配，不服从管理的从业者不太可能长久维持自己的工作；另一方面，如果从业者代表组织采取的行动对社会造成了伤害，他们也应该对此负责。如果组织打破了公共关系从业者在提高收入和履行社会义务之间所需要的平衡，那么从业者就可以发现自己处理的状况，如霍尔茨豪森所说的那样，变得"很困难，如果不是不可能"（Holtzhausen, 2000, p.93）解决。如果理论家忽视了对更广泛社会的责任，这些问题就不会得到解决；如果不考察组织中从业人员的责任，这些问题也不会得到解决。以上两方面都是很有必要的。

具有讽刺意味的是，虽然国际舞台上的研究因过于关注组织内部公共关系的结构而受到批评（Culbertson & Chen, 1996），但有些人则注意到，对跨国组织公共关系过程及其影响进行专门考察的研究并不充分（Molleda & Laskin, 2005）。确实，韦尔契奇说，"虽然所有的公司都受到了跨越国界的影响，但令人惊讶的是，我们关于跨国公司公关实践的优质出版物非常少"（Verčič, 2009, p.795）。戈尔还断言，"自我审查的过程必须包括对当今全球范围内真实公关实践的理解"（Gower, 2006, p.185）；这种调查不仅有助于指导世界各地的有效实践，还决定了实践对所在的社会产生了何种影响。

本章探讨跨国组织中的公共关系，包括公关在跨国组织中的定位，以及它在组织和广阔的社会环境之间进行协商的作用。这种研究始于现在大多数公共关系从业者在跨国公司中的工作。这引起了关于公共关系的通用/特定理论，以及这些理论如何尝试探讨跨国公司与其各种利益相关者之间的关系建构。

市场模式和大市场营销的胜利

全球化带来了复杂和广泛的社会背景,这给身处其中的机构和人员带来了巨大影响。弗里德曼(Friedman, 2002, p.3)和前世界银行首席经济学家约瑟夫·E. 斯蒂格利茨(Stiglitz, 2002, p.222)认为,全球化的力量——通信技术的融合、金融纽带、人们日益频繁的移动和互动,商业的全球化等(Robertson, 1996)——是"不可阻挡的"和"当下存在的"。其他学者,比如迈克尔索普、伍尔德里奇(2000)和潘兹纳(2009)断言,这些全球性力量是不可避免的。无论好坏,全球化都将产生普遍的影响,这些影响将在未来数十年中以这样或那样的形式持续存在。

随着这些全球性力量的聚合,阿特兹的"市场模式的胜利"也在社会中得到实现。他对此的解释如下:

> 在新的千年中,随着全球化的到来,资本主义已经成为第一个真正的世界体系:资本主义不仅最终取代了所有资本主义以前的形式,还完成了所有有意义的社会生活实例的商品化,包括用私有化的、营利性的跨国公司取代国家公共机构及其责任——从自然资源如土地和水到社会必需品如教育和医疗保健。(Artz, 2007, p.149)

市场胜利的例子在全世界都很丰富。政府投入大量资源,通过减税和其他激励措施来吸引企业(Vog & Sinclair, 1996)。各国也陷入了跨国证券交易所的竞争之中,并受到全球贸易商的影响。在这个充满竞争的世界里,它们要么同台竞争,要么远远落后(Friedman, 2000)。在全球范围内的社区中,根深蒂固的本土企业被跨国公司的品牌和建筑所取代,麦当劳和星巴克就是非常直接和明显的例子。甚至贫穷村庄中的小木屋,也被改造成了销售大型跨国公司商品和服务的广告牌。这一切都遵循美国的资本主义传统,即为股东赚取利润,这一传统正日益变得全球化(Sirkin, Hemerling, et al., 2008)。

由于其对利润的绝对关注,市场模式在公众话语中受到了情感上的指责。一些学者认为这个模式通常可以提高生活质量,并使政府和企业之间的约定成为可能(Vog & Sinclair, 1996; Micklethwait & Wooldridge, 2000)。许多学者认为这个市场模型是有问题的(Hutton, 2001)。他们认为这种模型虽然为精英阶层带来了财富,但同时在富人和世界上日益增多的穷人之间制造了更大的裂痕。正如斯塔克和克鲁克贝格所说,现在的企业"更加关注眼前的(金融)利益,而非企业自身的未来福祉和生存环境"(Stark & Kruckeberg, 2001, p.55)。结果,世界各地产生了更多不稳定性因素和敌对行为(Micklethwait & Wooldridge, 2000; Panzner, 2009)。

第七章
对通用/特定公共关系理论的批判：缩小跨国知识差距的需求

随着市场模式的成功，营销部门被提升为组织战略的核心，它与销售部门合作，直接促进消费和经济收益。由于追求即时的经济收益成为企业的首要任务，随着消费市场竞争的加剧，在组织的权力范围内，市场营销增长更快。赫顿（Hutton, 2001）称这种扩张为"大市场营销"，即加强、扩展和保护品牌在全面的营销和传播中的角色。

赫顿认为，在过去20年左右，市场营销进行了"重新包装"，并将内部营销（曾被视为员工关系）、危机营销（危机沟通）、公益营销（问题管理）和现在的关系营销（公关以前的本质）纳入自身。尽管大市场营销在许多组织中承担了公共关系的专有责任，但它忽略了诸如环境监测、边界跨越和关系建设等公共关系领域的重要贡献。赫顿将这些扩大的营销角色视为一种自然演进的结果，认为这仍然是处在商业战略和学术边缘的公关行业所未能填补的空白。他警告说，"营销本质上将自己重新定义为公共关系……许多公共关系从业者和学者甚至没有意识到这一趋势"（Hutton, 2001, p.211）。

由于公共关系行业传统上注重与所有利益相关者群体的关系，不仅仅局限于消费者，因此该行业的从业人员或许处于最有利的位置，能够帮助缓解由市场模式引发的敌对行为——特别是那些针对远程的、以利益为导向的跨国公司的敌对行动。然而，具有讽刺意味的是，公共关系从业者似乎放弃了在解决这些战略问题上应扮演的角色，转而支持市场营销，只向利益相关者传播信息。例如，行业文献包含营销类型词语，如"进入品牌营销的餐桌"（Bush, 2007, p.30）。此外，从业人员通常优先考虑培养"与产品或服务宣传或推广有关的组织的形象或声誉"（Heath, 2001, pp.1-2）。事实上，有人辩称，许多公关公司"把为客户提供廉价广告样式视为一种担忧，它侵蚀了除了获取媒体报道，公关应该关注的所有信息"（Ehling, White, & J.Grunig, 1992, p.366）。这些观点得到了行业协会的印证，协会的重点是提供策略训练与强调策略思考和策略沟通的高校公共关系课程。结果是，"学生毕业后很少或根本不了解他们的工作可能对目标群体产生怎样的影响"（Macnamara, 2006, p.9）。

由于公共关系行业对大市场营销的支持，它的传统战略角色往往是由其他领域的专家承担。哈罗德·伯森注意到首席执行官们希望他们身边的人可以提供解决问题的专业知识。而其中的公共关系从业者越来越少。他解释说：

> 在影响员工的问题上，人力资源部门和人力资源顾问正在挤占我们公关专业人员一直认为的"我们的地盘"。多年来，在许多公司中，投资者关系一直是首席财务官的职权范围。管理顾问和四大审计公司已经开始从事社会责任和品牌化工作。一般法律顾问和外部律师事务所都从事公共事务。（Burson, 2004, p.12）

如果公共关系行业要继续发挥其传统的战略作用，使组织和社会都受益，那么仅仅作为大市场营销代表中的支持职能可能并非最佳的长期策略。随着更多的组织受到更复杂的世界影响,从业者需要更广泛的互动和便利的专业知识,而不是减少对有吸引力的通信技术工具的掌控(Stark & Kruckeberg, 2001)。此外,当公共关系人员放弃其关系建设的角色,并脱离解决问题的专业知识时,不仅公共关系行业本身会受到损害,而且在国际舞台上,跨国公司应对敌对行动的能力也会被削弱,企业与其利益相关者之间互利关系的协商能力也被削弱。

改变准则以满足社会需求

市场模式的胜利促使跨国公司向规模更大、实力更强的实体扩张,其中大市场营销是增压器,帮助它们以空前的方式增加消费者。由于这种关注,即使大市场营销世界观具有新的关系营销功能,也没有能力应对跨国组织对其经营的社会所承担的义务。大多数组织都有一种由内而外的心态,以输入、生产和输出为中心;因此,这些组织传达给公众的任何理念都自然而然地关注如何管理与协调利益相关者以帮助组织蓬勃发展。市场营销将这种想法延伸到如何在全球范围内以最高效率和尽可能少的中断来推动产品的推广。所有"关系建设"的目的都只是为了最大限度地扩大营销,推动一个更大的客户群的建立(Wakefield, 2000)。

然而,正如希斯所解释的那样,公共关系学者更感兴趣的是公共关系如何帮助"降低冲突成本"而不是"产生市场份额和收入"(Heath, 2001, p.2)。在这些方面,公共关系成为解决问题的一个因素,它需要以一种能够同时造福于社会和跨国组织的方式来承担社会义务。这是一个复杂的过程,需要培养关系以加强相互间的责任,同时还需要进行环境监测以了解社会中的元素,并影响组织行为或受到组织影响(J.Grunig, 1992)。这里的问题是,这些责任是否能够通过地方性的互动得到最佳实现,还是需要通过公共关系专业人员的全球合作来实现,还是两者兼而有之才能达到最佳效果?

一些学者和商业高管拥护全球化,梅纳德认为全球化是根据当地消费者的需求对产品进行定制和营销。"全球本土化,"他写道,"建议与他们所在的每个国家的规则和条件相适应。全球本土化代表了跨国公司同时对全球性和本地性的需要"(Maynard, 2003, p.57)。罗伯逊描述了全球本土化:"同时,这也在某种意义上促进了产品向符合特定市场口味需求的标准化发展。"(Robertson, 1996, p.224)有全球本土化心态的跨国公司将权力下放到各个地方,这些地方无论是处于特定的行业,还是位于不同的地理位置,都拥有各自独特的市场定位。无论采用哪种方式,这一过程始终强调在世界各地分散的产品和服务应当被纳入同一个以效率和利润价值为导向的组织保护伞。

许多跨国公司已走进东道主社群,为建设基础设施和提供基本的商品和服务做了很多工作;然而,它们经常激起该社群的敌意。有时,敌对行为的出现并非其他原因,而在于跨国公司是外部势力——在许多情况下,外部势力体现了西方的主导地位(Bardhan &

Patwardhan, 2004）。莫利指出，"跨国公司的残酷崛起（已经）对当地社群构成了一系列威胁，或者至少被认为是威胁"（Morley, 1998, pp.30-31）。这些威胁已经推动了世界各地"反公司行动主义"的兴起。在某些情况下，许多公司不得不调整原来的目标，大幅改变它们的政策（Klein, 2000, p.366）。

通常，当公司跨国扩张时，它们会向政府寻求自主权，并希望政府能够按照自己的愿望进行干预（J.Grunig, 2006; Mintzberg, 1983）。从公共关系的角度来看，霍尔茨豪森正确地指出，组织"比其所期望或感知的更自治，因此，组织对于环境要素的应对是不可避免的"。正如她概述的那样，自主的世界观"对于组织利益的提高超过了对于积极分子和其他社会成员的利益"（Holtzhausen, 2007, p.359），并规定组织只需勉强与社会互动。在这种情况下，组织忽视了一个危险的事实，即其被强制要求像其他公民一样，对其所在的社群和社会负责（Stark & Kruckeberg, 2001）。跨国公司尤其如此，它们的存在，在任何特定的国家都是一种特权而不是一种权利。

公共关系从业人员应缩短企业品牌提升的全球需求与其利益相关者和社区的期望之间的不可避免的差距，无论他们位于何处。这种差距只能通过认真培养长期关系来弥补（Hung, 2007）。农夫为了获得丰厚的产量付出努力，但此后，他们必须祈求自然来确保丰厚的果实。这种关系的性质，是实践者培养的，他们了解人的动态本性，并知晓在真正实现互惠互利的过程中，恰当地给予与接受是不可或缺的。正如希斯指出的，真正的社区只有通过协同培养"许多互补和相互竞争的观点的共识或分歧"（Heath, 2001, p.7）——其中只有一个是设在该社区的跨国组织。但是，需要资深公关从业者（而不是营销人员）来进行这些谈判并建立关系——这恰恰是其他领域所缺失的人员类型。由于多文化、国际的、社会政治环境的复杂性增加，这个角色需要对全球领域更多的专业知识进行深入理解。

国际/跨国公共关系的理论基础

缩短组织和社区需求之间差距的理论命题之一是公共关系和传媒管理中的卓越理论（J.Grunig, 1992），它建立在双向对称的公共关系模式上（J.Grunig & Hunt, 1984）。在其他理论中，公共关系需要在本组织的主导联盟中服务（J.Grunig, 1992）。在公共关系方面，优秀的理论主张弱化大型和富裕组织看似固有的权力。这一命题的提出者批评典型的公共关系做法是不对称的，主要是为了增强和传达组织的权力。不对称的世界观认为，"组织可以通过传播获得巨大的影响力"——影响利益相关者对组织需求的行为变化——但J.格鲁尼格认为"这些影响很少发生"（J.Grunig, 1992, p.10）。相比之下，双向对称模型被视为运用"对话来管理冲突，增进理解，建立与公众的关系"。通过对称模型，可以说服组织和公众改变原本的行为（J.Grunig, 1992, p.39）。换言之，关系是这个理论命题的关键，J.格鲁尼格（1992）认为，公共关系从业者加入主导阵营是为了确保各组织与其利益相关者建立互惠互利的关系。

双向对称模型及其在主导联盟中的公共关系定位受到了广泛关注（Curtin & Gaither, 2005; Holtzhausen & Voto, 2002; Murphy, 1991; Pieczka, 1996）。许多人批评了这种模式，特别是在全球化的背景下，这表明跨国公司放弃巨大的权力，与其公众建立平等的关系是不切实际的（Holtzhausen, Petersen, et al., 2003）。在这种情况下，关系的管理被视为包含虚伪和操纵的元素（Stoker & Tusinski, 2006）。墨菲（Murphy, 1991）辩称，当至少一方专注于自己的需求，而不愿意向另一方让步时，很难使关系持久。J.格鲁尼格（1992）认为这种操纵是不对称公共关系的本质，批评家们也用对称的概念表达了类似的担忧（Roper, 2005）。

但如果我们认为新的全球通信技术有助于权力钟摆偏离公司利益呢？斯塔克和克鲁克贝格（2001）认为跨国公司正在变得更加强大。弗里德曼（2000）断言，问题群体现在能够更好地向大型组织施加压力。霍尔茨豪森（2007）建议行动主义提供民主抵抗，这对于多元社会的长期发展非常重要。社交媒体为个人和团体提供了监测跨国公司行为的手段，并使他们团结起来向那些群体认为错误的事情施压（Friedman, 2002）。因此，跨国公司可以被追究责任，并被要求证明其对社会的合法性。正如梅茨勒（Metzler, 2001）所解释的，"合法性是基于组织的行动和对其负责任的沟通；它不仅仅是外在和适应变化的（或推出产品或服务）。作为问题导向的公众……加强对组织的审查……直接的组织合法性争议将变得更加普遍"。

这一讨论凸显出大公司之间的紧张关系，以及社区对每个人追求自身发展权利的日益增强的支持。跨国组织面临的一个相关紧张点在于需要平衡中央控制与其运营过程中所涉及的各种社区之间的相互作用。公关人员不把自己包装成销售人员，而是拥有斯塔克和克鲁克贝格所谓的"跨文化素养"（Strack & Kruckeberg, 2001, p.58），他们应该能够通过高度互动的、横向单元——全世界公共关系单元——在任何"自上而下"方式中都不受控制，但世界各地的每个从业者都有机会来影响公共关系的决定（Wakefield, 2001）。

通用/特定公共关系理论

在这里，通用/特定公共关系的理论变得尤为重要，因为它提供了探索和解决这些紧张关系的途径。以下几点非常重要：理解理论的目的，了解目前围绕它的研究是如何落后于其目的的，以及理论如何重新审视或复兴——不帮助跨国公司传播单向信息，但保护它们不受自己的错误的侵害。

通用/特定公共关系理论被设想为一个框架，用于观察当地环境中的变量或因素，这一框架可以理想地指导跨国组织，特别是在企业中的公共关系（Wakefield, 1997）。在20世纪90年代初研究开始时，卡尔伯森和陈（Culbertson & Chen, 1996）就已经注意到全球公共关系环境中有两条研究轨道：比较或研究国家对国家的做法，以及国际或专门研

第七章
对通用/特定公共关系理论的批判：缩小跨国知识差距的需求

究国际组织内的公共关系做法。他们指出，以后者为重点的研究在当时实际上是不存在的。鉴于跨国公司数量不断增加，需要开展这类研究以指导公共关系工作。通用/特定理论正是这种研究的开端。

在某种程度上，通用/特定公共关系理论是一个扩大公共关系研究的基础，其中包括双向对称概念（J.Grunig, 1992）。因此，该理论基于一个明确的预设，即优秀的公共关系通过与世界各地利益相关方的对话协助组织维护名誉。由于当时对国际公共关系的描写甚少，这一理论表述借鉴了国际发展管理、比较业务和市场营销等其他领域。从这些领域可知，当组织将业务扩展到世界不同地区时，其必须了解总部的协调情况，并认识到在总部以外的每个市场什么是重要的才能取得成功（Brinkerhoff & Ingle, 1991）。这是一场关于标准化与定制化的辩论，通常这些概念被表述为极性对立。一些学者声称，为了维持该组织的使命、效率以及它在服务、产品或信息方面的一致性，一切事务都必须集中处理；另一些人则认为，文化价值、政治制度和其他因素是不一样的，这排除了任何对集中控制的要求（Adler & Doktor, 1986）。

在对这一理论进行研究时，有两件事似乎显而易见：首先，其他领域的概念可以适用于公共关系；其次，有效国际组织的解决办法不是极端的，有时候是折中的。它要求兼顾中心任务的执行与持续性，同时重视与当地关系的建设。蒂姆·特拉弗斯希利（Tim Traverse-Healy, 1991）是欧洲公共关系的老手，他曾提出过这种可能性。美国学者卡尔·博坦（Carl Botan, 1992）已经提出了可能影响国际健全的各种当地因素。在此基础上，一些学者提出了公共关系的一般/具体理论：一般理论侧重于组织的整体框架，具体理论则关注影响跨国组织及其公共关系活动的地方因素。最初的研究包括两个项目：在马里兰大学（Wakefield, 1997）为论文而进行的德尔菲研究，以及研究通用/特定斯洛文尼亚原则，以评估这些原则可在多大程度上适用于西方语境之外（Verčič, L.Grunig, & J.Grunig, 1996）。

在研究的最初阶段，重要的是要清晰地区分研究意图。鉴于美国、加拿大和英国在多个领域已经取得了优秀的研究成果，当前的一些研究项目便致力于搜索和验证这些国家所遵循的成功原则。这种研究使用演绎推理的方法，使某些"真相"在新的条件下被进一步验证（Severin & Tankard, 2001）。在这种情况下，卓越原则建议高级从业者应处于主导联盟中，一般理论认为，在一个优秀的跨国组织中，每个市场的从业者都应该属于当地的主导联盟；在卓越原则建议该功能与营销分开的情况下，同样的通用变量也会被提出。有人认为，如果三个国家已经支持了卓越原则的变数，它们也可能在别处适用。事实上，20多个国家的德尔菲研究表明，与除多样性之外的所有变数都一致（多样性在研究中被定义为包括妇女和任何其他少数群体，他们不是任何特定社会主流的一部分），市场之间过多的差异使其不可能达成一致（Wakefield, 1997）。

另外，对特定变量的研究更是一种探索。由于在这一点上缺乏关于国际公共关系的理论，这部分的研究使用归纳推理的方法，旨在通过探索来构建理论。为了收集围绕特定变量的数据，研究人员博坦（1992）提出以下因素会影响不同市场的公共关系研究：文化、政治制度、经济（发展水平）、积极行动和媒体结构的潜力。但这一理论的提出者从来没有低估过"其他变量，或以前引用的变量的局部变体"的可能性，"需要识别并集成到……文献"（Sriramesh, 2007, p.508）。

在某种程度上，一般的演绎逻辑和归纳推理的区别使得对跨国公司及其运作的社会研究成为可能。换言之，一般的演绎逻辑关注的是组织哲学和公共关系的结构；相反，具体理论则主要探讨不同地方的环境因素如何影响组织的动作。因此，聚合处方（即通用的理论框架）不会完全准确地描述具体领域中的实际情况。与大多数德尔菲研究一样，1997年德尔菲研究（Wakefield, 1997）的目标是分享世界各地的公共关系专家的哲学观点和思想，以了解这些观点对实践产生的不同影响，以及公共关系单位应如何应对这些影响。

早期的德尔菲研究并非没有缺陷。首先，其命题包含西方的偏见，这可能是因为答卷人是外来人。这些概念的提出旨在揭露并减少在覆盖20个国家的研究中可能存在的偏见。但这个过程也有它的问题。例如，用于识别专家的雪球样本在德尔菲研究中是合法的（Delbecq, Van de Ven, et al., 1975; Verčič, van Ruler, et al., 2001）；但是，当每个国家只有一个或两个受访者时，这些受伤者就不能作为他们国家公共关系实践的代表。其次，德尔菲研究使用的是英语，这可能已经排除了一些"真正的"专家。此外，由于交流过程中使用的是英语，这可能导致对问题的误解，或使母语非英语者难以充分表达自己的想法，从而造成了问题。最后，由于受访者由认识他们的美国学者招募，可能会有一个内置的"小组认为"的偏见，导致人们的意见紧密相关且相互影响，尤其是因为他们可能都来自相同的专业或学术协会（例如，人们已经倾向于双向对称公共关系的想法）。这预示着德尔菲和斯洛文尼亚的研究只是对跨国组织公共关系的探讨。

可悲的是，随后的研究并没有为通用/特定公共关系理论提供更多的洞察力。到目前为止，对这个题目的多数调查分为两个版本：《全球公共关系手册》（Sriramesh & Verčič, 2003, 2009）以通用/特定公共关系理论为框架，两个版本共包含对24个国家公关实践的考察。这些章节有助于构建知识的主体框架，但大多数并未深入研究这些描述对在不同国家运作的跨国组织意味着什么。除两个专门审查跨国公司的章节外，这两个版本还载有一节考察政府、联合国和公共关系公司的公共关系问题。在其中的一章中，韦尔契奇概述了跨国公司从业者在努力组织和开展公共关系活动时所面临的挑战与机遇。他看中了这个大纲对于该领域的重要性（和我一样），因为"企业公共关系在世界舞台上是公共关系中最好的先驱，它需要更多的工作处在更复杂的环境中。因此，学习最好的公共关系，我们需要关注跨国企业公共关系"（Verčič, 2009, p.804）。这一章是为数不多令人深思的关于通用/特定公共关系理论的实际意义的论文之一。同时，整本书都是研究这一理论的一个重要开端,但还需要更多的指导,帮助那些公共关系工作者跨越社会政治和文化的界线。

文化的影响

文化是通用/特定公共关系理论中最重要的元素之一。尽管存在其他特定的变量,但文化往往作为社会基础,促进这些因素。例如,政治和生态系统通常来自文化系统、媒体系统,而且激进主义也受到文化的强烈影响。例如,在日本,媒体访问通过一个高度互联的新闻俱乐部系统获得了独特的授权,由于它扰乱了社会和谐,所以行为主义并不受鼓励。文化素养对于有效的公共关系实践至关重要,因为"文化影响社群并受它影响",并且"因为公共关系本质上是一种传播活动,它是合乎逻辑的结论,即文化影响公共关系"(Sriramesh, 2007, p.509)。因此,当通过通用/特定公共关系理论的概念来确定对一个全球实体的具体影响时,文化是最先浮出水面的(Verčič, et al., 1996; Wakefield, 2000)。

然而,自通用/特定公共关系理论的概念出现以来,全球媒介环境发生了巨大变化。例如,互联网已经兴起、扩展并商业化,同时迎来了社会化媒体。在这些平台上,个人的想法、声明、视频往往匿名发布,却能产生戏剧性的全球影响。但是在这些平台上,互联网就像以前的所有技术一样,是一种工具;它是人们用来与他人交流、与周围世界建立联系的一种机制。这些交流所产生的价值可以是多种多样的,因为它们是相似的,而且大多数都深深植根于文化之中,是缓慢变化的(Newsom, Turk, & Kruckeberg, 2001)。许多学者注意到,世界似乎通过技术与其他手段汇合,不同的文化社会通过缩减和保护自己的传统来应对这些变化(Wakefield, 2000; Panzner, 2009; Robertson, 1990)。全球化推动了沟通方式的深刻变革,扩大了跨国组织的影响力,公共关系学术和实践也同样在转变,以了解和适应这些全球力量。在文化如何影响组织以及组织必须做什么才能与文化社区进行恰当的互动方面,情况尤其如此。

应该很少有人认为,今天文化对公共关系实践的影响和通用/特定理论的概念一样强烈。关于公共关系方面的优秀项目,斯里拉梅什和怀特写道,"公共关系从业者必须对其受众的文化异质性保持敏感……结果将是促进一个文化上更丰富的行业的增长"(Sriramesh & White, 1992, p.611)。然而,最近,斯里拉梅什遗憾地表示,"不幸的是,到了21世纪,我们的希望还没有实现"(Sriramesh, 2007, p.507)。他补充说,"21世纪已经发展为全球化的世纪。在这种环境下,各种文化的人民越来越相互依存。但可悲和令人震惊的是,几乎在许多学科,包括公共关系学科中,文化的概念都是事后才有的"(Sriramesh, 2007, pp.521-522)。

斯里拉梅什可以找到认同文化仍然影响公共关系实践的人。杜尔利和加西亚断言,"全球交流从业者需要全面了解他们将遇到的许多不同的文化"(Doorley & Garcia, 2006, p.243）。纽瑟姆等人补充说，"今天的全球环境要求对文化差异有更高的敏感度，特别是考虑到即使是针对本地市场的公共关系努力也能产生国际影响"（Newsom, et al., 2001, p.650）。他们解释说，"文化和传统决定了沟通的方式，并导致了某些类型的行为。传统植根于价值观。这些传统对道德问题有着强烈的影响，而道德问题沟通和其他商务方面占据着重要地位"（Newsom, et al., 2001, p.652）。

文化无疑是影响跨国公司公关实践的一个关键因素，但一系列重要的问题是，组织内部应如何应对这种文化影响？组织是否应该将生产放在核心地位，以便进行全球监测并培养文化影响力？还是应继续在地方层面处理这些影响？或者应采取两者相结合的策略？

斯里拉梅什提出了一个关于组织平衡与文化紧张之间关系的有趣的辩证观点。一方面，他若有所思地说，"我不知道是否应该再将'国际公共关系'或'全球公共关系'作为一个专业去谈论，因为即使是'国内'公众也在全球化的推动下变得越来越跨国界和多元化"（Sriramesh, 2009, p.xxxv）。然而，似乎是与自己先前的发言对比，他强调采取特定文化立场的重要性，指出在不同国家或地区，组织所遇到的文化差异被视为影响有效决策的关键因素之一。他写道，在"迅速全球化的世界中，我们的领域将（仍然）忽视文化本身的危险"（Sriramesh, 2007, p.507）。这些主张看似自相矛盾，但反映了我们不断变化的世界的巨大辩证复杂性，这些变化对公共关系及其理论建构过程产生深远影响，其中也包括对通用/特定公共关系理论的影响。

全球力量与文化根源之间的紧张关系

在构想通用/特定公共关系理论时，文化的影响被认为主要适用于国家层面，这一观点沿着霍夫斯泰德（1980）地标性的研究路径，将国家和文化等同起来（参见考特赖特、沃尔夫和巴尔德温，以及肯特、泰勒撰写的部分）。批评霍夫斯泰德的学者指出，不同的文化也存在于国家内部（Adler & Doktor, 1986）。当时，很少有人写关于种族群体跨越国界的文章。然而，从那时起，已经涌现出许多相关研究。在这方面有趣的出版物之一是科特金（1993）写的《部落》一书。

科特金（Kotkin, 1993）认为，人口众多的族裔群体已分散在世界各地，将共同的起源、价值和共同的进步信念结合在一起。阿帕杜莱（Appadurai, 1990）也观察到了这些散居现象，即全部种族人口以武力或自愿的方式从他们的家园迁移到其他地点。科特金（Kotkin, 1993）认为，这些文化社区之所以能茁壮成长在他们的新土地上，是因为他们继续保持着牢固的联系，无论他们在哪里定居，他们都会相互支持。同时，他们通过同化许多新遇到的文化习俗和行为来适应他们的新社区。在美国，许多人认为这是旧的"熔炉"概念，移民"以放弃一些文化特色作为交换，同化到主流文化"获得"美好生活的承诺"（Ogan, 2007, p.312）。

其他学者对看似容易的种族转移（Kramer & Ikeda, 2000）持怀疑态度，转而提到加

第七章
对通用/特定公共关系理论的批判：缩小跨国知识差距的需求

拿大和其他国家"色拉碗"般的多元文化环境。似乎很明显，许多族群在他们的新家园中所采用的是更肤浅的文化装饰——至少对一些新的食物、衣服和娱乐以及对文化的其他方面进行浅尝辄止的享受。然而，正如奥根所说，"这些群体中没有一个真正（被）完全同化"（Ogan, 2007, p.312）。他们经常坚守"家"的价值观和风俗，有些人甚至保留了几代的母语。文化的真正融合——一些学者称之为文化杂糅（Ogan, 2007）——往往发生在后代之中，这时才开始显现真正的文化交融。

然而，这些文化的分散已经对许多社会造成了重大的经济、政治和社会文化影响。一方面，民族分散促进了更多的多样性，带来了积极和消极的后果。许多移民团体都在寻找自己的媒体内容，这使得许多国家的媒体内容更具多元性。在美国，西班牙语媒体占据了大约10%的媒体浏览时间。韩国和中国的肥皂剧已经在日本（曾经的敌人与当前的文化和经济竞争对手）流行起来，还风靡其他地区，中东的媒体内容也已经蔓延到欧洲和美国（Tunstall, 2008）。其中一个负面影响是国家内部和国家间产生了更大的冲突。最近的一个例子是2009年的伊朗选举，当时伊朗后裔在世界上100多个城市举行抗议，他们发送和接收来自德黑兰亲友的推特和脸书的资料，并鼓励他们的政府向伊朗领导人施压，要求他们重新审视选举结果并改善国内人权状况（Cnn.com, 2009）。马丁和中山指出，"文化不是稳定和有序的，而是竞争群体为各种意义而斗争的场所"（Martin & Nakayama, 1999, p.7）。

跨国公司正面临着日益复杂的多元文化环境带来的挑战。例如，其不再能计划以简单的地理术语与任何一个种族社区建立关系（Pal & Dutta, 2008）。文化也在其他方面展示着自己，例如通过阶级差别。坎特（Kanter, 1995）区分了很少远离自己家园、依附当地根基的人与"世界主义者"——拥抱全球社会、在不同文化和国家之间移动的人。这些世界主义者后来被归类为"国际商业阶级"（Artz, 2007, L'Etang, 2005, p.524）。

跨国公司还必须考虑在全球范围内合作的激进运动，对地方和中央层面变革压力的影响。虽然文化有数以百计的定义方式，但大多数都包含社区所有成员共有的价值观、态度和风俗（Adler & Doktor, 1986）。这样的描述包括一些活跃团体，他们对不同的社会问题表示关注。帕尔和杜塔概述了一些进程，其中"活跃团体已出现，他们动员了当地和全球各地的力量，共同致力于制定全球艾滋病毒/艾滋病政策"（Pal & Dutta, 2008, p.165）。类似的团体也会联合起来反对公司，即使这些公司认为它们已经考虑到了当地的敏感性。例如，当香港迪士尼乐园开幕时，公园内有传统的婚礼，菜单上包括鱼翅汤。这种中国美食在动物保护工作者中是颇具争议的，因为捕鱼者经常切断鲨鱼鳍，然后把鲨鱼扔回海里任其自生自灭。当香港以外的活动人士听说迪士尼要将鱼翅放上餐桌时，他们向该公司施压，要求从婚宴菜单中去掉这一美味佳肴（Swann, 2008）。

在这些文化影响跨越国界的情况下，对于公司来说，采取集中的全球办法来处理这些影响似乎是明智的。正如上述迪士尼的经验、伊朗的选举以及许多其他事件表明的那样，社交媒体凭借其速度和广泛的影响力可以在几分钟内将任何问题传播至世界各地（Gower, 2006; Newsom, et al., 2001）。因此，正如韦尔契奇等人所解释的那样，需要对公共关系的定义、范围和领域采取一种全球性的视角，因为无论一个人生活在哪里，他的家乡都在全球化。因此，"本地化"（即使以美国为基础）的公共关系方法根本不充分，与我们生活的时代不同步（Verčič, et al., 2001, p.377）。

有人强调必须采取全球性的办法处理公共关系（Wakefield, 2000, 2001）。然而，由于文化的发展缓慢（Kramer & Ikada, 2000），尽管有全球化的推动，当地社区的影响并没有消失，而且很可能永远不会消失。例如，纽瑟姆等人（2001）指出，"受过国际教育的从业者必须了解政府控制其边界内发生的事情的方式"。统治者对媒体有很大的影响，无论是主流媒体还是专业媒体；他们负责制定和执行与电话、计算机、互联网等通信工具的所有权和使用权相关的法律；他们为公民开拓或拒绝社会福利；有时，他们还会通过自己的军队和警察部队将他们的意志强加于公民和组织。阿特兹还指出，即使是那些为跨国组织工作的人，他们的观点也可能与自己的文化更接近，而不是与遥远的雇主更接近。"跨国工人阶级仍然主要生活在国家层面上，政治上受国界、法律和国家强制力的约束，社会上容易受到民族主义、爱国主义和地方主义的影响。"（Artz, 2007, p.152）即使员工青睐所有的这些熟悉的范围，当然，在这些相同的社会中的其他人自然也更倾向于坚守自己的文化价值观和习俗，而不是接受那些"外来"的跨国实体（Bardhan & Patwardhan, 2004）。充其量，他们可以接纳跨国公司在那里为他们提供的就业以及给当地经济带来的收入（尽管人们很容易提出批评，认为大部分收入都回流到了跨国公司的祖国）。当地公民当然应该，并将要求这些跨国公司的理解、尊重和社会参与，但往往这种尊重和理解不是由那些只专注于营利的跨国公司给予的。在最坏的情况下，当地公民将表达对这些跨国公司的公然敌视和愤怒，认为其未能尽到对社会的责任。

组织反应

很明显，全球化和传统文化根源的力量对跨国公司产生了重大影响。在全球任何地方发生的任何事情，都可能迅速引发公共关系问题。这些问题必须在国际公共关系专家或服务机构、公司内部其他雇员，以及广泛分布的多元文化和国际利益相关者之间，进行集中协调和沟通，否则这些问题将无法得到充分解决。同时，在组织的所有地理区域或市场中，由深入了解当地文化和社会的从业人员所推动的稳固且长期的关系建设项目，不仅能够降低在该地区遭遇问题的概率，而且有助于减少这些问题对该市场乃至其他市场可能产生的负面影响。因此，为确保全球关系建设和支持联合国的最佳环境，世界各地的公共关系方案必须在全球范围内协调，但具体执行时不可一刀切地强制执行，而是要在全球视野下结合地方实际情况灵活实施。尽管全球监督至关重要，但忽视特定地理位置的利益相关者的公共关系方案将使其公司面临巨大风险。学者斯里拉梅什

（2007、2009）将这一观点视为民族主义的和不充分的，因为，韦尔契奇等人（2001）已经指出，全球化已深入地方。但这恰恰是我的观点：正是因为地方是全球化的，所以全球也是本地化的。全球—地方辩证表明，两者不能泾渭分明地分开。虽然完全本地化的做法是不充分的，但完全全球化的做法也未能充分满足跨国公司在任何经营地点进行环境监测和建立关系的需要。

大多数问题并不只是凭空出现，它们都有根源，这些根源往往隐藏在某处或某些人之间，而这些问题也往往是由这些地方或那些人精心策划的。一个组织应该在任何地方都有传感器——不仅在总部，还有区域办事处，或者只是在特定的地方——以降低问题突发给实体带来意外冲击的风险。一个实体应该寻求和培养长期的对话关系，并对其社会负责。那种将大市场营销看成向另一个地点发送信息的做法，可以通过减少工作人员来提高效率；将公共关系视为一项好的保险政策的企业心态，会促使每个单位都配备合格的扫描仪和关系建设者。这种跨领域的协同效应为企业在全球社会中取得长期成功提供了最好的机会。

公共关系从业者是否做好了充分准备来了解这个全球化的世界，并成功地实施准备和应对计划？公共关系理论是否有助于实现这个目标？如福斯特（1998）和韦尔契奇（2009）观察到的，当今跨国公司面临的主要公共关系挑战之一是合格的从业人员不足。合格从业者所需要的主要技能之一是跨文化理解和沟通能力。斯塔克和克鲁克贝格建议，"这是最必要的条件……全球社区是跨文化交流。我们的主要目标之一应该是促进目前和未来从业者之间的跨文化素养"（Stark & Kruckeberg, 2001, p.58）。杜尔利和加西亚补充道，"为了充分理解全球企业沟通的实践，我们不仅要了解公共关系和公司沟通的基本原则，还要借鉴广泛的全球社会理论、文化理论、管理理论和沟通理论"（Doorley & Garcia, 2006, p.243）。福斯特（1998）还解释说，"熟练的国际从业者需要有广泛的知识和对世界的好奇心……他们通常精通几种语言"。但是，国际公关专业人员中最优秀的一个品质是承认某些跨文化差异，并能够调整这些差异。

结论：跨国公共关系与另类视角

本章试图审查跨国组织中所实践的公共关系，重点是跨国公司中的公共关系。我们聚焦于这个既复杂而又充满未知的公共关系领域，考察国际公共关系理论——通用/特定公共关系理论——的实际效用，该理论是指导从业者的一个学术尝试。响应库尔伯森和陈（1996）的呼吁，更多强调跨国公司内部的公共关系实践的研究，通用/特定公共关系的理论旨在从组织视角出发进行研究。然而，仅从组织内部考察组织行为是远远不够的，我们还必须正视并深入研究这些行为对周围社会的影响，以及这些社会的价值观和行为模式如何反过来影响组织。由于这些影响是相互关联的，因此必须让各组织和社会相互满意。不幸的是，在全球舞台上，跨国公司与它们经营的各个社会之间的权力天平往往偏向于那些规模庞大、实力雄厚的组织，这些组织拥有巨大的资源和影响力。这种不平衡状态滋生了怨恨，跨国公司更有责任成为促进双方相互理解和满足的调解者，为其提供必要的帮助。

公共关系从业人员在传统公关活动中经历过的关系建设，也许最能具备履行这些促进作用的能力。然而，正如前文所说，公共关系行业似乎正在摆脱传统的战略促进角色，转而支持（象征性和字面上的）大市场营销，其中单向的消息传递战胜了与公众的互动和倾听公众的必要活动，并有助于减少对强大跨国公司侵入全球各地市场的恐惧和担忧。因此，当组织内部缺乏能够有效与利益相关者进行互动和回应的个体时，这些恐惧情绪可能会进一步升级，从而引发更多的敌对行动。

这本书讲述了全球公共关系环境中的不同观点，并试图为当前的思考和研究注入新的见解。本着这一精神，我们必须再次指出，通用/特定理论的制定始于试图在公共关系实践中提供另类观点。虽然并非总是这样，研究应该从其本质出发，提出新的观点和概念。通用/特定公共关系理论的提出者试图通过在美国以外的地方尽可能地推动他们的研究，将这些广泛的国际观点引入这个理论体系。

例如，上文提到的德尔菲研究试图让来自20多个国家的学者和资深从业者参与研究（Wakefield, 1997）。早期研究者也进行了与该理论有关的案例研究，首先在斯洛文尼亚（Verčič, et al., 1996），然后在其他国家（Sriramesh & Verčič, 2009）。事实上，通用/特定公共关系理论并非完全受限于美国观点，该理论在美国以外地区的许多调查中找到了框架（Sriramesh & Verčič, 2009）。

然而，影响跨国公司公共关系运作的其他观点仍然十分重要（Molleda & Laskin, 2005）。例如，在探讨文化对国际和跨国公共关系实践的影响时，需要组织大量的研究。这种研究必须基于更多的视角。在某种程度上，许多关于各国公共关系状况的描述性研究是有益的；但是，更多的研究必须开始对在各东道国经营的跨国公司的公共关系做法进行更深入的考察。正如韦尔契奇（2003）提到的，跨国公司内的公共关系实践往往代表了公共关系行业中最具创新性和战略性的因素，需要在国家和文化边界内外进行大量的协调、分析和思考。在这种情况下，进一步在全球范围内研究全球互动与具体关系建构的实践，将会是极为有益的。

另外，其他见解也将有利于通用/特定公共关系理论。例如，一个核心的观点聚焦于跨国公司中的东道国从业人员。通用/特定公共关系理论主要在全球化倾向中创立；换言之，人们寻求理解的问题是：在跨国组织中，影响公共关系的适当结构、过程和因素是什么？该理论旨在研究各种"局部"因素对组织的影响，并最终认识到让世界各地的从业者参与组织决策的好处。然而，未阐明的是，如何深入理解这些具体变量，以促使全球实体更加高效运作。

虽然整体框架对于在全球范围内指导有效的公共关系实践至关重要，但它们仍然代

第七章
对通用/特定公共关系理论的批判：缩小跨国知识差距的需求

表了一种可以称为由内而外（或从总部向外）的观点。我们应该正视并研究这些内部框架如何真正影响东道国从业者进而又如何反作用于本地化活动和东道国从业人员。例如，在什么情况下，当地从业者不仅不同意某些决策，而且会认为这些决策与他们的本土文化相悖？即使东道国从业者被允许在自己的环境中调整和适应全球信息和实践，他们仍可能感受到全球决定和程序的限制，从而对其产生不满。这些限制和怨恨如何影响他们自己的决定和活动？因此，要更全面地理解跨国公司中的公共关系有效实践，需要从东道国从业者的角度出发——这是一个由外向内的视角。这些额外的视角将有助于我们加深对通用/特定公共关系理论的理解。

问题讨论

1. 通用/特定公共关系理论与本书中提出的其他观点有何异同？
2. 跨政治和文化边界的公共关系实践应该被称为全球公关、跨国公关、国际公关还是跨文化公关？这些术语有什么区别和联系？在公关实践中分别有什么哲学内涵？
3. 本书对公关理论批判研究的必要性有重要论述。本章作者是否提供了足够多的对通用/特定公共关系理论的批判，还需要剖析更多吗？若需要，应该以何种方式剖析？
4. 作者提到卡尔伯森和陈关于国际公共关系和比较公共关系的区别研究，随后指出莫莱达和拉斯金认为比较公共关系研究还没有被执行的观点。你同意这个观点吗？如果同意，学者们应该如何进行国与国或文化与文化之间的比较公共关系研究？
5. 作者认为，"大市场营销"模式的拓展使跨国公司的公关人员变得越来越容易在制定和执行全球决策时忽视文化的必要性。你是否同意这一观点？为什么？
6. 作者认为，跨国公司在公共关系活动中忽视地方或全球的公共关系实践会"使公司处于巨大风险之中"。你是否同意这一观点？如果你不同意，为什么？如果你同意，跨国公司应该怎么做来减少风险？
7. 在跨国公司中，与利益相关者建立关系是最重要的公共关系活动吗？还是确保跨国公司集中精力以合适的文化方式传播信息更重要？或者它们同样重要？请举例说明。
8. 在一个迅速全球化的世界中，通用/特定公共关系理论是否仍然有用？互联网和全球化的其他因素是否使得全球与当地的原始区别不再显著？

注释

[1] 在德尔菲的研究中，语言被提出作为另一个变量，因为在跨国公司的实践中，它似乎总是与文化有关，但又对文化提出挑战。研究团队中的其他人认为将语言当作一个单独的变量没有意义

（参见韦尔契奇等人章节，1996）。

[2] 有趣的是，到目前为止，学者们已经进行了详尽的内容分析来研究国际公共关系，莫莱达和拉斯金（Molleda & Laskin, 2005）描述了这类研究，并试图填补库尔伯森和陈所提到的比较研究领域的空白（1996）。然而，作者争辩说，虽然这些研究在许多国家进行，但实际上它们并不能被归类为比较研究，因为尚未有人将它们汇总起来，以比较或对比不同的国家环境，并将它们对公共关系实践的影响联系起来。

[3] 斯里拉梅什其实是公共关系领域最伟大的倡导者，他让全世界的从业者了解并适当回应文化对实践的影响。我在这里引用的他的著作章节（Sriramesh, 2007; Sriramesh & White, 1992）值得大家一读，可以了解他对这个重要问题的感受。仔细阅读你们会发现，他的论述一点也不矛盾，反而反映了跨国界公众的多元文化复杂性。

参考文献

Adler, N., & Doktor, R. (1986). From the Atlantic to the Pacific century: Cross- cultural management reviewed. *Journal of Management,* 12(2), 295-318.

Appadurai, A. (1990). Disjuncture and difference in the global cultural economy. In M. Featherstone (Ed.), *Global culture: Nationalism, globalization, and modernity* (pp. 295-3 10). London: Sage.

Artz, L. (2007). The corporate model from national to transnational. In L. Artz & Y. R. Kamalipour (Eds.), *The media globe: Trends in international mass media* (pp. 141-162). Lanham, MD: Rowan & Littlefield.

Bardhan, N., & Patwardhan, p. (2004). Multinational corporations and public relations in a traditionally resistant host culture. *Journal of Communication Management,* 8(3), 246-263.

Botan, C. (1992). International public relations: Critique and reformulation. *Public Relations Review,* 18(2), 149-159.

Brinkerhoff, D. W., & Ingle, M. (1991). *Improving development program performance: Guidelines for managers*. Boulder, GO: Lynne Rienner.

Burson, H. (2004, October). *Is public relations now too important to be left to public relations professionals?* Annual distinguished lecture of the Institute for Public Relations, London.

Bush, L. (2007). Focusing on strategy: Moving beyond media relations and getting to the new brand marketing table. *The Public Relations Strategist,* 13(2), 30-32.

Cnn.com (2009, July 25). Global protests staged over post-election crackdown in Iran. Retrieved from http://www.cnn.com/2009/WORLD/meast/07/25/iran. world.protests/index.html.

Culbertson, H. M., & Chen, N. (1996). *International public relations:* A comparative analysis. Mahwah, NJ: Erlbaum.

Gurtin, P. A., & Gaither, T. K. (2005). Privileging identity, difference, and power: The circuit of culture as a basis for public relations theory. *Journal of Public Relations Research,* 17(2), 91-115.

Delbecq, A. L., Van de Ven, A. H., et al. (1975). *Group techniques for program planning: A guide to nominal group and Delphi processes. Glenview,* IL: Scott-Foresman.

Doorley, J., & Garcia, H. F. (2006). *Reputation management: The key to successful public relations and corporate communications.* New York: Routledge.

Duncan, T., & Moriarty, S. (1998). A communications-based marketing model for managing relationships. *Journal of Marketing,* 62(2), 1-13. Ehling,W.P.,White,J.,&Grunig, J.E. (1992). Public relations and marketing practices. In J. E. Grunig (Ed.), *Excellence in public relations and communication management* (pp. 357-394). HilIsdale, NJ: Erlbaurn.

Foster, L. (1998). Atlas award lecture on international public relations. *International Section Monograph* (Vol. 2). New York: Public Relations Society of America.

Friedman, T. L. (2000). *The Lexus and the olive tree.* New York: Anchor Books.

Friedman, T. L. (2002). *Longitudes and attitudes: Exploring the world after September* 11. New York: Farrar, Straus, & Giroux.

Gower, K. K. (2006). Public relations research at the crossroads. *Public Relations Research Journal,* 18(2), 177-190.

Grunig, J. E. (Ed.). (1992). *Excellence in public relations and communication management*. Hillsdale, NJ: Erlbaum.

Grunig, J. E. (2006). Furnishing the edifice: Research on public relations as a strategic management function. *Journal of Public Relations Research,* 18(2),151-176.

Grunig, J. E., & Hunt, T. (1984). *Managing public relations*. New York: Holt, Rinehart, & Winston.

Harris, T. L. (1995). IMC: A concept for today. *The Public Relations Strategist*, 1(4), 28-31.

Heath. R. L. (2001). Shifting foundations: Public relations as relationship building. In R. L. Heath (Ed.), *Handbook of public relations* (pp. 1-9). Thousand Oaks, CA: Sage.

Hofstede, G. (1980). *Culture's consequences*. Beverly Hills, CA: Sage. Holtzhausen, D. R. (2000). Postmodern values in public relations. Journal of Public Relations Research, 12 (1), 93-114.

Holtzhausen, D. R. (2007). Activism. In E. L. Toth (Ed.)*, The future of excellence in public relations and communication management* (pp. 357-379). Mahwah, NJ: Erlhaum.

Holtzhausen, D. R., Petersen, B. K., & Tindall, N. T. J. (2003). Exploding the myth of the symmetrical/asymmetrical dichotomy: Public relations models in the new South Africa. *Journal of Public Relations Research*, 15(4), 305-341.

Holtzhausen, D. R., et al. (2002). Resistance from the margins: The post- modern public relations practitioner as organizational activist. *Journal of Public Relations Research,* 14(1), 57-84.

Hung, C. J. F. (2007). Toward the theory of relationship management in public relations: How to cultivate quality relationships? In E. L. Toth (Ed.), *The future of excellence in public relations and communication management* (pp. 443-476). Mahwah, NJ: Erlhau in.

Hutton, J. G. (2001). Defining the relationship between public relations and marketing. In R. L. Heath (Ed.), *Handbook of public relations* (pp. 205-214). Thousand Oaks, CA: Sage.

Ihlen, Ø., & van Ruler, B. (2007). How public relations works: Theoretical roots and public relations perspectives. *Public Relations Review,* 33(3), 243-248.

Kanter, R. M. (1995). *World class*. New York: Simon & Schuster.

Klein, N. (2000). No logo: *Taking aim at the brand bullies*. London: Flamingo.

Kotkin, J. (1993). *Tribes: How race, religion, and identity determine success in the new global economy.* New York: Random House.

Kramer, E. M., & Ikeda, R. (2000). The changing faces of reality. *Keio Communication Review,* 22, 79-109.

Lauzen, M. M., & Dozier, D. M. (1992). The missing link: The public relations manager role as mediator of organizational environments and power consequences for the function. *Journal of Public Relations Research*, 4(4), 205-220.

L'Etang, J. (2005). Critical public relations: Some reflections. *Public Relations Review,* 31(4), 521-526.

Macnamara, J. (2006, September). *The fork in the road of media communication practice and theory.* Paper presented at the 4th Annual Summit on Measurement, Portsmouth, NH.

Martin, J. N., & Nakayama, T. K. (1999). Thinking dialectically about culture and communication. *Communication Theory,* 9(1), 1-25.

Maynard, M. L. (2003). From global to global: How Gillette's SensorExcel accommodates to Japan. *Keio Communication Review,* 25, 57-75.

Metzler, M. S. (2001). The centrality of organizational legitimacy to public relations practice. In R. L. Heath (Ed.), *Handbook of public relations* (pp. 205-214). Thousand Oaks, CA: Sage.

Micklethwait, J., & Wooldridge, A. (2000). *A future perfect: The challenge and hidden promise of globalization.* New York: Crown Business.

Mintzberg, H. (1983). *Power in and around organizations.* Englewood Cliffs, NJ: Prentice-Hall.

Mofuitt, M. A. (2005). Comments on special issue public relations from the margins. *Journal of Public Relations Research,* 17(1), 3-4.

Molleda, J. C., & Laskin, A. V. (2005). *Global, international, comparative, and regional public relations knowledge from 1990 to 2005: A quantitative content analysis of academic and trade publications.* Retrieved from www. instituteforpr.org/files/uploads/Falcon i_NovO6 .pdf.

Morley, M. (1998). *How to manage your global reputation: A guide to the dynamics of international public relations.* London: Macmillan.

Murphy, P. (1991). The limits of symmetry: A game theory approach to symmetric and asymmetric public relations. In J. E. Grunig & L. A. Grunig (Eds.), *Public Relations Research Annual,* 3, 115-132.

Newsom, D., Turk, J. V., et al. (2001). International public relations: Focus on pedagogy. In R. L. Heath (Ed.), *Handbook of public relations* (pp. 649-658). Thousand Oaks, CA: Sage.

Ogan, C. L. (2007). Communication and culture. In Y. R. Kamalipour (Ed.), *Global communication* (2nd ed., pp. 293-318). Belmont, CA: Thomson- Wadsworth.

Pal, M., & Dutta, M. J. (2008). Public relations in a global context: The relevance of critical modernism as a theoretical lens. *Journal of Public Relations Research,* 20(2), 159-179.

Panzner, M. J. (2009). *When giants fall: An economic roadmap for the end of the American era.* Hoboken, NJ: Wiley.

Pieczka, M. (1996). Paragms, systems theory and public relations. In J. L'Etang & M. Pieczka (Eds.), *Critical perspectives in public relations* (pp. 124-156). London: International Thomson Business Press.

Robertson, R. (1990). Mapping the global condition: Globalization as the central concept. In M. Featherstone (Ed.), *Global culture: Nationalism, globalization and modernity* (pp. 15-30). London: Sage.

Robertson, R. (1996). Comments on the "global triad" and "globalization." In N. Inoue (Ed.), *Globalization and indigenous culture* (pp. 217-225). Tokyo, Japan: Kokugakuin University.

Roper, J. (2005). Symmetrical communication: Excellent public relations or a strategy for hegemony? *Journal of Public Relations Research,* 17(1), 69-86.

Severin, W. J., & Tankard, J. W., Jr. (2001). *Communication theories: Origins, methods and uses in the mass media* (5th ed.). New York: Longman.

Sirkin, H. L., Hemerling, J. W., & Bhattacharya, A. K. (2008). *Globality: Competing with everyone from everywhere for everything.* London: Headline.

Sriramesh, K. (2007). The relationship between culture and public relations. In E. L. Toth (Ed.), *The future of excellence in public relations and communication management* (pp. 507-526). Mahwah, NJ: Eribaum.

Sriramesh, K. (2009). Introduction. In K. Sriramesh & D. Veri (Eds.), T*he global public relations handbook: Theory, research, and practice* (rev. ed., pp. xxxiii-xl). New York: Routledge.

Sriramesh, K., & Veri, D. (Eds.). (2003). *The global public relations handbook.* Mahwah, NJ: Eribaum.

Sriramesh, K., & Veri, D. (Eds.). (2009). *The global public relations handbook* (rev. ed.). New York: Routledge.

Sriramesh, K., & White, J. (1992). Societal culture and public relations: In J. E. Grunig (Ed.), *Excellence in public relations and communication management* (pp. 597-616). Hillsdale, NJ: Eribaum.

Starck, K., & Kruckeberg, D. (2001). Public relations and community: A reconstructed theory revisited. In R. L. Heath (Ed.), *Handbook of public relations* (pp. 51-60). Thousand Oaks, CA: Sage.

Stiglitz, J.(2002).*Globalization and its discontents.* London: Penguin Books.

Stoker, K. L., & Tusinski, K. A. (2006). Reconsidering public relations' infatuation with dialogue: Why engagement and reconciliation can be more ethical than symmetry and reciprocity. *Journal of Mass Media Ethics,* 21(2&3),156-176.

Swann, p. (2008). *Cases in public relations management.* Boston, MA: McGraw-Hill.

Traverse-Healy, T. (1991). The corporate aspect. In M. Nally (Ed.), *International public relations in practice* (pp. 31-39). London: Kogan Page.

Tunstall, J. (2008). *The media were American: U.S. mass media in decline.* New York: Oxford University Press.

Verčič, D. (2003). Public relations of movers and shakers: Transnational corporations. In K. Sriramesh & D. Veri (Eds.), *The global public relations handbook: Theory, research, and practice* (pp. 478-489). Mahwah, NJ: Eribaum.

Verčič, D. (2009). Public relations of movers and shakers: Transnational corporations. In K. Sriramesh & D. Verčič (Eds.), *The global public relations handbook* (rev. ed., pp. 795-806). New York: Routledge.

Verčič, D., Grunig, L.A., & Grunig,J. E. (1996). Global and specific principles of public relations: Evidence from Slovenia. In H. Culbertson & N. Chen (Eds.), *International public relations: A comparative analysis* (pp. 31-66). Mahwah, NJ: Eribaum.

Verčič, D., van Ruler, B., Butschi, G., & Flodin, B. (2001). On the definition of public relations: A European view. *Public Relations Review,* 27(4), 373-387.

Vogl, F., & Sinclair, J. (1996). *Boom: Visions and insights for creating wealth in the 21st century.* Chicago: Irwin Professional.

Wakefield, R. (1997). *International public relations: A theoretical approach to excellence based on a worldwide Delphi study* (Unpublished doctoral dissertation). University of Maryland, College Park.

Wakefield, R. (2000). World-class public relations: A model for effective public relations in the multinational. *Journal of Communication Management,* 5(1), 59-71.

Wakefield, R. (2001). Public relations in the multinational organization. In R. L. Heath, (Ed.), *Handbook of public relations* (pp. 639-648). Thousand Oaks, CA: Sage.

推荐阅读

Banks, S. P. (1995). *Multicultural public relations: A social-interpretive approach.* Thousand Oaks, CA: Sage.

Ellingsworth, H. W. (1977). Conceptualizing intercultural communication. *Communication Yearbook* 1, 99-106.

Freitag, A. R., & Stokes, A. Q. (2009). *Global public relations: Spanning borders, spanning cultures*. New York: Routledge.

Grunig, L.A., Grunig, J. E., et al. (2002). *Excellent public relations and effective organizations: A study of communication management in three countries*. Mahwah, NJ: Eribaum.

Inglehart, R., & Baker, W. E. (2000). Modernization, cultural change, and the persistence of traditional values. *American Sociological Review*, 65 (1), 19-51.

Nigh, D., & Cochran, P. (1987). Issues management and the multinational enterprise. *Management International Review*, 2 7(1), 4-12.

Rhee, Y. (2002). Global public relations: A cross-cultural study of the excellence theory in South Korea. *Journal of Public Relations Research*, 14(3), 159-184.

Sahlins, M. (1999). Two or three things that I know about culture. *Journal of the Royal Anthropological Institute*, 5(33), 399-421.

第八章
公共关系和全球边缘化
后殖民主义的批判

莫汉·吉乔蒂·杜塔和玛胡雅·帕尔

当代全球化进程的特点是跨越国界的商品和劳动力的流动日益增多，同时少数跨国公司（TNCs）掌握了越来越大比例的全球经济。在全球范围内，不同国家之间的贫富差距日益加大，全球经济的失败体现出自由市场逻辑的局限性，不断重塑的象征性表征试图重现这一自由市场逻辑的议程，并增加全球各个领域打破自由市场逻辑霸权的机会（Pal & Dutta, 2008a, 2008b）。全球化的核心是新自由主义逻辑，这是一种理论和务实的视角；主要是在自由市场的基础上为政治和经济形态提供保证，并通过私有化将政府在特定领域内的参与度降至最低，并在多个社会领域放松管制，同时对外商开放市场（Harvey, 2005）。

全球化是通过中央强大的政治、经济和社会行为体，在过去三十年中传播的新自由主义逻辑来发挥作用的，这一点以跨国公司迅速扩散为特征，巩固了一些主要经济结构的权力（Pal & Dutta, 2008a, 2008b）。这些跨国公司的利益得到了占世界主导地位的国家及自己国家的各种机构的支持（例如财政部门、中央银行），一些管理全球贸易和金融的国际组织［如国际货币基金组织（IMF）、世界贸易组织（WTO）、民间社会组织和地方精英］也将从新自由主义提供的经济和政治控制中受益（Dutta, 2009; Harvey, 2003, 2005）。跨国公司所属的国家、国际机构、公民社会和地方精英的这种配置被称为跨国霸权。面对跨国霸权手中权力和控制的全球化，贫富悬殊日益加剧，在本地乃至全球组织形式的抵制下，实现结构转型（Pal & Dutta, 2008b）。这些全球权力和控制体系的核心以及抵制这种控制的组织过程，都是公共关系实践，这些实践制造、复制和传播执行全球化议程的象征性表达和框架，并为抵制制造了机会。跨国公司、民族国家、全球性的抵制点以及公共关系实践在当代经济格局中的核心作用是帮助建构后殖民主义理论以使我们更加了解和实践公共关系。

后殖民主义理论考察了作为殖民化进程基础的象征性表征和物质关系，为解放政治提供了开端。该理论挑战了殖民时代和当代新殖民时代的压迫和剥削叙事，并创造空间去聆听那些处在低端地位的组织机构的声音，揭示掌握着知识主导权的国家机构一直以来对处在低端地位的国家机构任意符号化。而后殖民主义理论阐释的核心就是改变那些在现代化领域维持和复制殖民主义/新殖民主义议程的认知结构，把知识作为一种内在的政治实体，嵌入现代知识结构的政治、历史和地理以及它们的殖民议程。后殖民主义理论特别适用于建构公共关系理论，因为它探讨了：（1）公共关系实践符合跨国公司的利益和维护其统治地位的自由市场逻辑；（2）公共关系理论保持了以西方为中心的现代性与发展的霸权，从而促成了西方国家在全球的霸权地位；（3）低阶层抵抗政治的行为试图改变全球在知识生产、参与和资源分配方面的不平等，即使这些变革性政治的推进不断受到跨国霸权合作性政治的威胁。鉴于今天的全球化进程，即使全球结构不断寻求巩固其权力，在全球化领域的公共关系理论化中也出现了多种辩证关系（Pal & Dutta, 2008a, 2008b）。例如，公共关系的后殖民语境充斥着地方和全球的紧张关系。跨国公司的全球性政策和实践不断与分散的、相互关联的全球空间中的当地文化背景进行谈判。同样，在权力和控制的集中化，以及为改变不平等和不公正结构而遭受的阻力不断增加的过程中，紧张局势出现了。

在本章中，我们将在公共关系领域讨论后殖民主义理论的各种辩证关系。具体而言，我们考察了继续服务于新殖民主义议程的全球公共关系实践的地缘政治，以及地缘政治制度被激进主义政治抵制的方式。我们首先概述后殖民主义理论，将理论置于传播学发展长河中；然后针对近期公共关系文学批判展开讨论；接下来再对近期公共关系文学的全球化讨论进行描述；最后，从后殖民主义视角出发，批判性地探讨全球发展中当代公共关系实践的地缘政治中的权力与控制的相互作用，为抵制型政治奠定基础，而这种抵制型政治有可能破坏政治霸权的现状。

权力、控制、后殖民主义和全球化

后殖民主义理论主要通过推进现代化的进步来为全球资本主义辩护，从而把西方的主导力量与发展中国家联系起来。它通过让人们关注全球形势下在经济和政治上出现的分歧来质疑线性发展的思想。后殖民主义理论认为资本主义是以西方为中心的，且进一步探讨了资本主义世界与不平等和剥削有关的问题（Dirlik, 2000; Shome & Hedge, 2002）。全球资本主义新形式的基础是"生产的跨国化"（Dirlik, 2000, p.224），技术为生产提供了一个新的时间和空间维度，目的是寻求资本对劳动力的最大利益。处于经济活动中心的跨国公司推动了全球资本主义的新阶段（Dirlik, 2000; Miller & Dinan, 2003,

2007; Miyoshi, 1993）。

后殖民主义理论致力于发展对殖民主义和帝国主义的批判。帝国主义通常被定义为以领土占领为形式的公然强制，而这是一种经济和政治统治行为。通常来说，后殖民主义理论认为，在全球资本主义制度下，西方国家不仅在政治、军事、经济上建立了霸权，而且在文化上和思想上都试图建立霸权（Prasad, 2003）。因此，后殖民理论深刻植根于对政治、经济及文化领域的思想去殖民化的进程之中，其核心理念在于追求构建一个更为公正与平等的全球体系。

后殖民理论中的一些基本概念可以归因于几位有影响力的理论家。赛义德提出的"东方主义"概念，深刻剖析并解构了西方话语对东方文化的表征方式。赛义德认为，"东方"不是普通意义上的东方，而是被塑造成的东方，这颠覆了人们对"传统"东方的认知，进而揭示了他者如何通过语言、经验和图像的对比，在一种复杂的权力关系、统治关系及不同程度的霸权中，参与并助力西方的自我定义（Said, 1979, p.5）。

巴哈则进一步指出，他者这一概念本身即蕴含着矛盾，是"欲望与嘲笑的双重对象"（Bhabha, 1994, p.67）。一方面，殖民话语将非西方视为一个从根本上区别于西方的他者范畴；另一方面，其又通过西方的认识论体系将非西方纳入西方的视野。因此，他在探讨后殖民主体地位时，提出了"矛盾心理"的概念。赛义德还指出，西方和非西方的划分构成了关系空间的基本认识论和本体论框架，在这个框架内，西方与东方的形象被相互投射和塑造，他写道：

> 东方主义的策略正是建立在这种灵活的位置优势之上的，这种优势使西方人在与东方的一系列可能的关系中占据主动，而不会丧失其相对优势。那么，为何它不应如此运作，特别是在从文艺复兴晚期到现在的欧洲非凡崛起时期？（Said, 1979, pp.78）

西方认识论的政治经济学本质，在于它构建了西方和非西方之间的二分法，这种二分法不仅成为西方知识体系的本体论基础，还反过来被用作西方干预行为的合理化依据。

盖雅特里·斯皮瓦克（Gayatri Spivak, 1999, 2003）对构成盎格鲁—欧洲学院的学科结构和制度知识的殖民历史和地理进行了质疑，并强化了后殖民研究的变革冲动。她的学术研究绘制了一条知识轨迹，涵盖女权主义解构、马克思主义对国际劳动分工和资本全球流动的批评、对帝国主义和殖民主义话语的批评，以及在新殖民主义世界中国籍、种族和代表性政治的交叉背景下对种族的批评（Landry & MacLean, 1996）。这些具有挑衅性的作品为殖民主义和知识之间提供了丰富的理论联系。后殖民研究与地缘政治相关的种族、阶级、性别和性行为问题的接触，国家和国际历史的安排，使之与其他形式的批判性学术不同。

作为西方帝国主义的遗产，这也是世界权力关系结构的证明，使得后殖民主义的研究在全球化背景下具有相关性。全球化导致了一定程度的人口迁移、国家和经济边界的模糊、社会内部和周边同时出现的同质化与分裂以及全球和地方相互渗透等现象（Appadurai, 1995; Dirlik, 1995）。后殖民主义批判了这些现象，认为全球资本主义为了全球利益而操纵地方。德里克认为：

> 具有讽刺意味的是，这个世界形势的管理者自己承认权力集中在他们（或他们的组织）手中。而他们对民族、边界和文化的操纵，是为了让地方适应全球的发展，为了在资本领域接受不同的文化。只有按照生产和消费的要求来打破它们，甚至把它们改造成重构跨越国界的主体，才能使得生产者和消费者对资本运作更加敏感。（Dirlik, 1995, p.466）

地方不仅成为需要与全球文化同化的资本运作的操纵地点，而且成为抵抗的场所。换句话说，地方是一股复杂的力量。后殖民主义理论提醒我们，这种复杂性需要置于帝国中心，在现在和历史的时刻下进行。因此，正如乔姆和赫奇所指出的，后殖民主义的干预使得更多的"社会责任问题化的传播"成为可能，最终产生了"一个关于第三世界，另一个世界和'其他'的更公正和公平的知识基础"（Shome & Hedge, 2002, p.261）。

后殖民主义理论呼吁我们通过知识阐释中采取的积极立场来破坏跨国霸权的新殖民主义利益。鉴于在资源分配方式下权力和控制的空间性拓展，我们必须探索维持殖民主义/新殖民主义进程的"西方"和"第三"范畴的符号表征。

以西方为中心的知识体系

殖民主义/新殖民主义活动的中心是殖民化必然性的表现，它使得占领、控制和剥削等暴力行为合法化。任何殖民统治的使命，都是通过解除"原始"空间的"原始"人民的野蛮行为，通过启蒙的信息来解除"灵魂的负担"的华丽性辩护。殖民主义的存在是建立在原始和现代这种二元对立的殖民主义认识论之上的。现代化是相较于需要启蒙的"第三世界"原始空间的对照。知识体系（大学、研究中心、赠款、智囊团等）是为了实现殖民主义/新殖民主义的利益而创造的。因此，学术和营销实践的整个产业都是为了确保以殖民主义/新殖民主义为核心的象征资源和实践的生产和延续而制造的。这些做法是以发达/不发达为分界，同时以提供援助和取得进步为幌子，为殖民主义和"三分之一"的剥削做辩护的。

以西方为中心的认知方式的霸权往往是通过理性、科学和医学的语言来实现的，它们被定位为当地人非理性的对立面（Dutta Bergman, 2005a, 2005b）。在当代话语空间中，知识结构的利益与现代性的利益交织在一起。因此，知识与资本主义统治机构的雇佣军利益有着内在的联系（Dutta, 2008, 2009），并且证实了某些形式的认识，继续赞扬西方和西方制度对其他形式知识的支配。

资本主义、现代化和殖民地议程

殖民主义的核心要素之一就是占领"第三"空间所带来的经济利益。被占领的殖民地为生产现代化的商品提供了廉价的劳动力，然后卖给殖民地创造的市场，从而为殖民地机构创造利润。殖民主义的结构与资本主义制度的利益同步发展，为帝国制造的商品提供廉价的劳动力和现成的市场。黑格尔（Hegel）恰恰注意到殖民主义与资本主义之间的这种联系：

> 这样的社会（资本市场社会），被一种适合又超越自身的辩证力量推动，首先就被驱使去寻找新的消费者。因此，它试图在其他资源较丰富的国家或一般的工业国家寻找相对逊色的其他民族。关系的发展也提供了一个殖民化的手段，无论是以一种偶然的还是系统的方式，一个完整的公民社会将因此受到推动。（Beverly, 1999, p.121）

因此，殖民主义的核心是对市场的依附和与资本流动的吻合关系；它为资本主义运作奠定了基础（Marx, 1867/1965）。殖民主义为资本主义运作提供了原材料、劳动力和市场。在全球格局下，资本主义的现代主义倾向是通过主流媒介和其他传播渠道、知识体系，以及一些掩盖了跨国公司霸权利益的公共关系运动为基础的建设来传播的。

正是在资本流动的这个领域，殖民地议程与现代性和现代主义制度有着双向的关系。一方面，现代化的经济基础被殖民地议程切断；另一方面，现代性的象征性表现则通过使殖民干预显得必要和标准来为殖民主义服务。现代性是通过消费现代化机构（如跨国公司TNCs）所产生的商品和服务来实现的。因此，为了使这种逻辑永久化，殖民地的公民变成了现代制度所制造的产品和服务的大众消费者。为了服务于新帝国主义和跨国霸权的利益，发达与不发达被不断联系和调动。利润与发展的概念联系在一起，而发展为新殖民主义干预提供了理论依据，同时盈利仍然是最终目标。美国国际开发署的以下报告明确阐述了发展与盈利之间的这种自愿的关系：

> 国外成功的发展产生了扩散性的利益。它为美国的商品和服务开辟了更新鲜、更加有活力的市场。它为美国投资创造了更安全、更有前途的环境。它创造了充满秩序与和平的环境，让美国人可以安全地旅行、学习、交流和经商。它还促成了与美国共享经济开放、政治自由和法治承诺的盟国。（USAID, 2002, p.2）

这里的发展是向跨国公司开放"不发达"经济体的市场的战略工具。借助发展这一说辞，美国找到了一种干预、殖民和最终为美国的投资、商品和服务创造市场的途径。最重要的是，通过教育活动、公共宣传、政府游说、有利民间社会组织的资助、发展活动以及各种媒体关系活动，这种发展为新自由主义的传播提供了机制。

在当代全球化背景下，新殖民主义经历了从类似殖民主义旧形式的土地直接占领，到通过操纵民族国家进入新殖民主义经济议程的间接占领。当代的新殖民主义形式超越了民族国家掌握权力和控制的历史地位（从而助长了跨国霸权）。尽管跨国霸权的力量超越了传统的民族国家的界限，但民族国家仍然是相关的，因为它们在全球范围内扮演着跨国霸权的重要角色。

跨国合作、单一民族国家和公民社会

后殖民主义理论在当代全球化进程中尤其重要，因为它为跨国公司、单一民族国家、全球政策组织、公民社会以及地方精英携手共建持续性新自由主义利益奠定了理论基础。

新自由主义构架的固有之处在于保护私有财产所有者、跨国公司和金融资本的利益。因此，在最低限度的国家干预下，为了促进自由市场和自由贸易发展，推动地方、国家和全球政策的影响正势如破竹。因此，国家的作用是确保自由市场的运作，同时在市场建立之前进行最低限度的干预，以确保该市场在所谓的自由市场逻辑下顺利运作。新自由主义的悖论在于国家在确保跨国公司平稳运行方面发挥了很重要的作用。哈维对此阐述得很清楚：

> 国家的作用是建立和保持适合这种做法的体制框架。例如，国家必须保证货币的质量和完整性。它还必须建立军事、国防、警察、法律的结构和职能，以确保私人财产权，并通过必要的力量保证市场的正常运作。此外，如果市场不复存在（在土地、水、教育、卫生保健、社会保障或环境污染等领域），国家就必须根据需要采取行动来创造这些市场。(Harvey, 2005, p.2)

与建立在新自由主义基础上那些国家支持的系统和权力控制的机制背景相反，新自由主义的核心逻辑是使国家干预、解除管制、私有化和牵涉到国家责任的社会供给中断，这些都能够达到持续性最小化阶段。哈维接着写道：

> 但除了这些任务，国家不应该冒险。国家对市场的干预（一旦产生）必须保持在最低水平，因为根据理论，国家不可能拥有足够的信息来预测市场信号（价格），而且强大的利益集团将为了自己的利益，不可避免地扭曲和偏离国家干预（特别是在民主国家）(Harvey, 2005, p.2)。

值得一提的是，国家与跨国公司及其合作的概念化中所蕴含的讽刺意义。一方面，为了确保市场的建立和持续运行，国家作为一种行使权力和实施监管的机制发挥了重要作用；另一方面，在规范私营企业的营利性经营活动中，国家的作用却被忽略，致使国家成为一种殖民工具，不断地为占统治地位的社会阶层的利益服务，以获得利润和维持阶级力量（Harvey, 2005）。

全球化进程的固有特征是形成了一个社会阶层，这个阶层在全球各个领域的社会、经济和政治进程中都享有最大的权力，同时也剥夺了社会、经济和政治的下层阶级的权利（Dutta, 2009; Pal & Dutta, 2008a, 2008b）。因此，全球化的特点是地方和全球两极分化日益严重，只有少数人能够获得全球大部分资源，而大多数人都勉强维持生计。适应这种贫富差距的后殖民主义视角发挥了必要作用，使得我们在全球范围内能超越民族国家的界限来考察资源开发和控制过程的方式。同时，后殖民主义立场也要求对全球权力和控制进程进行解读，这个进程是由占世界主导地位的国家主导的，它们利用历史上在殖民地殖民化中使用的相同殖民逻辑，即发展和启蒙的殖民逻辑，来压迫和控制一些周边国家。值得一提的是，跨国公司在一定格局的国家中心集聚，并在国际舞台上持续利用国家议程和资源，以保证跨国公司的利益。

在伊拉克最近的一个例子中，美国以给伊拉克人民带来自由为借口，实施的渗透和占领（对土地的不公平占有），成为建立新自由主义梦想工程的关键一步，而这种国家项目，就是哈维所谓的新自由主义国家（Harvey, 2005, p.7），其体现了私有财产所有者、企业、跨国公司和金融资本的利益。联邦临时管理当局（该局是为了管理新占领的州而设立的）负责人保罗·布雷默发布了四项命令，包括"公营企业的全面私有化、伊拉克企业的外国公司的全部所有权、外国利润的全部汇回……开放伊拉克银行对外国控制，对外国国民待遇以及……消除几乎所有的贸易壁垒"（Harvey, 2005, p.6），以适用于所有经济领域，包括公共服务、传媒、制造业、服务业、运输业、金融业。这个任务伴随着严格的劳动监管，禁止罢工和限制工会组织的权利。所谓的言论自由和解放伊拉克人民，实则服务于美国的新帝国利益和跨国公司的政治经济利益。这是民主和自由等术语最终成为渗透和占领"第三世界"空间的理由的最好例子。

此外，在新自由主义的全球政治中，那些获得援助的民族国家同意按照国际货币基金组织（IMF）、世界银行和世界贸易组织（WTO）制定的要求来调整其经济结构。世贸组织和世界银行是确保跨国公司全球市场的主要渠道，它们不仅决定国家政策，还对这些政策施加控制，使其符合跨国公司的议程。在乌拉圭贸易和关税总协定的形成过程中，私营企业对国际政策的垄断地位显而易见，后来由Cargill和Monsanto等农业巨头组成了世贸组织。

同时，对跨国霸权的全球渗透至关重要的是，在执行跨国公司议程、开放外国投资市场、开放地方经济、私营公共部门以及创造支持跨国公司发展的公共意见过程中，均出现的民间社会组织。在发展援助的大力支持下,"第三世界"空间实施公共关系战术,以支持跨国霸权的目标。例如在智利,从1963年到1973年,美国公司、中央情报局(CIA)和美国国务卿与国内商界精英齐头并进,推动其议程。从1970年开始,其破坏了萨尔瓦多·阿连德民主选举的政府,严厉镇压左派的所有社会运动和政治组织,赞助由执行新自由主义议程的地方精英组成的社会组织,并向国外(美国)资本和企业开放国内市场(Dutta-Bergman, 2005a)。

阻抗式政治

历史上,殖民主义势力不仅在当地,更在全球范围内激起了微观和宏观层面上的抵制行为,试图挑战殖民主义的压迫,这些力量努力改变资本主义压迫性结构,这一结构限制了倾听世界各地底层发声的机会(Pal & Dutta, 2008b)。这些形式的抵制往往是在当地发生的,它们为了影响全球政治而打破国家界限。殖民主义与抗争并存,试图去破坏占统治地位的权力和控制的叙事,殖民地部队通过这种叙述来建立其压迫体系。

例如,2000年在玻利维亚的科恰班巴市,居民抗议贝克特尔的子公司阿瓜德尔图纳里高价出售私有化水(Olivera, 2004)。即使面对国家发起的企图阻挠抗议活动的行为,甚至对公民的恐怖袭击,这次的抗议活动仍在继续,最终迫使政府取消合同。同样,1997年在印度达布霍尔,妇女们抗议建设达布霍尔电厂,这是三家美国跨国公司(安然公司、通用电气公司和贝克特尔公司)(Bhavnani, Foran, & Kurian, 2003)的合作项目。正是在这些抵制实践的空间中,人们设想出结构转型的可能性,以及通过交流实现这种转变的可能性(参见本书爱德华的章节)。

全球背景下的公共关系

全球化的关键工具之一是公共关系。同时,公关行业政治经济学的构成基础之一就是全球化。全球舞台上的当代公共关系服务于跨国公司在全球市场的利益,还服务于发展工业的议程和占主导地位的民族或国家的新殖民主义形态,继续传播殖民启蒙的逻辑,以征服资源、劳动力以及商品市场。公共外交政策通过面向主要的民族国家来进一步实现和巩固新自由主义霸权手中的权力,以创造支持私有化和经济自由化的空间。基层部门的声音被系统性忽视。正是在力量集中于少数跨国公司手中这样的背景下,才想象出全球不平等政策的阻力和变革的可能性。

跨国合作和国际公共关系

跨国公司通过发展各种公共关系实践(媒体关系、社区关系、政府关系等)来控制全球决策者和公众的议程,从而在全球范围内发挥其影响力和控制力(Harvey, 2005)。这些做法是通过自上而下的管理议程来实现跨国公司利益的。此外,公共关系从业者还试图通过采取各种战略和策略来维持新自由主义霸权主导地位,力求最大限度地减少全球和当地的评估过程,从而使跨国公司在道德操守和对当地的承诺和责任方面负责(Pal & Dutta, 2008a)。

跨国公司在全球游说中花费了相当多的公共关系资金,形成了一些关于国际货币基金组织和世界银行等全球性组织的政策(Dutta, 2008, 2009)。同时,这些跨国公司在全球范围内花费大量资金来构建国家政策,以影响这些政策生效的方式,并确保占主导地位的机构的权力和控制权能够在国家层级上持续性再现。一系列的公关活动,例如社区关系、游说、赞助某些组织和一些媒体关系共同影响了当地政策环境,使之与各组织的全球化需求相契合。在接下来的内容中,我们通过埃克森美孚的例子——世界上最大的公开交易的公司,也是世界上最大的导致全球变暖的污染生产者(UCS, 2007),来论证在新自由主义霸权中合作议程与政策节点之间的联系。

公共关系策略

埃克森美孚在操纵公众对全球变暖污染的舆论方面所采取的公关策略,反映了在全球范围内的公关行为的跨国霸权,是以遗漏、抹去前景和背景为基础的。在本节中,我们回顾了埃克森美孚在公共关系实践中广泛使用的一些关于气候控制问题的公众意见,并最终影响政策和法规。这些政策和法规将需要对清洁能源技术进行大量投资,或者减少全球变暖的排放(UCS, 2007)。尽管全球变暖与人类行为之间有着强烈的科学共识,但埃克森美孚将资金投入前期组织、政治运动和游说活动,以便创造和保持在公众头脑中关于全球变暖的不确定性。1991年3月5日,埃克森美孚美国公司董事长劳伦斯·罗尔(Laurence Rawl)在一个"直言不讳的言论"中表示,"怀疑全球变暖的理论最终会被证明是准确的"(Rawl, 1991)。围绕气候变化创造这样的不确定性,对于制定影响埃克森美孚公司商业惯例的监管壁垒是至关重要的。

面对越来越多的关于全球变暖和人类活动造成气候变化的证据,埃克森美孚于1989年与其他能源公司、汽车和工业公司联手组成了全球气候联盟(GCC),其目标是反对在气候研究界达成科学共识,防止政府采取行动解决问题。随后,在1996年埃克森美孚成立了全球气候科学小组(GCST),以制造气候控制方面的不确定性,从而影响可能对其商业实践产生负面影响的政策。GCST在1998年发布了一份备忘录,指出"当普通公民理解(承认)气候科学的不确定性时"或者当公众"承认不确定性成为'传统智慧'的一部分时,我们就会取得胜利"(USC, 2007, p.10)。

全球气候科学小组发起了全国媒体关系运动,向媒体和公众通报气候科学领域的不确定性,并招募科学家担任发言人,为其信息传播活动提供可信性。其战略的一部分是"确定、招募和培训由五名独立科学家组成的团队,参与媒体推广活动。这些科学家必须是没有长期曝光或者参与气候变化争论的个人。相反,这支队伍将由新面孔组成,他们将在那些已经发声的科学家的基础上发表他们的观点"（USC, 2007, p.14）。根据由GCST赞助的科学家发表的非同行评议的文章，埃克森美孚在气候控制问题上基于其支持"健全科学"的主张而产生了不确定性，从而转移了埃克森美孚公司在全球变暖中扮演的角色的争论，同时阻碍了政府对其活动进行监管的行动。

埃克森美孚除了招募愿意担任代言人的科学家，还通过看似独立的非营利组织，如美国企业协会、华盛顿竞争企业协会、卡托研究所、美国资本形成中心政策研究委员会、美国立法交流理事会、未来建设协会和国际政策网络等，传播关于全球变暖的信息，并在1998—2005年，投入了约1600万美元，以传播全球变暖的信息。这些机构几乎都出版和宣传了包括科学家在内的独立发言人的著作，其"歪曲同行审查气候时的结论，混淆公众对全球变暖的理解"（USC, 2007, p. 11）。在大多数机构中，董事会和科学顾问是同一群人。埃克森美孚通过为众多的组织提供冗余的人员、顾问和发言人，悄无声息且高效率地继续推进其反管制策略，似乎为气候科学中的不同声音提供了一个广阔的平台。

埃克森美孚还支持诸如科技中心站（TCS）这样的网站，这个网站将自己定位为一个独立的媒体，承载着客观的新闻报道；但实际上这只是公司战略的一部分，它帮助埃克森美孚这样的公司获取信息。DCI集团是一家为埃克森美孚工作的注册性游说公司，它协助技术中心站将公关文章伪装成新闻，允许埃克森美孚这样的全球性公司直接将其议程传达给公众，在客观新闻的外衣下操纵舆论。值得注意的是，那些由埃克森美孚赞助的发言人在科技中心站都发表了关于全球变暖问题的文章。在1998—2005年，跨国公司在游说者身上花费了约6100万美元，以获得关键决策者的访问权（USC, 2007）。

埃克森美孚的例子说明了公共关系活动在执行跨国霸权议程中的中心作用。公共关系活动的核心职能是建立和维系与中心有权势的行动者的关系，从而继续创造一种支持跨国公司的环境，尽量减少对这些公司业务的抵制，并为赚取利润提供机会。决策者和跨国公司之间的联系对于跨国公司的运作、牟利议程的执行、力量和控制的集中在跨国霸权方面都显得至关重要。公共关系在发展、建立与政府机构、跨国机构和各级政策组织的关系中发挥的作用，在农业、制药、卫生和其他行业也是可见的。在公共关系的功能上，地方和全球的相互作用显而易见。虽然跨国霸权在执行跨国公司议程方面是全球性的，但单一民族国家为在全球范围内执行政策议程提供了切入点，也是因为这样，跨国公司才能在全球舞台上施展自己的手脚。

公共关系、公共外交和新帝国主义议程

单一民族国家新殖民主义利益的主要公关职能之一是公共外交，即利用政府在国际舞台上的权力和控制能力，为外国空间中的新自由主义霸权创造空间。公共外交被定义为"政府与外国公众沟通的过程，旨在使人们了解其国家的思想和理想、体制和文化，

第八章
公共关系和全球边缘化后殖民主义的批判

以及其国家目标和现行政策"（Tuch, 1990, p.3）。在国际舞台上为国家政府的议程服务时，公共外交通常会开展大量的活动，如媒体节目、文化节目和教育交流项目，其最终目的是塑造单一民族国家政策。

根据王和常（2004）的研究，公共外交是国际公共关系的一种形式；在国际舞台上，公共外交往往是实现主要国家新帝国主义利益和跨国霸权的战略工具，为支持自由市场逻辑创造空间，从而为新帝国主义的权力带来更多的资源，并为跨国公司创造更多的市场（Dutta-Bergman, 2006）。王和常（Wang & Chang, 2004）论述道，公共外交和公共关系都力求以维护和管理形象为目标，与公众交流、共享大量的战略和战术共性。斯格尼彻和库姆斯（Signiter & Coombs, 1992）认为，这两个传播学领域的概念在其目标、过程、概念和工具方面都有所重叠。公共外交是指政府与另一国人民的沟通，其目的是影响其传播者国家形象；换言之，公共外交是在一个国际背景下的政府与公众的交流，目标受众是属于另一个国家的。王和常（2004）指出，公共外交一箭双雕，既支持了外交政策，又产生了"更佳"的文化理解。像美国这样的现代民族国家在试图影响外国公众意见的同时，在公共关系领域越来越深刻地了解自我了（Signitzer & Coombs, 1992, p.146）。

正如杜塔-伯格曼（Dutta-Bergman, 2006）所表明的那样，实际上，公共外交不是促进文化理解，而是经常服务于西方主要民族国家的新殖民主义利益。例如，就中东而言，美国在该地区的公共外交努力是由美国在中东生产石油的经济利益、石油对美国经济的重要作用、该地区对美国的地缘战略意义以及该地区作为美国资本市场的作用共同决定的。在阐明地域公共外交的相关性时，1954年发表的国家安全委员会文件明确指出：

> 中东地区对自由世界具有战略、政治和经济重要性。该地区蕴藏着世界上最大的石油资源、在任何反对共产主义的世界冲突中都占据重要位置，是重要的战略军事基地以及苏伊士运河和自然的防御屏障。它还是基督教、犹太教和穆斯林的圣地，从而通过宗教和文化影响了各地人民。如果中东地区受到苏联的影响或控制，美国的安全和利益将受到严重威胁。（NSC, 1954, p.1）

这份文件的重点是，中东军事和经济利益的相互作用是美国在该地区进行公共外交努力的基石。该地区经济和地缘战略利益的这一线索继续在当代公共外交努力中发挥作用。尽管许多这样的努力现在已经采取了一种对外的姿态，似乎更倾向于利用公共外交来产生文化理解（Dutta-Bergman, 2006）。

正如前面提到的伊拉克的例子所表明的那样，美国对伊拉克的占领是该国新自由主义化、公共资源或部门的私有化以及外国（主要是美国）对其投资的主要工具。为了实现这一目标，公共外交已经开始努力，尽管这些努力常常被描绘成使美国和伊拉克之间加强了解。美国在伊拉克的商业利益在美国商务部的商业服务处得到了充分体现，该文件（2009）描绘了美国政府推动伊拉克作为美国公司的潜在市场。伊拉克的经济利益是通过针对伊拉克精英的公共外交努力、伊拉克领导人的招募和美国事业的发展，以及得到美国资助的非政府组织（NGO）来实现的。政府知识作为美国在伊拉克的公共外交努力的一部分。该文件指出：

> 希望利用伊拉克商机的美国公司需要深思熟虑，以渗透这个独特而富有挑战性的市场。通过其国际合作伙伴搜索（IPS），伊拉克可以协助美国公司在这个充满活力的市场中找到合格的合作伙伴。（p.4）

这份文件中所体现的就是公共外交的目的，是使美国企业创造和渗透市场，同时也为新自由主义霸权而服务。伊拉克战争中的公共外交努力，是为了扩散美国的经济和军事利益，同时也为后殖民主义理论在公共外交领域的相关性提供了可信的依据。

随着公共外交越来越受到政府的通报批评，同时也为了消除对公开控制措施的抵制，公共外交项目开始利用不同的话语参与、文化交流以及对资源文化空间、国家议程和政治经济利益的相互理解来进行自我重塑。尽管国际公共外交的形象似乎是相互理解的工具，但通常都是通过创造、管理和传播具有说服力的内容来转变的。在向美国众议院提交的关于对阿拉伯世界和穆斯林群体开展公共外交的咨询报告中，明确指出了这种单向沟通方式的渗透（Djerejian, 2003）。

这个咨询报告的主要任务是向阿拉伯国家和穆斯林地区传达美国的政策，而不是影响这些政策的制定。事实上，该报告重申，美国不应该改变其政策以适应中东的公众。其体现了一种单向的传播模式，其特点是长篇且连贯的内容，以及自上而下的传播过程，而不是倾听阿拉伯和穆斯林公众的声音（Dutta, 2006; Dutta-Bergman, 2006）。换言之，来自中东民众的任何表明美国在中东的政策被修改的言论都是不可取的；相反，当前形势下的外交是利用受众数据来制作有说服力的信息平台，以此改变中东的基本价值观和信念。

上述概念化的内在本质是公共外交的压迫性力量，它试图改变一种文化，以适应另一种基于权力差异的主导文化的偏好。这反映了殖民主义的政治。虽然这里的沟通是为了评估正在推行的政策的有效性，但由于其概念化的强制性和不平等的框架，它并没有让相关持股人之间产生理解的感觉。文化外交成为一种文化的表面层次特征，并没有真正去承诺倾听当地公众在分散的全球空间中的声音。

为殖民主义辩护的关键是阐明渗透外国空间的需要。这又一次以公共关系活动的形式，同时在地方和全球空间被执行。在伊拉克最近的例子中，这种公共关系活动包括操纵公众对萨达姆·侯赛因的大规模毁灭性武器计划的舆论，以阐明需要为伊拉克妇女争取民主权利。这里的公共关系服务于一个操控性的议程，它通常是在编造证据的基础上，使政治与主流媒体携手合作，在伊拉克所谓的大规模杀伤性武器周围制造恐慌（Dutta-Bergman, 2005b）。

进一步的相关性是企业在当代公共外交倡议中的公开参与和影响（例如外交行动业务）。跨国公司顺利运作的关键是美国作为这些跨国公司运作空间的形象。

公共关系、发展与现代性

公共关系作为现代官僚机构的战略性沟通工具，与主要公众沟通和维持关系，在现代主义项目中正处于明确的位置。公共关系主要倾向于为企业利益服务和管理关系，因此公共关系从根本上说是资本主义的工具。此外，将民主进程与组织行动者维系和管理关系的能力联系起来，表明了该学科的现代主义根源。公共关系行为的内在特征是对财产、所有权和治理作用理所当然的假设。正是在这种现代主义逻辑的基础上，公共关系经常被用作对"第三世界"国家进行"文明化"的一种手段。在本节中，我们将专门探讨公共关系在发展活动、国家建设、媒体关系、社区建设和民主促进领域的作用。

发展活动。从历史上看，发展活动一直是确定"第一世界"和"第三世界"之间关系的交流倡议的关键。这些发展活动的核心是"发展"一词的建构，以及"发展"究竟意味着什么。发展的利他动机是在原始社会需要进行干预的基础上产生的，往往隐藏着发展倡议背后的主要行为者的经济和地缘战略利益。在包括农业、人口控制、国家建设和促进健康在内的各种领域开展了发展运动。

国家建设、媒体关系、社区建设和民主促进。近年来，公共关系理论和以经验为基础的知识体系得到了实质性的扩张，而这彰显了公共关系学者和从业人员在建设民族国家和促进全球各地民主中的作用（Pratt, 1985, 1986; Taylor, 2000a, 2000b）。这些促进民主的项目，如杜塔（2005b）所表明的，往往围绕着参与国家建设活动的主要民族国家的利益而建立，服务于这些传播者或资助者倡议中的政治和经济利益。虽然有关民主促进的言语被注入了这些运动及其外界定位，但它们固有的意图是通过非参与性机制强制实施以西方为中心的价值观念，通常是通过使用象征性的暴力和强制手段。伊拉克和阿富汗的例子显示出民主促进相关举措中的讽刺意味，这些举措基本上源于非民主占领"第三世界"空间。更为自相矛盾的是民主促进和国家建设努力的利润动机。正如前面引用的伊拉克的例子所证明的那样，美国国际开发署利用发展的语言来服务美国的全球公共关系利益。它最终利用这些举措为美国创造地缘战略和军事支持空间，并为美国企业开拓新的市场。

从事国家建设活动的公共关系学者和从业人员经常致力于媒体关系，以便在目标地区创建并维持美国运营且立场亲美的媒体。新闻工作者接受相关培训，创建媒体材料，教授相关的内容和过程，所有这些都是以西方为中心的框架，基于一系列以西方为中心的假设,并由一系列预定议程(主要是经济性质)驱动。在促进民主的框架下实施的民间社会和社区关系倡议从根本上推动了按照美国和跨国公司议程调整"第三世界"空间的目标。这些民间社会得到了支持,它们执行自由市场逻辑并将这种逻辑扩散到目标地区。与此同时,威胁新自由主义霸权的民众运动和地方参与要么受到强烈的攻击,要么在新自由主义议程下被笼络。而其中最重要的就是通过声称促进民主的公共关系渠道的低层次参与来结束民主可能性的内在矛盾。

企业社会责任

在过去的十年中,企业社会责任(CSR)在国际舞台上成为公共关系的中心(Munshi & Kurian, 2005, 2007)。企业社会责任体现了作为社会成员的企业实施的公共关系计划,它为所谓的社会福利作出贡献,并使组织对公众负责。然而,关于社会责任的后殖民主义的研究往往以企业实践为主,作为组织的一种修辞手段,往往将注意力从组织应承担责任的核心问题上转移开来(Dutta, 2007, 2008; Munshi & Kurian, 2005)。以上述埃克森美孚为例,企业社会责任往往成为掩盖组织不道德行为的障眼法。这里公共关系的悖论在于,组织在宣称承担社会责任时的做法,往往反而促使其表现出不负责任的行为。

企业社会责任的新自由主义逻辑是以公司行为者在各种职能中承担责任为基础的。然而,一项关键分析表明,组织通常会利用企业社会责任与相关公众进行交流,这些公众将参与组织的营利活动;那些被边缘化的部门,正如蒙西和库里安指出的,"这是资本的逻辑——由全球资本推动的政治"(Munshi & Kurian, 2005, p.439)——这也使公司能够引诱或胁迫"第三世界"国家放松或忽视其环境和社会,要么通过利润诱惑其他国家直接投资,要么"通过其结构性权力和定位进行威胁"(Clapp, 2005, p.24)。那么,企业的社会责任就成为一种公共关系实践,不仅维持了现状,而且促进了"第三世界"与跨国公司之间不平等的压迫关系。

知识生产型网站

作为知识生产的网站,西方教育机构在发展活动的开发和评估过程中、在媒体关系和公共外交倡议的战略合作中、在跨国公司顾问以及民族国家的宣传中,都扮演着重要角色。例如,从历史上看,早期的传播研究,尤其是在美国宣传活动领域发展起来的公共关系研究,已经在支持和维持美国企业渗透到全球市场。在本节中,我们考察了例如知识生产型网站的学术知识生产或者高等教育如何贯彻新自由主义议程的多重联系和节点。

在过去的十年中,教育机构已经向国际化迈出一大步,这已被广泛接受且看好,特别是它为连接世界带来了机遇。然而,更值得一提的是国际教育的流向和这种单向逻辑创造的合作机会,以及这些国际举措已经构成的更广泛的议程。西方认识论体系的广泛传播延续了新自由主义议程,为扩大跨国公司的产品和服务市场创造了机会。教育生产

第八章
公共关系和全球边缘化后殖民主义的批判

中固有的是原始和现代的二分法，正如前文所表明的那样，它一直是发展和现代化逻辑的核心。从公共关系的角度来看，教育举措的目标是为美国的地缘战略、政治和经济利益创造空间。例如，在伊拉克自由行动中，教育机构和高等教育是通过媒体关系、发展和社区关系活动获取捐赠，并成为推动美国新自由主义议程的主要机制。

正如美国国际开发署所说，教育历来是美国创造全球舆论支持美国议程的关键公共关系工具。通过交流项目、学校项目和富布赖特奖学金等举措，美国政府实施了培训其他民族国家的学生和学者的机制，并通过这些意见领袖在国外形成舆论。教育作为一种在其他地区传播美国利益的机制，传播了美国的价值观和文化，并且通常将英语作为一种符合新自由主义霸权利益的语言传播到这些地区，以进一步实现其他目标。例如，语言教育已成为美国企业管理和控制其在全球空间利益的商业工具。

当我们考虑公共关系中理论化的根源时，很明显的是，这种理论化大部分发生在以西方为中心的认识论和本体论的理解中，构成了服务于企业和管理利益的领域。作为一个领域，公共关系植根于资本主义和以西方为中心的财产所有权结构（Miller & Dinan, 2007）。此外，该领域的特点是缺乏其他跨学科领域的知识，而这为概念化和谈论公共关系提供了切入点。西方学者在公共关系知识体系的构建中占据统治地位，这一点显而易见。在听到其他地方的声音的情况下，这些声音都被沉浸在以西方为中心的知识生产中。此外，文献中的大部分公共关系知识都是在私营企业环境中产生的，而这些企业的盈利目标可能是由公共关系策略所塑造的。值得一提的是，一些公关咨询领域的中心人物在企业咨询和贯彻跨国霸权公共关系议程方面发挥着重要作用。在其他情况下，这些学者与美国国际开发署等机构合作来开展公共外交和国家建设任务。当然，历史上许多劝服理论和传播学发展理论是建立在开展"第三世界"发展活动的学者的研究基础上的，传播了由学术话语创造和维持的殖民主义的认识论和本体论。最终，正如赛义德（Said, 1979）在东方主义中所主张的那样，殖民主义继续以学术界创造和维持的基本知识体系为基础进行运作。然而，在这些知识结构的领域中，反抗的可能性被话语性地建构和想象，并为变革政治带来了机会。公关领域的批判性内容将是这种政治的范例。

反抗性实践，组织化和全球行动主义

如前所述，全球化进程体现了控制与抵制之间的辩证关系。跨国霸权手中的目标控制（例如引言章节提到的综观全球化）与全球化进程中的地域抵制协同工作，动员和突出底层部门的声音，并质疑新自由主义霸权的基本假设，否则在大部分主流公共关系理论和学术内容中都不会受到挑战。维持全球分散的多个当地行动者之间的关系是动员反对全球化及其新自由主义逻辑的大规模行动的核心。1999年在西雅图举行的反对世贸组织会议的抗议活动证明了当地和全球在基层活动中的相互作用，因为来自全球各个分散地区的反抗型公众聚集在一起抗议将对当地产生负面影响。这些分散的公众因全球政策

的边缘化而相互联系，这为身份建立、动员和交流提供了切入点。

以文化为中心的方法

基于对全球化进程的后殖民主义考察和本章概述的这些公共关系实践，本章提出以文化为中心的方法，作为与全球公共关系相关的文化讨论的替代理论。作为对公共关系占统治地位的模式的批判，并建立在基本论点上，即支配性认识结构一般没有倾听全球边缘化地区的声音，以文化为中心的方法既具有解构性又具有共建性。解构主义的转向始于对显性认知结构中的涂改检验，这些结构有助于现状的流通。从这个意义上说，解构式的举动揭示了理所当然的假设，这些假设继续指导当代全球背景下的大部分公共关系活动。同时，以文化为中心的方法概述了参与式发展、团结建设和基于社区的组织的策略，试图通过听取主流话语空间中不断被忽略的底层部门的声音来打破现状，这些底层声音往往通过各种公共关系和使这些部门边缘化的物质实践不断从优势话语空间中被遗漏。以文化为中心的方法概述了不断反思和警惕的重要性，以维持合作立场。为了抵制因现状而产生的反对合作的可能性，它试图通过采用参与、民主、企业社会责任和可持续性等话语来重塑自身形象，从而增强自己的权力和控制力。

以文化为体系的机构

为了反对这一领域的主导论述，即认为通过传播主流叙事可以使底层脱离现状，并将底层国家建构为发展和现代性的被动接受者，以文化为中心的方法开始时强调倾听来自底层的声音，并且突出次级机构在构建次级体验领域中有意义的叙事（2008）。这里的代理机构被概念化为个人理解其环境并选择对他们有意义的行动方案的能力。此外，该机构不仅建立在文化和结构的交叉点上，还基于嵌入社会结构的一系列经验进行谈判。

以文化为中心的方法将文化概念化为动态的、当地环境中不断构建的，并在价值、意义和人类互动的层面上有所实现。结构指的是组织的制度，既有限制又使选择成为可能。通过预测与公共关系理论相关的学术体系，以文化为中心的方法倾向于关注不平等、权力结构和限制边缘可能性的组织系统。此外，通过突出结构的作用，该方法使创造和维持这些不平等现象的跨国霸权的各种因素受到关注；在体系范围内，它创造理论切入点来改变边缘化底层部门的政策和现有做法。

公共关系领域的大部分主导框架都采取了一种普遍和客观的方法来研究这一领域。在考虑到文化因素的情况下，文化被认为是一个静态的实体，通常通过学术观察者从外部看到的镜头来编写脚本（参见本书中巴尔丹的章节）。文化是根据其在个人主义、集体主义、不确定性回避或权力距离等量表上的得分来衡量的（Hofstede, 1997）。相反，以文化为中心的方法则注意到文化的可塑性。在传递价值观和意义框架、提供构成空间方面，文化具有透明性，并且在特定时候，文化在意义谈判、价值的重新界定和机构的设定方面都提供了新的机会，具有决定性意义。正是这种文化变革的可能性打开了抵抗的空间。

传播的实践是在文化、体系和机构的交汇处构成的。体系在文化背景下变得有意义，在这些背景下，行动的途径已经形成。文化和机构的这种相互作用为公共关系学者提供了一个理论和经验的开端，以研究被推到政策辩论和阐述边缘的人们所经历的全球不平等，而这种不平等是新自由主义逻辑带来的。通过对话聆听被边缘化的人的声音，也会发现那些一无所有、缺医少药等被忽视的群体的声音。它通过历史上已经被写过、提及过或被剥夺了权利的声音，以及那些以干预为目标的声音来实现变更。

抵抗和参与

即使新自由主义霸权的力量中心试图通过渗透全球分散的地方空间来集中权力和控制力，但是全球连接的地方抵制运动已经出现，以挑战新自由主义霸权。从对社会正义和结构转型的承诺开始，作为抵制的公共关系理论使社会变革成为可能，通过理论化和参与一些传播实践、动员实践、组织、网络以及由积极分子组成的关系，从根本上寻求改变创造和维持利润率的不公平和压迫结构。

例如，帕尔（Pal, 2008）对位于印度东部西孟加拉邦的辛格乌尔的农民的抵抗进行了研究，他对沟通策略、关系表达以及农民之间谈判进行了理论研究，这场谈判源于在他们的农地上建立汽车制造厂。农民从根本上挑战了主体框架下现代化和发展话语所构成的发展和工作的意义，突出了农业和土地在生活中的价值。在聆听农民的声音而不是倾听跨国公司和决策者的声音时，帕尔展示了农民在新自由主义背景下构成新的工作和土地意义的方式，从而提供了另一种认识论和本体论框架，抵制新自由主义的发展观念。同样，金（Kin, 2008）对韩国活跃农民的抵抗方式进行了探究，对农民抵制政府实施的私有化、商品化和自由化逻辑的交流过程、战略和策略进行了梳理。这两个项目都展示了公共关系中的其他概念化方式是如何挑战现有理论和实践中的主流认识论和本体论框架的。正是本着将公共关系的研究和实践全面政治化的目的，这种以文化为中心的方法才能为学者提供切入点来抵制该领域的主流认识论、本体论和价值论框架。

此外，以文化为中心的方法指出了在发展、应用以及地域、民族和全球政策评估中底层参与的重要性。以文化为中心的公共关系要求不断探索参与式机制、过程和策略，为倾听底层叙事创造新的机会，并将这些声音融入政策平台和活动。

团结和反思

对于从后殖民主义立场入手的公共关系学者来说，以文化为中心的方法通过与底层部门的对话开辟了构建知识的可能性。因此，公共关系学者或实践者的角色从一个保持客观立场的远距离观察者转变为一个高度政治化、尊重底层声音并尽可能参与对话的寄居者。最终，就像我们看到的国家建设、公共外交、企业社会责任和民主促进倡议一样，我们认为这些行为淹没了我们的纪律，并直接反对这样的新自由主义议程，后殖民主义公共关系的研究试图在全球政策中重申底层部门的声音，关注不平等和结构转型。在认识论上，以文化为中心的方法要求在研究人员、学者或实践者与底层参与者进入共同建构的空间时要保持团结，坦诚面对历史上扼杀了底层社会的学术和实践政治，并尽力声援底层的成员。它已经开始在声援底层人民、明确问题并解决问题了。

反思即公共关系理论化和实践中的后殖民主义立场试图代表全球底层部门的声音，斯皮瓦克（Spivak, 1999）警告我们在表现行为中存在的固有问题。当我们试图通过我们的认知和这种认知影响下的政策来刻画底层国家时，我们得到的理解是，一个人永远无法理解所有的阶级，尤其是"以他自身的眼光去打量"。为底层发声永远是特权的表现，这种特权是可以影响到主要的传播模式和主导体系的，因此，应继续保持对主导体系参与可能性的开放态度。诸如民主、参与、对话等概念不断被主导体系所吸收，以尽量减少反抗性体系的转型（Dutta, 2008; Pal & Dutta, 2008b）。在这种背景下，反思提供了一种促进内在转变的视角，帮助我们不断质疑自己的特权以及特权如何可能阻碍有意义的对话和体系变革的可能性。正是通过这种不断的反思，后殖民时期的公共关系学者才开始接触那些可能改变全球政策、新自由主义体系以及使底层社会沉默的传播模式的活跃主义政治。

写给公共关系从业者、学生和学者的后殖民主义者备忘录

在日益复杂的全球背景下，公共关系实践已经占据了位于中心的强大社会行为者的政治和经济利益，以公共关系的后殖民主义为视角的选择通过质疑其理所当然的假设，打断了主流公共关系机构的实践。从这个意义上说，这种观点通过批评跨国公司和全球社会参与者进行的对全球不公正和压迫体系的参与来增强意识。这种观点的关键在于它是抵制公共关系实践的霸权，是作为维持全球不平等现状的实践者。此外，为公共关系理论、研究、教学和实践带来后殖民主义视角，重新概念化了活跃主义政治领域的公共关系实践，这些领域与穷人和被边缘化的人团结在一起，为体系转型创造了空间。因此，从本质上说，后殖民主义方法是致力于更公正的社会正义、社会变革和体系转型的基础实践和承诺。

问题讨论

1. 定义一项你认为利用了特别文化逻辑的公共关系活动。这项活动是怎样概念化了文化？在活动中文化呈现什么？这个活动的政治目标是什么？它的经济目标是什么？这些目标又是通过怎样的文化概念实现的？
2. 从后殖民主义视角来看，在发展过程中公共关系的知识和相关从业者扮演了一种

怎样的角色？后殖民主义学者或实践者是怎样回应全球形势中的公共关系实践的？他们会提供怎样的解决方法？
3. 后殖民主义方法论中的一个观点强调了例如民主、自由和参与等被主导型社会机构所利用的方式，并以此将文化视为病理，同时为新自由主义入侵提供借口。这个方法论同时探讨了通过参与的方式来倾听边缘化声音的可能性。所以，在公共关系的后殖民主义理解中这种紧张关系是如何被谈判的？
4. 思考并选择一个你经常阅读到的公共关系理论。利用后殖民主义视角对这个理论进行批判，并为理论的循环提出排解的方案。
5. 公共关系在全球背景下，在边缘化某些地区中扮演着怎样的角色？讨论一些你设想的反对公共关系边缘化做法的方案。提出实践某个方案的计划。

参考文献

Appadurai, A. (1995). Disjuncture and difference. In B. Ashcroft, G. Griffiths, & H. Tiffin (Eds.), *The post-colonial studies reader* (2nd ed., pp. 468-472). New York: Routledge.

Beverly, J. (1999). *Subalternity and representation: Arguments in critical theory.* Durham, NC: Duke University Press.

Bhabha, H. K. (1994). *The location of culture.* New York: Routledge.

Bhavnani, K., Foran, J., et al. (2003). *Feminist futures: Re-imagining women, culture, development.* London: Zed Press.

Clapp, J. (2005). Global enviromnental governance for corporate responsibility and accountability. *Global Environmental Politics,* 5(3), 23-34.

Dirlik, A. (1995). The global in the local. In B. Ashcroft, G. Griffiths, & H.Tiffin (Eds),*The post-colonial studies reader* (2nd ed., pp. 463-467). New York: Routledge.

Dirlik, A. (2000). The postcolonial aura: Third World criticism in the age of global capitalism. In D. Brydon (Ed.), *Postoclonialism. Critical concepts in literary and cultural studies* (pp. 207-236). New York: Routledge.

Djerejian, E. P. (2003). *Changing minds, winning peace: A new strategic direction for US public diplomacy in the Arab and Muslim world.* Washington, DC: The Advisory Group on Public Diplomacy for the Arab and Muslim World.

Dutta, M. (2006). Theoretical approaches to entertainment-education campaigns: A subaltern critique. *Health Communication,* 20(3), 221-231.

Dutta,M (2007). Communicating about culture and health: Theorizing culture-centered and cultural-sensitivity approaches. *Communication Theory,* 17(3), 304-328.

Dutta, M. (2008). *Communicating health: A culture-centered approach.* London, UK: Polity Press.

Dutta,M.(2009). Theorizing resistance: Applying Gayatri Chakravorty Spivak in public relations. In Ø. Ihlen, B. van Ruler, & M. Eredrikson, (Eds.), *Social theory on public relations* (pp. 278-300). New York: Routledge.

Dutta-Bergman, M. (2005a). Civil society and communication: Not so civil after all. *Journal of Public Relations Research,* 17(3), 267-289.

Dutta-Bergman, M. (2005b). Operation Iraqi Freedom: Mediated public sphere as a public relations tool. *Atlantic Journal of Communication,* 13(4),220-241.

Dutta-Bergman, M. (2006). US public diplomacy in the Middle East. *Journal of Communication Iuquiry,* 30(2), 102-124.

Harvey, D. (2003). The right to the city. *International Journal of Urban Regional Research,* 27(4), 939-94.

Harvey, D. (2005). *The new imperialism.* New York: Oxford University Press.

Hofstede, G. (1997). *Cultures and organizations: Software of the mind.* New York: McGraw-Hill.

Kim, I. (2008). *Voices from the margin: A culture-centered look at public relations of resistance.* (Unpublished doctoral dissertation). Purdue University,West Lafayette, IN.

Landry, D., & MacLean, G. (1996). *The Spivak reader.* New York: Routledge.

Marx, K. (1965). *Das Kapital* (F. Engels, Ed.). Chicago, IL: Regnery. (Originalwork published 1867).

Miller, D., & Dinan, W. (2003). Global public relations and global capitalism.In D. Demers (Ed.), *Terrorism, globalisation, and mass communication* (pp.193-214). Spokane, WA:Marquette Books.

Miller, D., & Dinan, W. (2007). *A century of spin: How public relations became the cutting edge of corporate power.* London: Pluto.

Miyoshi, M. (1993). A borderless world? From colonialism to transnationalism and the decline of the nation-state. *Critical Inquiry,* 19(4), 726-751.

Munshi, D., & Kurian, P. (2005). Imperializing spin cycles: A postcolonial look at public relations, greenwashing, and the separation of publics. *Public Relations Review,* 31(4), 513-520.

Munshi, D., & Kurian, P. (2007). The case of the subaltern public: A postcolonial investigation of corporation social responsibility's (o)missions. In S. May,G. Cheney,&J. Roper (Eds.), *The debate over corporate social responsibility* (pp. 438-447). New York: Oxford University Press.

National Security Council. (1952). *United States objectives and policies with respect to the Arab states and Israel.* Washington, DC: Author.

National Security Council. (1954). *United States objectives and policies with respect to the Near East.* Washington, DC: Office of the President.

Olivera, O. (2004). War. In O. Olivera & T. Lewis (Eds.), *¡Cochabanaba!: Water War in Bolivia,* (pp. 33-49). Cambridge, MA: South End Press.

Pal, M. (2008). *Fighting from and for the margin: Local activism, in the realm of global politics* (Unpublished doctoral dissertation). Purdue University, West Lafayette, IN.

Pal, M., & Dutta, M. (2008a). Public relations in a global context: The relevance of critical modernism as a theoretical lens. *Journal of Public Relations Research,* 20(2), 159-179.

Pal, M., & Dutta, M. (2008b). Theorizing resistance in a global context: Processes, strategies and tactics in communication scholarship. *Communication Yearbook,* 32, 41-87.

Prasad, A. (2003). The gaze of the other: Postcolonial theory and organizational analysis. In A. Prasad (Ed.), *Postcolonial theory and organizational analysis:A critical engagement* (pp. 3-43). New York: Palgrave Macmillan.

Pratt, C. (1985). The African context. *Public Relations Journal,* 41(February),11-1 6.

Pratt, C. (1986). Professionalism in Nigerian public relations. *Public Relations Review,* 12(4), 27-40.

Rawl, L. (1991,March 6). Speech by Exxon chairman. *New York Times*.Retrieved from Lexis Nexis Academic.

Said, E. W.(1979). *Orientalism.* Harmondsworth, UK: Penguin. (Originalwork published 1978).

Shome, R., & Hegde, R.(2002). Postcolonial approaches to communication:Charting the terrain, engaging the intersections. *Communication Theory,* 72(3), 249-270.

Signitzer, B., & Coombs, T. (1992). Public relations and public diplomacy: Conceptual convergence. Public Relations Review, 18(2), 137-147.

Spivak, G. C. (1999). *A critique of postcolonial reason: Toward a history of the vanishing present.* Cambridge, MA: Harvard University Press.

Spivak, G. C. (2003). *Death of a discipline.* New York: Columbia University Press.

Taylor, M. (2000a). Toward a public relations approach to nation building. *Journal of Public Relations Research,* 12(2), 179-210.

Taylor, M. (2000b). Media relations in Bosnia: A role for public relations in building civil society. *Journal of Public Relations Research,* 26(1), 1-14.

Tuch, H. N. (1990). *Communicating with the world:* US public diplomacy overseas. New York: St. Martin's Press.

Union of Concerned Scientists. (2007). *Smoke, mirrors, and hot air: How Exxon Mobil uses Big Tobacco's tactics to manufacture uncertainty on climate science.* Cambridge, MA: Author.

U.S. Agency for International Development (USAID). (2002). *Foreign aid in the national interest.* Washington, DC: Author.

U.S. Commercial Service. (2009). *Doing business in Iraq.* Washington, DC:U.S. Department of Commerce.

Wang, J., & Chang, T. K. (2004). Strategic public diplomacy and local press:How a high-profile "head-of-state" visit was covered in America's heartland. *Public Relations Review,* 30(1),11-24.

推荐阅读

Chaturvedi, V. (2000). *Mapping subaltern studies and the postcolonial.* NewYork: Verso.

Harding, S. (1985). A role for postcolonial histories of science in theories of knowledge? Conceptual shifts. In S. Harding (Ed.), *Is science multicultural? Postcolonialisms, feminisms, and epistemologies* (pp. 1-22). Bloomington:Indiana University Press.

Shiva, V. (1988). Reductionist science as epistemological violence. In A. Nandy(Ed.), *Science, hegemony, and violence: A requiem for modernity* (pp.232-256). Calcutta, India: Oxford University Press.

Spivak, G. C. (1987). *In other worlds: Essays in cultural politics.* London:Methuen.

Spivak, G. C. (1993). *Outside in the teaching machine.* London: Routledge.

Spivak, G. C.(1990a). The post-colonial critic. In S. Harasym (Ed.), *The postcolonial critic: Interviews, strategies, dialogues* (pp. 67-74). New York:Routledge.

Spivak, G. C.(1990b). Questions of multi-culturalism. In S. Harasym (Ed.), *The postcolonial critic: Interviews, strategies, dialogues* (pp. 59-66). New York:Routledge.

Spivak, G. C.(1996). Bonding in difference: Interview with Alfred Arteaga. In D. Landry & G. MacLean (Eds),*The Spivak reader: Selected works of Gayatri Chakravorty Spivak* (pp. 15-28). New York: Routledge.

第九章
基于"气"的公共策略
——全球化世界中的关系

简森·郑

和谐,即长期维持的人际关系和宇宙的统一,它作为东方哲学的基石之一,是《易经》的核心概念。本章解释了这些原则如何辅以"气"(能源流)、"势"(纳、藏、止和升)策略,从战略上解决了在全球化背景下运作的公共关系从业者所面临的一些复杂且有时相互矛盾的问题。虽然"气""势"策略既可以用于战略层面,也可以用于策略层面,但本章主要关注公共关系的战略层面。

本章中,我首先将互联性和瞬时性概括为全球化核心的两个基本要素。接下来是对熟悉性—新颖性和全球化—本土化的辩证法的考察。借鉴东方哲学的《易经》及其发展出的概念"气"或能量流,我将讨论在全球化背景下,如何将"气功"或"战略优势"的兄弟概念应用于公共关系问题。我用了一些案例来说明这些概念,除了一个例外,这些概念是从我在美国和两个亚洲国家的公关咨询经验中得出的。本书对这些案例做了修改,以保护个人、组织或公共关系公司的隐私。

全球化

全球化被定义为"世界的压缩和整个世界的意识的加强"(Robertson, 1992, p.8)。虽然市场全球化可以追溯到资本主义的跨国扩张(Wallerstein, 1974),但全球化只是在20世纪后半叶,特别是在20世纪90年代才成为学术关注的焦点。全球化的两个明确特征已经出现,对公共关系具有重要意义:一是世界各国和各组织之间的相互关联;二是其沟通的即时性。

互联性

先进的技术和计算机通信（CMC）通过压缩时间和空间缩小了世界。这些技术也在很大程度上将生产关系与世界的组织、民族和国家结合起来。例如，当一位美国客户在线订购一台惠普 Pavilion 笔记本电脑时，这个订单被验证后，将被传输到广达工厂——坐落在中国上海的台资工厂。笔记本电脑由来自世界各地的零部件组装而成。硬盘驱动器的零件来自日本、中国、新加坡和美国；电源和镁合金外壳的组件来自中国台湾和中国大陆；记忆芯片的元件来自韩国、美国和德国；液晶显示器的配件来自中国台湾、韩国、日本和中国大陆；至于微处理器、图形处理器则是由美国和加拿大的公司设计，但在中国台湾制造的。然后组装好的成品被空运送到美国市场（*The Laptop Trail*, 2005）。这个过程说明了全球化层面上相互依赖的一部分。对于全球化的公共关系实践来说，理解相互依存的影响是至关重要的，因为这意味着文化冲突的可能性和确定解决冲突的方法的必要性。除非双方都愿意进行文化谈判和一体化，否则他们之间的互动关系以及处理彼此间的冲突将难以取得进一步的发展。为了应对全球互联互通日益增加的挑战，公共关系从业者在这一整合中扮演着重要的角色。经济上的激励和动机常常推动人们与组织之间的互动、依赖、沟通和关系建立，这对实现有效互动的成功至关重要。在全球化背景下，关系交织的本质十分重要，在计算机通信高速发展的今天尤其如此。

瞬间性

电子邮件、互联网、社交网络、电话会议和博客等计算机媒介技术大大提高了公共关系实践的速度。即时同步通信可能涉及全球范围内广泛或特定的公众。诸如油管、脸书或推特等社交媒体网络的新特性使得公共关系从业者很难应对信息超载和信息爆炸，特别是在危机期间。例如，一个与客户组织有关的简单传闻可能迫使从业者与时间竞争，争夺公众的注意力，以平息错误信息或安抚愤怒情绪。因此，建立跨文化关系的挑战进一步加深了国家和文化边界之间的交流，提升了信息流通速度。

全球化的辩证挑战

公共关系实践除了面临相互依存和即时性的挑战，还面临着全球化背景下的一些辩证关系。首先这是新颖性与相似性的辩证法，其次是全球化与本土化的辩证法。在跨文化传播中，马丁和中山认为"辩证观点中最具挑战性的部分是它需要同时持有两个相互矛盾的观点"。他们指出，在一个文化复杂的世界中，有必要超越二元论思维（例如好与坏、局部与全球），并转向一种"承认和接受矛盾双方相互依存和互补"的思维模式（Martin & Nakayama, 1999, p.14）。

全球化公共关系的第一个辩证因素在于熟悉性与新颖性，它源于跨文化传播的过

全球文化语境下的公共关系：基于多重范式视角
Public Relations in Global Culture Contexts: Multi-Paradigmatic Perspectives

程。当不同文化交汇时，新的思想和实践与文化上熟悉的观念和做法相互联系。由于全球化带来了更多的文化多样性和接触，新观念或新做法的出现成为一种持续不断的现象。一方面，全球化的公共关系可能涉及引入新的想法、实践或产品，其新颖性可能引起注意，吸引公众并被采纳；另一方面，当一个新的概念、实践或产品被引入时，它可能因含糊不清、难以理解而面临挑战。这可能会导致应用过程中的文化障碍。当新事物将公众带出他们熟悉的舒适区时，可能会遭遇抵抗，从而导致新奇的想法或产品被攻击或拒绝。这种跨文化的熟悉性、新颖性的辩证法，在公共关系实践中特别常见，因为新采用的观念导致资金或声望等资源的重新分配。

全球化公共关系的第二个辩证因素是地方和全球之间的持续紧张关系（Hall, 1991, pp.19-40）。地方一级对全球化的抵制和接受，造成了矛盾和不确定的环境。一些矛盾与身份和多样性有关（Juan, 1994），这些问题主要存在于文化领域。罗伯逊（1992）指出，参与推动全球化进程的个人、活动和机构同时也对这一进程产生了抵触。全球化本身包含了均质（Barker, 1999; Hall, 1991）和异质过程（Hamilton, 1994; Inglehart & Baker, 2000）。一些理论家指出，全球文化或全球化的出现必然导致统一的世界文化或世界文化体系，其中经济强国将占主导地位（Chuang, 2000）。滕布鲁克（Tenbruck, 1990）指出，多元文化的联结将会影响和威胁当地文化的生存。与此同时，有些人则主张文化多元化和变革，这导致了全球本土化的概念——一种试图超越全球—地方辩证法的概念（Robertson, 1995）。然而，全球本土化是一种常用来表达这种辩证法的词汇，不能简单地把全球化和本土化相结合，也不能从象征性的层面触及文化的表层。全球本土化只有在文化的深层结构层面进行锻造才有意义。正如罗伯逊（1995）所认为的，全球本土化既不是全球化的，也不是地方性的，而是全球化和地方力量之间深层互联和相互作用而产生的第三种状态。

公共关系从业者在实现这一"第三种状态"中可以发挥重要作用。然而，在全球文化语境下，公共关系似乎受到了上述辩证关系的困扰。因此，在这一章中，我提出了一个问题：从业人员能否完成实现和谐的伟大使命？我借鉴了《易经》哲学及其后续发展的辩证法，并以和谐为中心的"气"理论为基础，来解答这个问题。

"气"的传播理论

"气"（汉语发音为"qi"，日语和韩语发音、拼写为"ki"）在英语中通常被翻译成"能量流"（energy flow）。它通常指一种感知能量——专心做事、锤炼身心。虽然其丰富含义存在过于简化的问题，但是"气"这个概念在传播学或公共关系学领域有较为详尽的解释。因为"气"常被用于社会和专业场合，可以由两种不同的本质特征代表。一种是气氛的"气"，它接近于"气候"的概念；另一种是精神上的"气"，类似于"士气"。两者都是一种能促进沟通和公共关系的情绪状态。亲和的气氛可以使沟通顺畅（例如减轻敌意），热情高涨的气氛（士气）可以激发沟通（例如，激励目标公众，对由公共关系活动带头的事业采取行动）。这两种"气"（气氛和士气）都可以促进公共关系活动，而公共关系活动也可以产生各种"气"（气氛和士气）。例如，社交对话可能会在组织领导和当地社区领导之间创造出亲切的能量流或"气"。一位CEO热情洋溢的演讲可能会提升内部公众或员工的士气。

"气"的概念起源于中国古代的道家和儒家思想。在东亚国家的语言中"气"无处不在。在过去的两千年里，它广泛存在于中国人的日常生活中，包括传播实践，随后又渗透到韩国、日本、越南等地。这种哲学和实践的概念，过去几年一直被作为一种沟通方式。它通常被理解为活力质量和数量，并运用于人体、艺术作品、自然环境、住宅设计、家居布置等领域。在"气"的发展过程中，它在不同的环境和应用行为中有了各种各样的内涵和外延。因此，"气"是一个总括的概念，特别是沟通的概念。

《易经》

"气"被认为是由《易经》中描绘的阴阳双重作用产生的（在一些英译中也被译为"I Ching"，以接近它的普通话发音）。《易经》（易，发音为"ee"或"yi"）是中国古代哲学——道教、儒教和远东佛教的重要思想源泉。它假设宇宙是一个相互联系的整体。部分与部分之间、整体与部分之间是无数的事物（物体或概念），万物可以被归类为阴阳。阴为阴影，阳为阳光。它们是两种相反的品质或性质，通过相互作用来创造和再创造，生产和再生产。大自然的运作很好地说明了这个原理：寒冷的冬天和炎热的夏天，两个相反的本性在循环、改变，形成了无数的气象、现象。这里"寒冷的冬天"，类比自然界中相对柔软的东西，以"阴"字代表；"炎热的夏天"，类比自然界中比较刚硬的东西，以"阳"字代表。生产和再生产是一个和谐而持续变化的循环过程。卡切尔指出，"一方面，现代功能主义思想认为，变化是客观的、可预测的，如平均数和范数所呈现的那样。另一方面，《易经》的世界观认为，变化是一种机会，这些机会依赖于某些情况和变化原则"（Karcher, 1997, p.4）。萧（Siu, 1968）将《易经》的思想归纳为三个词：对立、轮回、转化。余（Yu, 2005）把哲学家的结论综合为《易经》的本质：世代相传和他们的创造力。本质包括四个原则：（1）时间性和过程性；（2）创造性和新颖性；（3）人的参与；（4）相互依存性与和谐。陈（Chen, 2009）从《易经》中发现了人性交往的五个特征：整体性、创造性、相互联系性、层次化与和谐。钟和何（2009）亦采用《易经》中的原则，构建公关实务模式，描述客户/组织、公关从业人员和公众之间的关系。公关活动如何运用《易经》中的原则？了解"气"的功能能够给我们提供一些方向。

阴阳相互作用生成"气"

中国思想家老子，生于公元前571年，和同时代的孔子（Lin, 2009）都受到了《易经》的启发，并做出了经典的哲学陈述。他们的陈述为"气"这一哲学概念、原理奠定了哲学基础。在《道德经》中（这是一本老子的思想汇编），老子指出，万事万物都有阴阳之气，和谐地交织着气。阴阳的相互作用是"气"的主要原理。这一说法表明，世界上的一切——人、物、现象、行为或问题——都有阴阳性这一二元性特征，两种性质可以相互对立或相互统一来产生"气"。公关从业者可以利用阴阳之气达到和谐。例如，当一家公司宣布休假政策为"不带薪休假"时，通常会使公司内部的员工士气低落。虽然气氛沉闷，情绪低落，但阴阳相互作用可能会产生影响。主管可能发表一个很"示弱"的讲话，解释公司因华尔街崩溃和国家经济低迷而陷入困境，赞扬公司员工的辛勤工作，并表达他对"同事"所做牺牲的赞赏。这样一个柔和的演讲会产生阴气。然后，他可以传递一个激动人心的信息，带来希望，激发员工，从而创造阳气。因此，士气低落的情绪可能会上升。主管先抑后扬（阴阳相互作用）的讲话，可能会比一味使用"柔和"（阴）的讲话或一味使用"鼓舞"（阳）的讲话更有效地提高员工的士气。然而，如果有一个强大的联盟发动战斗，沟通策略可以切换成另一种阴阳相互作用，例如胡萝卜（阴）和棍子（阳）。该公司可以公布一项计划，要么解雇低级雇员，要么削减高级雇员的薪酬。这个威胁性的提议将是一个"硬"信息，表现出管理层的阳刚力量。这个信息将包含"阳"的能量。管理层也可以提议员工不带薪休假。在威胁信息（阳）发布之前，休假政策似乎是管理层权力相对"软"的一面。因此，休假信息的能量将显得较弱（阴），对员工的影响将减轻。通过这样的演习，管理层不仅可以挫败罢工企图，还能获得公关利益，赢得声誉，照顾所有员工，因为没有人下岗。通过这个例子，让我们更容易理解阴阳相互作用的过程：当受众接受包含阴阳元素的信息时，感知就会从其中一个传递到另一个，这是触发受众比较的一个过程。像冷空气流动到热空气中，一个阳信息移动到一个阴信息（反之亦然）可以触发一个比较。如果阴阳差异很大，就会产生剧烈的"气"（如兴奋）。如果差异较小，可能会出现温和或亲和的"气"（如亲切）。虽然是在传播者的脑袋中进行了比较，但是这种潜在的加工过后的"气"，在受众端会很大程度上影响消息发送或接收。

根据老子的说法，一切事物都包含阴阳，新一代的"气"（能量流）可以进一步生成"气"。所以通常是很多代"气"共存。相互作用（例如，协调或交流的过程）可以产生"气"。反过来又包含第二代阴阳辩证法。例如，一个来自主流文化的组织，可以将其公共关系活动的主题或修辞从一种强有力的语气（阳）调低到一个较温和的文化群体的公众等级，这样话语就变得不那么具有恐吓性（消极，阴）从而更有权力（积极，阳）。通过这样的调适过程（从阳向阴，从阴到阳），可以产生第二代"气"，这是一种更和谐的氛围。另外，不同类型的相互作用可能会产生阳气。例如，如果来自主流文化的组织在公共关系沟通中发挥其权力，表现出优越感，恐吓弱势文化成员，那么强势文化可能会使弱者沉默，从而形成更消极的语气或修辞。在这种情况下，两者之间的气氛或氛围将更具有侵略性（甚至更强烈的阳气）。在这两种情况下，新的"气"是第三代"气"，与原始的"气"是不同的。

传播之气

从《易经》和道家哲学中可以得出与公共关系和全球化有关的一些原则。第一，有阴阳交替。正如所解释的那样，由于所有的现象都具有阴阳的特性，所有的物质、问题、现实，包括"气"，都包含着自己的对立面，是两种"气"的交替。第二，是时间的问题。《易经》认为一切都处于不断变化的状态。因此，阴气和阳气不会永久停留在其现状上；有一个暂时的平衡，但没有永久的稳定（《易经》前半部分提到的时间性原则）。一个国家、一个问题或一个现象在其发展的终结点往往会引出其对立面的崛起，《易经》哲学的一个重要原则是，当阴气达到最盛状态时，阳气会上升，反之亦然。例如，在全球化的背景下，当主流文化表现性极强（表现阳气）的时候，它本身就已经蕴含了弱者的种子，显示了一种阴能量（例如萌芽的腐败元素）。与此同时，弱势文化走向极端弱小的国家，本身就具有强大的种子，怀揣着反抗和反击的决心，推动着权力的崛起。第三，长期关系与和谐的问题。阴阳对立力量的变化、演变或循环，是一个漫长的过程，依赖于阴阳关系的维系。协调或调整好两种"气"可以保持较长的时间（《易经》的和谐原则）。否则，循环可能会更早发生。一个很好的例子就是，持续的权力斗争导致了美国保守派和自由派政治势力之间的周期性权力变化。《易经》中的第四条传播原则是与公共关系有关的，是创造性的。阴阳互动带来了变化和创造力。事实上，变化和创造力是相同的概念（Yu, 2005）。因此，在公共关系中阴阳互动可以培养创造力。

传播中的"势"（战略优势）到"气"

"气"不仅是《易经》哲学的概念，更是促进《易经》哲学原则贯彻落实的一种方法。然而，要理解如何产生"气"，还需要认识"气"这个概念。"势"的概念比"气"的概念要早一些。在当代东亚语言中，"势"和"气"甚至可以互换使用（其实是不正确的）。像"气"一样，"势"在其概念演化过程中，有很多学者在扩充其概念外延。艾姆斯（Ames, 1994）巧妙地将这个词翻译成英语，解释为"战略优势"。古代和现代的科学实例都可以解释这个概念。

大约2350年前，在中国，慎到（Sen Dao，想必是一个儒家）（Lu, 2004）引入了五个隐喻来阐明"势"的概念。其中的一个描述了为何悬崖上1英寸的树苗看起来比山谷底部10英尺的树高。在这里，悬崖的相对高度是一个战略地位，1英寸树苗有相对更有利的战略优势（"势"）。慎到的另一个比喻描述了一个孩子如何移动一头笨重的水牛，孩子通过抓住穿过水牛鼻子软骨的绳索来随意操纵它。这个软弱点是一个战略位置，类似希腊神话中的阿喀琉斯之踵。这个孩子拥有战略上的优势，并且仅仅用手就可以移动动物。现代物理学的一个例子进一步说明了"势"的概念。在射箭过程中，张弓时会储存潜在的能量，当释放时，箭会射出，甚至杀死命中之人或动物。前面的弓（阴）和后面的箭（阳）构成阴阳战略结构，就像在全球化文化背景下，占有较少特权的文化（处于阴的位置）和主流文化（处于阳的位置）共同构成了全球化的跨文化传播的阴阳结构。主流文化具有说服或影响弱势文化的战略优势。由于占据战略地位而获得战略优势，从而获得权力。

在沟通中，"势"可以是一个大趋势、大背景，或是一个总体的社会文化价值。通过建立一种能够影响或促进沟通的"气"，公共关系从业者可以在复杂的环境中更有效地构建关系。"气"在公共关系背景的含义下，将在本章的后半部分进一步讨论。

传播假设

"气"是由阴阳相互作用而产生的，阴阳的相互作用是通过沟通来进行的（Chung, 2008）。从沟通的角度来看，《易经》原则可以产生以下假设（Chung, 2008）。

第一，传播本身及其元素，如传播者、信息和环境，是"万物"的一部分，因而具有阴阳的属性。第二，"气"可以世世代代相传。阴阳之间的相互作用可以创造出某种具有潜力的能量流或"气"。这是第一代的能量，反过来，可以根据其性质分类为阴阳。例如，谦虚的态度或行为通常被称为阴，而强势的态度或行为被称为阳。第三，传播过程可以被看作一个阴阳协调的过程。例如，传播者或互动者的态度和行为可能会形成某种气氛或气场。改变自己的态度或调整自己的行为可能会改变参与对抗的双方之间的"气"。第四，沟通过程可以成为相互协调的手段。

在传播中，"气"是一个战略性的杠杆点。用阴阳对比来建立一个"气"，可以影响或促进传播。

"气""势"战略

我们已经讨论了《易经》中的一些重要原则，如和谐（对立以达到和谐）、循环（对立最终相互转换）、创造性（活力与新生事物）、统一（以一体观来看世界）。当我们将这些原则付诸实践时，采用有效的策略可以帮助产生所需的"气"。

"气"的利用是必要的，这涉及一些常用的、有用的策略，称为"势"策略。这些策略包括"吸收""回避""降压""建构"。钟和巴斯比（Chung & Busby, 2002）确定了四种组合：吸收型策略（利用现有的战略"优势"）、回避型策略（避免不利局面或"劣势"，包括压倒性的"趋势"或力量，以保留能量）、降压型策略（反对大"优势"下产生"大卫vs效应"）、建构型策略（创造型战略"优势"）。根据情况，适当的策略可以帮助产生所需的"气"。

艾萨克森和钟（Isaacson & Chung, 2004）运用这四个策略来分析布什（Bush）与戈尔（Gore）在2000年美国总统选举中的交锋。当布什和戈尔在美国国旗下讲话时，他们使用了吸收型策略，试图唤起美国的爱国主义和民主的根本价值。布什在预测总统的形象时，运用了建构型策略。他邀请众议院议长和参议院多数党领袖在得克萨斯州克劳福德的布什牧场开会，他的助手邀请摄影师和记者记录那些象征性的时刻。布什总统的讲话受到了建构型策略的影响，他站在一个非常官方的立场（高，因此是阳）而不是戈尔明显的失败者地位（低，因此是阴）。基于对"气""势"策略的解释，我们可以更好地理解"气"理论如何为全球文化语境中的公共关系提供启发性的视角。

在全球化的公关战略中贯彻《易经》原则

公共关系需要战略思维，这涉及战术层面。正如奥斯汀和平克尔顿指出的那样，"当公共关系从业者在策略上而不是战术上应对问题和挑战时，他们更有可能帮助组织应对挑战，解决或避免长期问题，并以互利的方式适应关键利益相关者的期望"（Austin & Pinkleton, 2001, p.4）。正如本章已经讲述的那样，这个世界的时空大大缩小了，全球文化语境下的公共关系由于相互关联和即时性的问题而变得更加复杂和紧迫。这种背景使得战略思维比传统的公关实践更为重要和必要。

和谐、循环、创造、团结的《易经》原则与全球化的公共关系有关。了解这些原则，并在公关沟通中运用，可以帮助实践者在面对跨文化冲突时达到和谐的目标。"气""势"策略展示了它们如何为这些原则服务。下面的例子展示了"吸收""回避""降压""建构"四种策略。这些原则和战略构成了表9.1所示的一个矩阵式概念框架。

表9.1 《易经》原则中的"气""势"策略举例

	《易经》的含义	使用案例
和谐原则		
吸收	网络	日本的附属企业
回避	放下琐碎之事	新闻失态
循环原则		
吸收	把握大的内容	村野和雷曼兄弟
回避	迂回	组织互惠
创造原则		
降压	规则	鼓励消费
建构	第三选择	没有制服限定
团结原则		
降压	鼓舞基层 外部网络	工会与掠夺者
建构	外部网络	妇女的网络权力

和谐

老子强调了《易经》的细微差别，指出阴阳可以相互影响，达到和谐。阴阳相互作用和转变的理想状态是一种和谐的状态（Chen, 2009）。和谐是东亚文化中最珍贵的价值观之一。在西方，和谐被认为是公共关系的本质（Seitel, 2001）。援引公共关系教育家马尔文·夏普（Malvin Sharpe）的话说，公共关系应该归结为一个"协调"个人（公众）和社会组织之间长期关系的过程，由于全球化的公共关系充满了辩证式的紧张和跨文化冲突，"气""势"策略可作为实现和谐的途径。其中，"吸收"和"回避"两种策略可以达到这个目的。

"吸收"策略 "吸收"策略是吸收利用现有的"势"（准备）所产生的能量流。宇宙和其中的万物是相互关联的。在对象之间确定共同点并不难，例如，本土文化和外来文化。一起前进可以节省大量的能量，促进和谐的气氛（"气"）。然而，一些共同点可以隐藏在不同的文化词汇、成语和故事中。发掘其共同的含义和用法，并对其进行浏览，可以使能量流顺畅，在交流中营造一种亲切的氛围。

另一种"吸收"策略是在公共关系环境中利用网络。网络可以连接专业组织、社交俱乐部或与客户组织相关的其他单位。在一块瓜田里，叶子茂密，寻找和摘取瓜的一个有效方法是"顺藤摸瓜"。在日本文化中，离开公司的员工往往组成新的企业，成为前任雇主附属网络的一部分。因此，围绕某些公司形成了众多的分支或分离网络。这些分支或分离网络就像东方美食中的莲藕（根茎）：藕断丝连。这种依恋现象与许多其他文化中常见的情况形成鲜明对比——员工离开公司没有情绪，也没有怨恨。无法理解这种紧密的关系，解释了一部分外国公司在打入东亚文化的市场和社交网络方面所遇到的困难。我们很有必要学习和培养这样的网络。在全球化过程中的公共关系，特别是在东亚文化中，吸取社交网络的优势是战略思考和规划的需要（正如我的个人和专业经验告诉我的）。

除了在组织层面上运作的网络，还有一系列网络概念被称为关系（Huang, 1997）或特殊纽带（Chung, 1996, Jacobs, 1984）。同学、校友、家族和社会俱乐部成员都被认为是联系的来源。这些联系构成了东亚文化强大的基础。

在全球化的公共关系中，计算机多媒体通信（CMC）渠道构成了公关从业者不能忽视的最强大的网络。毕竟，全球化在很大程度上是由计算机通信推动的。在世界上享有技术特权的地区，传播速度、分配的数量以及信息获取的便利性，都在使公共关系实践革命化。由于CMC网络的存在，传统网络已经变得比以前更强大了。如虎添翼一般，人类关系网和计算机网络的结合，使得这种新型网络比我们在当前市场全球化时代所能想象的更加高效和强大。这种融合极大增强了公共关系的战略地位。

总而言之，一个和谐的氛围增强了传统的网络，比如日本的例子，或者最近刚刚兴起的在线社交网络。网络运行正常的话可以增强和谐感。利用网络是当今公共关系实践中最有力、最必要的策略。

"回避"策略 道教《易经》是哲学著作之一，其观点是"无为"。老子是道教的创始人，"无为"是老子对君王的告诫，他主张宽刑简政、轻徭薄赋。在战略层面上，"回避"策略是回避不利的对立。以下两种情况，公关从业者必须谨慎对待，以避免形成对抗。首先是避免将自己置于对抗主流价值观、对抗主流势力或趋势的战略地位，如此强大的对手，与之作斗争注定会失败。另一个是避免与微不足道的对手对立，与他们对立不但会提高对手的士气，还会为对方增加公众的支持，在这种情况下战斗是不值得的。下面简要介绍一个成功的公共关系案例，案例中运用了"回避"策略，以达到和谐，服务于公共关系的目的。

一家全球性公司的海外区域总裁感到十分震惊，他在机场逛性用品商店的照片出现在当地电视台的国际游客特别报道中。他提起了诽谤诉讼。然而，公共关系总监认为不必兴师动众，因为照片中，他与其他在机场的普通旅客一样，形象并不突出。这是一个记者随机拍摄的，她的专题报道只是为了体现一下欧洲人（游客）而已。公共关系部主任建议将此转变为公关机会。经区域总裁许可，他访问了当地媒体协会主席，并请他讨论此报道。协会会长随后调解了争端。当电视公司同意澄清新闻事态失误并道歉时，区域总裁撤回了诉讼。媒体协会领导人为成功解决冲突感到自豪，因此区域总裁及其公司与电视台、其他媒体记者和媒体管理层建立了友谊。总裁和公司在新闻界建立了良好的关系，并通过公关部门设计的一系列活动，在媒体上得到了宣传。公共关系的利益并非来自金钱——避免撕破脸的法律对抗，在一个关键性公众（媒体）面前赢得了一个良好的沟通环境（和谐之"气"）。

循环

据《易经》所述，宇宙间任何事物都有阴阳两种属性，阴阳二性不断相互作用与转换，阴极则生阳，阳极则生阴，这种消长盈虚的相互转化使天地间万事万物每时每刻都处在变化之中。特权阶层（阳）有成为弱势群体（阴）的可能性，反之亦然。这个变化应该被重视。首先是对危机的敏感性，那些占上风的人需要警惕他们垮台的可能性。对于公关从业人员来说阴阳轮回意味着，与主文化相比，公众在外来文化中对非国内公司的社会等级的认知是非常重要的。此外，重要的假设是，现在那些不怎么享有特权的文化成员有一天可能通过经济，甚至更极端点，通过军事干预占到上风。因此，从业者需要抑制自己的文化优越感。这些问题可以通过采用"气"策略中的"吸收"策略来解决。

"吸收"策略 改变实践方法或倡导新的事业之前，全球范围内工作的公关从业者需要充分识别和理解当地公众的文化价值观和规范。了解当地的做法和价值观，公关活动可以利用现有的能量流（"气"）。下面的案例就运用到了"吸收"策略。

在2008年美国证券公司雷曼兄弟倒闭之前，日本证券公司野村（Nomura）收购了雷曼兄弟的日本分行。为了推动该公司在欧洲、非洲和中东分支机构的全球化，野村成立了一个过渡小组来负责整合工作，这显然是相互关联的必要条件。但文化冲突成为这个过程中的绊脚石。例如，根据《华尔街日报》的报道，当多家投资银行客户出现在相同的证券拍卖（如债券、票据或股票）中时，前雷曼兄弟的证券人选择为那些支付较高费用的人服务。相比之下，野村更注重其他因素，例如关系的亲疏。他们认为，他们的新同事，前雷曼兄弟的证券人，为了获得快速的利润，推掉了忠诚的客户（Tudor, 2009, p.A12）。

从循环观点来看，组织整合与分化是阴阳循环的。为了加速或阻碍循环进程，人们需要确定"势"（战略优势），如社会因素和文化价值，以便能够采取正确的"势"战略从而生成"气"。野村/雷曼兄弟的例子中，控制的"势"即高或低的社会流动性，唯物主义/理性主义，联系/关系。例如，为了整合过程顺利，野村可以采取两种策略。一方面，在一个流动性较低的社会或重视关系的文化中，野村应该服务长期（忠诚的）客户而不是高收费客户；另一方面，在诸如美国这样物质驱动的文化环境中，野村可以选择服务那些支付更高费用的人。

当不同的实践准则在一个全球化的公司中共存时，公司可以通过文化价值观来吸引不同文化背景的员工，并且在经纪人和客户之间创造出亲切的关系（"气"）。在整合的过程中，尤其是经过充分的内部沟通后，两种企业文化的成员可以通过谈判采取其中一种或另一种做法，甚至可以创造出第三种替代做法。这种"和平共处"战略将使公共关系从业者意识到对"分化—融合—体化"循环保持开放态度的重要性。

"回避"策略 一旦人们将循环的概念内化，才能更好地理解人际关系的无常性，并能更好地忍受人际关系中的挫折，期待阴阳轮回。在公共关系方面，从业者可以超越目前的"组织/客户"关系，寻求更好的关系。例如，美国一家全球性公司的两名外籍人士，在一个月内分别与东亚国家的居民发生口角和摩擦。媒体嗅到了一些新闻报道的潜力，深入社区挖掘这次"冲突"。令媒体感到沮丧的是，社会公众几乎一致地支持（阴）这家公司（阳），因为他们曾受到这家公司（阳）的慷慨支持（阴）。这是阴阳的转化。公关人员召开新闻发布会，解释说这是由于语言障碍、文化差异和误解而产生的冲突。然后，咄咄逼人的新闻界试图挑拨，说该公司在员工受伤问题上处置不当。一位充满敌意的记者甚至对副总裁在当地政治方面的个人观点进行了探讨。公司的人员并没有表现出一贯的西方价值观式的自信，而是谦恭地道歉，并且巧妙地避开了这个坑。社会各界阅读媒体报道后，都对副总裁在新闻发布会上的谦逊语气赞不绝口。冲突迅速解决，双方的怨恨也逐渐消失。有趣的转折点是，媒体开始积极寻找更多公司支持社区的故事，例如，当地雇员邀请外籍人士参加当地的节日和庆典，以及公司CEO在当地学校演讲时同时使用英文和当地语言。

如上例所示，公共关系从业者应该更加注意组织与公众之间长期关系的价值，认识到阴阳的转化。"回避"策略的生成会防止公司作茧自缚,这是与媒体或公众等特定对象发生激烈对抗的公关经验。当阳和阴关系发生变化时,"求和"可能是明智的。

创造

《易经》的关注点在"易"。《易经》认为"变化"过程具有生命力和创造力。创造力意味着生命力。创造力是所有事物阴阳两面相互作用的结果。例如,在公共关系中,一个较小的组织(阴)可能会为了一个目的,凝聚公众的力量,去争取一个更大的组织或权力(阳)。这两个阵营之间的沟通(批评、防御、反击或妥协)可能会产生大量新奇的策略、新的信息、新鲜的想法。依据阴阳观点,组织公关团队可以采取一定的"气""势"策略。以下部分阐述了"降压"策略。

"降压"策略　与"吸收"策略不同,这个策略涉及与强(阳)组织、事业、趋势、社会关注或公众舆论打交道,"降压"策略主要涉及较小的组织(阴)去克"阳"。一家东亚国家的全球性公司的公关活动就说明了这种策略。在2008—2009年全球经济衰退初期,某公司发起了一项鼓励当地公众"花钱"的活动。"节俭"不仅是当地文化的核心价值,还是许多文化的古老价值,这一运动的主题显然违背了节俭的价值观。正如公关小组所料,这场运动遭到当地宗教团体的猛烈攻击。大家并不关注公司打广告的动机,而是将注意力聚焦在公司是外企上。一位当地领导人轻蔑地说,"这个想法比一门外语更难以理解"。在面对这些团体之前,该公司为了进一步加强其主题,拟出了一个简单而又令人费解的口号:"花钱。"简单的插图和广告文本也强化了这个口号。活动开始两个星期后,电车上的口号变成了:"教你花钱!"该公司甚至利用员工的专业知识开设了一系列免费的计算机编程培训班。两个月后,当地政府自己也开始筹办"消费"活动,作为刺激经济增长的方案。与高科技相关的职业技能培训是支出项目之一。因此,公司的知识基础和前瞻性提升了其在当地的形象。公司成功的背后,是"降压"策略:挑战当地"节俭"的文化价值观。公关团队的观点引发了批评但是也帮助拉大了公司倡导主题(阴)与强大的地方文化价值观力量(阳)的差距,从而激活了活动中的"气"。在对问题进行定位、规划行动和实施行动之前,公共关系从业者可以通过调查情况来确定所涉及的问题、矛盾或悖论的阴阳两面,这对他们是很有帮助的。换言之,采用"降压"策略,公关从业者可以找到支点和高杠杆点,从而进行战略性操作。

"建构"策略　如果允许员工参与决策、贡献想法,并实施政策,这就拉近了阴(雇员)和阳(管理)之间的距离。这样就产生了一种亲切的气氛。美国一家全球性公司的公关运作的成功案例很好地体现了这一策略。

该公司总部设在中国台湾,其世界各地的分部都有一套着装规定。然而,在它的美国分部开设几年之后,着装出现问题。年龄较小的员工,包括中国台湾籍的员工,对规定表示不赞成,不想穿制服。公关办公室花了半年的时间对这个问题进行研究,并说服最高管理层成立了一个服装设计竞赛委员会，而不是强硬执行着装规范。员工被奖励吸引，纷纷提交创意和设计。制服设计年度大奖得主，将由公司资助设计和制作他的作品。在自愿的基础上，员工自行选择是否穿制服——261名员工中有80%选择"不穿制服"。委员会后来发出了一个全面征求意见的方案。纳入公司的全面质量控制计划（TQC）——头脑风暴会议。这种公关创新，从管理层和员工之间的紧张关系中发展而来，造就了一种强有力的、积极的士气。这是他们多年来为之奋斗的结构性变革，因此公共关系部主任被提拔为副总裁。阴（雇员）和阳（管理层）之间差距的缩小，造就了一个培养士气的和蔼可亲的"气"。

团结

和邻国印度一样，中国人认为"人们要认识和把握事物，就必须具体地分析事物之间的联系"（Capra, 2000, p. 104）。任何整体都由阴阳对立的多层次、多方面构成并相互作用。例如，在组织层面上，公司和媒体可能有阴阳（组织/公共）关系，但在较低层次上，可能有其他阴阳（如"广告商/媒体"或"买家/卖家"）的关系。因此，大宇宙中包括了无数个小宇宙。由于这种错综复杂的关系相互交织，宇宙是由复杂的动态的相互作用组成。公关从业者在驾驭这种活力以形成相互联系方面，发挥着不可或缺的作用。正如威尔科克斯、卡梅伦等人所指出的那样：

> 知识扩散理论家把公共关系人员称为"纽带"。社会学家把他们当作在两个系统之间传递信息的"边界扳手"。正如美国公共关系协会关于公共关系的官方声明指出的那样：公共关系从业者利用各种专业沟通技巧，在组织和外部环境之间架起了桥梁。（Wilcox & Cameron, et al., 2003, p.8）

从"气"的角度看，由于阴阳错综复杂的互动，全球化背景下存在着高度活跃和多向的能量流动。实践者有责任通过战略行动来反映这些流动，并充当文化之间的桥梁建设者。以下"气""势"策略中的"降压"策略和"建构"策略向我们说明了从业者如何能够用统一的原则来构建和谐的关系。

"降压"策略 如上所述，当我们处于弱势（阴）时，"降压"策略尤为重要。通过与强者（阳）的斗争，弱者可以赢得公众的赞誉，从而在交流中获得胜利。《易经》为弱者建立团体提供了一些指导建议：建立友谊和结盟，确立目标，保持道德制高点以驱散不确定性（Siu, 1968）。在公共关系方面，从业人员，特别是相对较小的组织，可以与某些事业基地（如社会或宣传团体）进行沟通，建立网络关系，与大型组织进行竞争。他们可以确定共同的目标，互惠互利，并在组织或客户间凝聚精神基础来建立联盟。与盟友共同的目标是抵御强大的敌人。

"建构"策略　正如"气"理论部分所讨论的那样,"气"主要分为两大类:激进的气力与和蔼可亲的"气"。要创造出活泼的"气",人们可以创造出一个反差很大的"阴阳"两端(例如攻击者的邪恶与组织的正义)。例如,为了遏制一家全球性公司收购当地公司,当地公司联盟发布了一则新闻,强调了敌对公司管理人员与职位级别低的雇员之间的薪酬差距。工会声称,与当地公司的平等价值相比,掠夺者的高薪酬表现出贪婪剥削和掠夺的欲望。这种"建构"策略可以提高工会成员的士气,因为形成了鲜明的对比:当地公司的平等(阳)与这个全球公司的贪婪(阴)。这种对比更能激发斗志(这里的"阴阳"符号是主观的,是任意分配的)。"降压"和"建构"两种策略不需刻意分开。除上面引用的工会和大公司的例子外,下面的例子也展示了它们的混合应用。

一个小型跨国航空货运公司承担多国业务,由于各种不便和障碍而被征税,在一些国家被当作新来的孩子"欺负",货运公司聘请了公关公司制定战略,以建立其组织的权威感,目标是以最低成本实现关系网络最大化,公共关系战略在东亚国家运营中心开始试运营。团队集思广益,在会议上制定了一项意想不到的战略计划:利用雇员的女性配偶为公司建立一个社会组织。一家小报刚巧曝光了一系列名人的婚外情丑闻,一篇报道称企业高管的情妇有增多的趋势。"配偶小组"利用这些事件带头发起"反情妇运动"。他们利用网络的方式和他们的运动主题一样具有创造性:他们赞助了一系列跨组织的社交活动甚至是跨组织交易,男性配偶都会出现在活动中。这些活动包括演讲、研讨会和远足等(但不包括高级管理人员独享的高尔夫聚会或宴会)。内部使用的口号是:"与您的生活伴侣重拾生活。"这意味着,如果没有情妇,自家的伴侣可以重新获得二人世界的生活。在不到一年的时间里,该组织就成长起来,并招募了1600多名各界人士,包括航空货运公司的竞争对手。航空货运公司的员工和他们的配偶一起参加了这些活动,把社交网络放在了议程的首位。随着员工及其配偶在组织中发挥领导作用,航空货运公司的社会关系力量迅速建立起来。当机场管理局开了一个新航站楼时,该公司获得了一项重大的特权,这一结果表明:一度被欺负的"童子军"航空货运公司被分配到离机场办公室最近的空港。

这些案例中所运用的策略既包括"降压"也包括"建构"。小公司(阴)的公关团队通过满足员工的心理需要,激励雇员与大型竞争对手(阳)进行对抗。通过建立一个错综复杂的网络来发展社会关系,为了"降压"先使用了一个"建构"策略。

结论

本章以《易经》哲学、传播学的"气"理论和"气""势"策略为基础,阐述了全球化公共关系中一种灵活、动态的沟通模式。这种策略的选择取决于阴阳对比的程度,这必须由从业人员来评估。总的来说,"气"策略比任务导向更人性化。因为它强调预防冲突,它还能降低组织内补救性沟通的成本(Chen & Chung, 1994, 1997)。最后,"气"是灵活的、多变的、紧急的和机动的，是一种与情感相关的互生的物质。

公共关系的对称模型（Grunig & Hunt, 1984）强调组织与公众之间态度和实践的平衡。公共关系的"气"模式旨在辨别策略的差异甚至是两极性以选择不同的策略。其重点是两种文化价值之间的权力差异或两个文化之间的优势程度。关注差异为的是构建与维护"客户—公众"的和谐关系，也是为战略迈出的必要步骤。

然而，必须谨慎地说，在实践中，"气"的策略可能涉及潜在的伦理风险。和谐统一的价值观在经济上较弱的国家文化同质化过程中，可能会被某些主流文化所利用甚至滥用。换句话说，这种模式，特别是"吸收型"策略，可能被用来维持现状。强调人际关系和人际交往可能会使圈内外的势利之人的观点分歧合法化，为公共关系实践中的裙带关系和不公平问题铺平道路。这些要引以为戒。

问题讨论

1. 你认为除了结论中所提到的内容，基于"气"的公关策略的优点和缺点是什么？
2. 四种"气"的策略（吸收、回避、降压、建构）在战略层面上运作。它们是否可以应用于全球或你所在地区的公共关系实践中（如口头和非口头信息传递）？举例说明。
3. 提到的各种战略的案例中，哪些在你所在地区的公共关系背景下不会发生？如果不采用"气""势"策略，哪些问题可能无法解决呢？
4. 在公共关系研究中，你如何根据传播学的原则来提出假设或研究问题？以一个具体的研究为例。

参考文献

Ames, T. (1994). *The art of rulership*. Albany, NY: SUNY Press.

Austin, E. ,&Pinlcleton, B. (2001). *Strategic public relations management*. Mahwah, NJ: Erlbaum.

Barker, C. (1999). *Television, globalisation and cultural identities*. Buckingham,UK: Open University Press.

Capra,F. (2000). *The Tao of physics*. Boston, MA: Shambhala.

Chen,G. (2009). Toward an I-Ching model of communication. *China Media Reseach*, 5(3), 72-81.

Chen, G. ,&Chung, J. (1994). The impact of Confucianism on organizational communication. *Communication Quarterly,* 42(2), 93-105.

Chen, G. , & Chung, J. (1997). The "five Asian dragons": Management behaviors and organizational communication. In L. A. Samovar, & R. E. Porter(Eds.), *Intercultural communication: A reader* (8th ed., pp. 317-328). Belmont, CA: Wadsworth.

Chuang, R. (2000). Dialectics of globalization and localization. In G. Chen & W. Starosta(Eds.), *Comrnunication and global society* (pp. 19-33). New York: Lang.

Chung, J. (1996). Avoiding a "Bull Moose" rebellion: Particularistic ties, seniority and third-party mediation. *International and Intercultural Communiication Annual,* 20, 166-185.

Chung, J. (2008). The *chi/qi/ki* of organizational communication: The process of generating energy flow with dialectics. *China Media Research,* 4(3), 92-100.

Chung, J. ,&Busby, R. (2002). Organizational communication with naming strategies: The ci-shi approach. *Intercultural Communication Studies,*11(1), 77-96.

Chung, J. , & Ho, M. (2009). Public relations, I-Ching, and Chi*(Qi/Ki)*theory: A new model from an old philosophy. *China Media Research,* 5(3), 94-101.

Grunig, J. , & Hunt, T. (1984). *Managing public relations.* New York: Holt, Rinehart,& Winston.

Hall, S. (1991). The local and global: Globalization and ethnicity. In A. King(Eds.), *Culture, globalization and the world-system* (pp. 19-40). Binghamton, NY: SUNY at Binghamton Press.

Hamilton, G. (1994). Civilizations and organization of economics. In N. Smelser & R. Swedberg(Eds.), *The handbook of economic sociology* (pp. 153-205). Princeton, NJ: Princeton University Press.

Huang, K(1997). Guanxi and mientze: Conflict resolution in Chinese society. *Intercultural Communication Studies,* 7(1), 17-42.

Inglehart, R. , & Baker, W. (2000). Modernization, cultural change, and the persistence of traditional values. *American Sociological Review,* 65(1),19-51,

Isaacson, F,&Chung, J. (2004). The Bush vs. Gore rhetoric after the 2000 election impasse: *A ch'i-shih analysis.* SIMILE, 4(2), 1-12.

Jacobs, B. (1979). A preliminary model of particularistic ties in Chinese politi- cal alliances: Kan-ching and guan-shi in a rural Taiwanese township. *China Quarterly,* 78(June), 237-273.

Juan, K. (1994). Linking the issues: From identity to activism. In K. Juan, D. Huang, &M. Jaimes(Eds.), *The state of Asian America: Activism and resistance in the 1990s* (pp. 1-15). Boston, MA: South End Press.

Karcher, S. (1997). *The I-Ching plain and simple.* London: Element.

Lin, Y. (2009). *The wisdom of Laotse.* Beijing, China: Foreign Language Teach-Mg&Research Press.

Lu, R. (2004). *Zhong guo gu dai xiang dui guanxi si wei tan tao* [Investigation of the ancient Chinese relativistic relations]. Taipei, Taiwan: Shiang Ding Culture.

Martin, J. , & Nakayama, T. (1999). Thinking dialectically about culture and communication. *Communication Theory,* 9(1), 1-25.

Robertson, R. (1992). *Globalization: Social theory and global culture.* Newbury Park, CA: Sage.

Robertson, R. (1995). Globalization. In M. Featherstone, S. Lash, & R. Robertson(Eds.), *Global modenities*(pp. 25-44). London: Sage.

Seitel, P. (2001). *The practice of public relations* (8th ed.). Upper Saddle River, NJ: Prentice-Hall.

Siu, R. G. H. (1968). *The man of many qualities: A legacy of the I-Ching.* Cambridge, MA: MIT Press.

Tenbruck, F. (1990). The dream of a secular ecumene: The meaning and limits of policies of development. In M, Featherstone(Ed.), *Global culture: Nationalism, globalization and modernity* (pp. 193-206). Newbury Park, CA: Sage.

The laptop trail. (2005, June 9). *Wall Street Journal,* p. B1.

Tudor, A. (2009, July 29). Nomura stumble in new global push. *Wall Street Journal,* pp. A1, A12.

Wallerstein, I. (1974). *The modern world system: Capitalist agriculture and the origins of the European world economy in the sixteenth century.* New York:Academic Press.

Wilcox, D. , Cameron, G., et al. (2003). *Public relations: Strategies and tactics*(7th ed.). San Francisco, CA: Allyn&Bacon.

Yu, Y. (2005). Creativity in the I-Ching and in Whitehead's philosophy. *Jiao Yu Zi Liao Ji Kan Journal of Educational Materials,* 30, 21-46.

推荐阅读

Asante, M. , Miilce, Y. , & Yin, J. (2008). *The global intercultural reader.* New York: Routledge.

Bardhan, N. ,& Patwardhan, P. (2004). Multinational corporations and public relations in a traditionally resistant host culture. *Journal of Communication Management,* 8(3), 246-263.

Baxter, L. , & Montomery, B. (1996). *Relating: Dialogues and dialectics.* New York: Guilford.

Botan. C. ,&Hazleton, V. (2006). *Public relations theory* (Vol. 2). Mahwah, NJ: Erlbaum.

Bridges, J. , & Nelson, R. (2000). Issues management: A relational approach. In J. Ledingham&S. Bruning(Eds.), *public relations as relationship management* (pp. 95-115). Mahwah, NJ: Erlbaum.

Chang, C. Y. (1963). *Creativity and Taoism: A study of Chinese philosophy, art, and poetry.* New York: Harper & Row.

Huang, Y. (2000). The personal influence model and gao guanxi in Taiwan Chinese public relations. *Public Relations Review,* 26(2), 219-236.

Kruclzeberg, D. (2000). Public relations: Toward a global professionalism. In J. Ledingham & S. Bruning(Eds.), *puhlic relations as relationship management* (pp. 145-157). Mahwah, NJ: Erlbaum.

May, R. (1975). *The courage to create.* New York: Bantam Books.

第十章

公共关系、全球化与文化：
框架方法论的思考和未来方向

C. 凯·韦弗

全球化给公共关系带来了重大挑战。公共关系曾经被视为一种特定的活动，其从业者主要服务于确定的地区、国家或者国际组织。（这种界定下的公关）可以通过其实践类型（如媒体关系、危机和问题管理、雇员关系、投资者关系、社区关系、政府关系等），和其战略意图以及特定公众的参与来确定。然而，当"尼亚加拉式（Niagara）公共关系"（Moloney, 2006, pp.1-14）占据公关领域主导地位时；当公共关系和其他形式的交流之间的界限越来越模糊时；当其方法已经被活动家、政府、"政治顾问"、政治家、名流、工会、皇室，甚至是游行革命者所采用（Grimshaw, 2007; Knudson, 1998）时；当它的交流对象和主题变得更加去区域化时；当其研究和理论化是由世界各地的学者从各种范式角度进行时，公共关系究竟是什么或者应该是什么，已经变得非常有争议，并越来越难以界定。

由于全球化是一个众所周知的难以定义的难题，因此出现关于如何研究和将"全球公共关系"理论化的问题没有达成一致共识的情况，就显得毫不奇怪。目前有呼吁表明我们需要更好地理解全球背景下的公共关系（Bardhan, 2003; Creedon & Al-Khaja, 2005; Curtin & Gaither, 2007; Gower, 2006; Yannas, 2006），但仍缺乏对现象的实际调查。在某种意义上，我们都希望从各种视角来了解公共关系在全球化中的作用，以及如何根据不同的文化背景来运用和实践公共关系，以及公共关系专业如何应对去区域化问题，但很少有学者能够开展可控的调查来探索这一点。迄今为止，尝试案例中不错的是柯廷和盖瑟的文化经济模型（Gaither & Curtin, 2008）及莫莱达、康诺列-阿恩和奎因的跨文化边界的社会活动内容分析（Molleda, Connolly-Ahern, & Quinn, 2005）。但是，未来需要更大范围的研究。

在过去的十年中，公共关系学术研究主要侧重于指导性知识的生产研究，比在该领域中的"第一代"研究（Gower, 2006, p.177）更为广泛。随着社会、文化和政治理论（Ihlen & van Ruler, 2009; Wehmeier, 2006; Yannas, 2006）引用这门学科的呼声越来越强烈，人们越来越意识到需要理解公共关系中的"地域"及其对全球化世界形态所做的贡献。然而，在将公共关系纳入探究的"第二代"调查过程中，其研究调查和理论化的一系列范式方法多元并存（McKie & Munshi, 2007），即在公共关系研究当中，我们已经把自己的公共关系研究定义为不同的"文化部落"（Leichty, 2003）。

我在这一章中反思了这两个部落群体——系统卓越理论家和批判理论家，包括支撑他们对公共关系进行学术调查的范式方法，以及他们如何代表特定的知识、信仰和价值体系。对于文化自身而言，这些方法论提供了对公共关系理论学家如何以及为什么要在专业方面坚持自己的职业的见解，而且，重要的是他们如何阐述其道德规范。

我在本章中专注于卓越理论和批判理论的观点，因为它们之间发生了激烈的争论；这场争论涉及对每种观点的理解和在公共关系实践中应用方式的歪曲。这两种观点都有局限性和盲点，并且在全球化的背景下，我们需要超越这些观点，为公共关系研究和理论化提供更有见地的认知方法。

在考察公共关系研究未来可能将全球化和文化纳入考虑的方向时，本章后半部分将介绍毛利人意识形态（Kaupapa Maori）的方法框架——一种在新西兰制定的参与式方法，它提出一种有利于其调查社区的研究实践。提出这一点有两个原因：首先，当我们努力在全球化背景下调查和理论化公共关系时，毛利人意识形态的观点提醒我们更加仔细地考虑我们的研究如何构建以我们自己的名义发言的人民和文化、我们的权利以及我们如何想象理论代表了"他人"的需求。其次，毛利人意识形态研究建设性地挑战了普遍性。西方强调"存在的方式"而不是"实际的行为"的职业道德理解，重点关注方法论、技巧、研究分析和传播的道德规范。从这个角度来看，无论是系统卓越论者还是批判理论家，都可以从中吸取教训。

卓越研究的"科学"性

公共关系学主要理论建设的第一次浪潮始于1985年，当时卓越项目由美国马里兰大学J.格鲁尼格领导，并由国际商业传播者协会（IABC）资助。就公共关系的社会和文化定位而言，尤其是在学术界，这个项目给该行业的专业性带来了相当大的影响，在几十年之前，人们认为公关与宣传有某种联系（Pieczka, 2006; Weaver, Motion, & Roper, 2006）。此外，通过其"科学"方法论，外部和内部的可信性都被带入研究本身。

自17世纪启蒙运动以来，科学方法主导了西方世界对"现实"的研究和构建，并且"以最高标准的知识严密性和最可靠的获取知识的程序来确定"（Schuster & Yeo, 1986）。

第十章
公共关系、全球化与文化：框架方法论的思考和未来方向

在本体论上，该方法假定现实和知识独立于研究行为存在。为了发现现实的"事实"，严谨而系统的经验观察或实验被用来检验假设或命题。而研究的目标是发现现象之间的因果关系，并能够预测未来行动的结果。自启蒙运动以来，科学道路已成为发现"真理"的最佳途径。

为了与科学研究的期望保持一致，卓越项目包括：（1）对一系列学科理论的广泛的文献回顾，这些理论为公共关系的最佳实践提供了依据；（2）从225个应用了这些理论的组织中收集数据，并进行调查和分析。由此形成了卓越理论，该理论描述了"卓越的沟通部门的14个特征以及它们沟通项目的三个效果"（Excellent in Public Relations and Communication Management, 1991）。然后通过对加拿大、美国和英国的200多个组织的调查，包括公司、非营利组织和政府机构等，进一步对这一理论进行了实证检验。选择参与这项研究的国家显示出了一种西方文化焦点和项目偏见。不知不觉中，这些国家被认为能够提供对公共关系专业最合适或最有代表性的文化视角。

包含公共关系卓越理论的系统理论有着其自身的文化偏见。该理论的根源在于生物学，并试图解释元素之间的关系如何有效地适应它们所属的环境系统。然而，尽管这个理论起源于西方科学思想［其创始人路德维希·冯·贝塔朗菲（Ludwig von Bertalanffy）是德国人］，但其系统思维的形式也存在于非西方哲学中。如在佛教、中国关于"气"的哲学、以新西兰毛利人和澳大利亚土著人为代表的土著文化中，这种相互关联的概念包含了判断行为及其效果的基本价值（Bishop, 2008; Khisty, 2006; Smith, 1999）。然而，在这些非西方哲学中，系统的整体性不是用理性的机器般的术语来感知的。相反，对所有生物之间的相互联系的欣赏，为人类的品质带来了精神和非科学的维度。

从实证主义和理性主义的角度来看，系统理论将组织描述为一个由相互依存的部分组成的复杂的社会系统，并且与它所处的环境有关并依赖于它。一方面，封闭的组织不承认它们对系统的依赖，并且不可能长期存活；另一方面，开放系统认识到它们相互依赖的性质。因此，强调公共关系对组织的重要性："公共关系是维持组织内部和外部这种相互依存关系的主要环节之一"（Plowman, 2005, p.840）。因此，公共关系理论研究人员特别关注公共关系"功能"对有效实现组织目标的重要性，公共关系既是组织系统的一部分，也是组织与外部环境交叉的一种手段。正如威特曼所解释的：

> 从系统的角度来看，公共关系既是系统组成部分又是边界扳手……环境扫描将信息带入组织，而外部通信将信息发送到组织环境中……因此，公共关系活动提供反馈功能，帮助客户系统解释环境以维持稳态。（Witmer, 2006, pp.363-364）

系统理论框架内的组织和自身需要与其运营环境有效地交叉，公共关系的四种模式

被开发出来：新闻机构、公众信息、单向不对称和双向对称。结果发现，那些施行双向对称沟通的组织更有可能成功地适应其所处的环境，因为"公共关系符合公共利益，发展组织与公众之间的相互理解，有助于对社会问题进行知情的辩论，促进组织与公众之间的对话"（J. Grunig & White, 1992, p.53）。

支撑双向对称模型的理想是值得称赞的。但是，这些理想也被搁置在政治和经济体系的背景下，在这个体系下，人们认为这些理想可以实现放任自由的资本主义多元主义。在这种情况下，"公共利益"的定义通过"观点市场"中的"民主"辩论和谈判来制定。尽管竞争激烈，但在理想情况下，这种背景允许"在政策制定过程中享有平等权利"（Coombs, 1993, p.112）。在这些术语中，"当听到各种特殊利益的声音时，公共利益最好得到满足。市场理论的前提'真实'将从强大的公共辩论中产生，并由评估竞争观点和信息的人来决定"（Fitzpatrick, 2006, p.4）。

在卓越模式中，公共关系从业者在组织中发挥重要作用，促进与公众的双向对话，以及通过公共利益来实现组织决策的"双赢"局面。系统理论认为，为了有效实现公共关系，公共关系需要成为"主导联盟"的一部分，参与管理决策（Sriramesh, J. Grunig & Buffington, 1992），而不仅仅是在组织内部发挥技术作用。这种模型的支持者依然坚持这个观点。例如，J.格鲁尼格和L.格鲁尼格指出：

> 在组织决策过程中放大公众的声音需要更多的沟通者而不是技术人员的技能。（公关从业者）中需要一个管理层的人，他可以与组织主要成员进行对话。卓越研究的一个前提是公关从业者中包括有权力精英，或至少可以直接向首席执行官报告的人。（J. Grunig & L. Grunig, 2009, p.638）

系统理论既是文化导向中的管理主义方法（因为它强调高效管理对组织成功的因果价值），又是"科学"（因为它提出普遍的因果关系法则，解释公共关系如何实施以及如何影响组织效能）。事实上，基于公共关系理论的系统支持者，明确地赞同西方科学思想在文化上"进步"的必要性，例如说：

> 科学的方法已经改变了世界和人们思考世界的方式。总的来说，科学方法改善了人们的生活，迫使他们对所观察和经历的事物进行逻辑和系统的思考（强调补充）。因此，包括公共关系在内的许多专业人员都期待科学界为其专业实践打下基础。（J.Gunig & White, 1992, p.31）

然而，将系统理论家描述为严格的实证主义者是不准确的。例如，J.格鲁尼格和怀特（1992）并没有声称科学完全客观、价值中立，或能够发现"真理"。这一点极为重要，因为这些理论家确实承认人的主观性（以及我们包含的文化）影响公共关系如何被感知、实践和教授。

然而，还需要理解的是，"组织有效性"是如何根据系统理论进行判断的，以及它如何内在地融入西方新自由主义资本主义经济的同情和支持。事实上，卓越研究人员承认，最终这种方法用财务术语来判断组织的有效性。例如，在探索"什么是有效的组织"时，L.格鲁尼格、J.格鲁尼格和艾林指出，"公共关系对底线的贡献需要将沟通目标与更广泛的组织目标联系起来的逻辑理论论证"（L. Grunig, J. Grunig, & Ehling, 1992, p.65）。艾林主张对公共关系进行成本收益分析，认为"公共关系管理的经济成分不仅是在确定特定的公共关系计划的价值（用金钱来表示），也是公共关系部门及其在组织中的职能"（Ehling, 1992, p.617）。虽然这些财务要求为判断成功的公共关系工作提供了基准，但最初的卓越项目中缺乏清晰的公共关系与文化之间的交叉点。然而，毫无疑问，20世纪美国现代主义资本主义文化在确定"优秀"实践如何定义方面发挥了关键作用，尽管这在卓越项目本身中从未明确表达过。

卓越、系统理论与文化

卓越理论家很早就承认，"系统理论忽视了环境的关键因素——文化对组织过程的影响"（Sriramesh et al., 1992, p.578）。所以，以现有文献为基础的关于企业文化与公共关系之间的关系的命题（Sriramesh et al., 1992）以及关于社会文化与公共关系（Sriramesh & White, 1992）之间的关系的命题都被提出。但是，吉尔特·霍夫斯泰德（Geert Hofstede）的关于不同民族文化管理风格变化的理论，吸引了"第一代"跨国公共关系研究者。

霍夫斯泰德通过对世界不同地区的100000名IBM员工的研究，确定了五种不同的文化价值指数：权力距离、不确定性回避、个人主义与集体主义、男性气概与女性气质以及长期与短期取向（Hofstede, 1984, 1997）。斯里拉梅什坦率地评论道，"试图将社会文化与公共关系联系起来的学者几乎完全依赖霍夫斯泰德维度，部分原因是他清晰地描述和操作这些结构。同时也因为他提供了便于复制的可靠且有效的调查工具（重点补充）"（Sriramesh, 2009a, p.55）。看起来，霍夫斯泰德模型的准确性并不像早期国际公共关系研究人员那样吸引人，而是与管理组织重点和科学预测议程相称。

正如本书前面所述，霍夫斯泰德的文化维度及其在公共关系中的应用存在重大问题。这些维度将文化视为静止不变的，还将民族国家和文化视为同义词，将民族视为包含同质文化的东西，并且不能体现文化的多样性和复杂性。例如，在我自己的居住国新西兰，大多数人口是欧洲白人，而且有个人主义倾向。直到19世纪下半叶（King, 2004），一直保持着显著水平的政治和文化影响力的土著毛利人，更倾向于家庭集体主义。但是，并非所有毛利人都是集体主义者，城市毛利人和农村毛利人以及这些集团内部和集团之间存在显著的文化差异。此外，新西兰现在拥有相当多的亚洲人口，其文化价值观的范围与欧洲人和毛利人不同。在这种情况下，不能简单地认为霍夫斯泰德的文化维度"倾向于充当本质化话语，只是忽视了双文化和多元文化政策的细微差别"（Motion, Leitch, & Cliffe, 2009, p.116）。可悲的是，尽管新西兰社会日益多元化且存在多种复杂文化背景，但关于公共关系从业者如何应对这些文化动态的研究仍然非常有限。

这并不是说霍夫斯泰德维度适用的研究公共关系和文化之间的关系的检查没有价值。例如，瓦斯克斯和泰勒的研究发现，"美国的实践者继续实践公共关系的单向模式，即使他们的组织可能不会指定与公众的单向交流……拥有集体主义价值观的公共关系从业者倾向于实践公共关系的双向模式"（Vasquez & Taylor, 1999, p.433）。还有一些国家的研究将霍夫斯泰德的文化维度扩展到识别影响不同民族国家公共关系的其他文化因素（Sriramesh, 2009b）。研究人员继续借鉴霍夫斯泰德的文化维度解释不同国家背景下的公共关系实践，并将其定位为"发展有利于建立和维护与多元文化受众关系的公共关系策略的有用工具"（Kang & Mastin, 2008, p.54）。事实上，肯特、泰勒、考特赖特、沃尔夫和巴尔德温在研究中也支持了霍夫斯泰德维度，认为其仍然对处在全球化中的公关研究有一定帮助。尽管其确实鼓励人们用更多元的理论和方法去解决处在文化多样性和复杂性背景下的公共关系实践。

对系统理论和批判理论的批判

系统理论在公共关系学术领域具有非常重要的影响力，并构成（公共关系）学科最广泛的"知识体"。但它也受到了严重的批评，且由于该理论在公关学科中占据主导地位，致使公关理论发展受限（McKie, 1997）。

最主要的批判点是卓越框架如何在不享有美国政治、经济和文化价值的语境下依然作为一个规范模式发挥其效用。还有一个值得关注的问题涉及卓越理论如何将双向对称的公共关系定位为"道德"实践。批评者强烈谴责这种天真的态度，他们没有认识到那些有能力承担和利用公共关系专业知识的组织可能拥有比他们"对话"的公众多得多的资源（Coombs, 1993; Creedon, 1993; Duffy, 2000; Leitch & Neilson, 1997; Weaver, 2001）。当考虑到这些控制力差异时，双向模型事实上并非对称的。

除了对公共关系模型的批评，对系统理论的其他挑战还涉及组织效能为何主要以利润来定义，以及为何只有在被触及底线的时候一些群体才能被视为"公众"。麦基和孟希（McKie & Munshi, 2007）以世界上最严重的工业灾难——印度博帕尔（Bhopal）联合碳化物工厂的天然气泄漏为例，批判性地说明了这一点。这起"事故"是由联合碳化物公司的工厂缺乏安全维护造成的，最终导致数千人死亡，数千人受伤，并对人类和环境造成破坏性影响。然而，该公司危机管理活动的主要关注点在于维持美国的企业声誉和股票价值。博帕尔的人从来没有被视为一个组织的"公众"。该案例表明，除非这样做有经济优势，否则企业和公共关系工作很少重视员工和文化，以及卓越理论如何通过其

第十章
公共关系、全球化与文化：框架方法论的思考和未来方向

对底线的明确支持间接支持这种做法。正如麦基和孟希（2007）阐述的那样，博帕尔案例经常被引用作为公共关系教科书中成功危机管理的一个例子（Patwardhan & Bardhan, 2006）。人们不禁要问，这样一个组织对灾难的反应，甚至被战争分子归类为"公共关系"。但是，正如希金博特姆所认为的那样，对于跨国公司来说，生活在南半球的人是"经常被忽视的'非人民'"（Higginbottom, 2007, p.278）。

> 这使我们回到谁定义公共关系，他们如何定义公共关系，以及根据谁的文化需求和利益这些棘手的问题上。巴尔丹提出了与非西方语境有关的问题。他问道：在一个公众舆论未被纳入政治结构的国家，公共关系意味着什么？在消费者行动主义不是流行或可行的概念的环境中，公共关系是什么……？在大众媒体大部分或完全由政府控制的制度中，公共关系是什么？在一种不存在公共一词的文化环境中，公共关系是什么？（Bardhan, 2003, p.228）

在这些术语中，文化成为系统理论的一个非常麻烦的概念，尤其是在卓越理论中。然而，其他方法论的"认识方式"在将文化纳入公共关系学术方面取得了更大的成功。

批判理论

自1925年德国法兰克福学派诞生以来，文化一直是批判理论的核心概念。依据马克思和恩格斯（Marx & Engels）的著作，法兰克福学派确定了他们认为的资本主义对文化和文化生产的影响（Adorno, 1991; Adorno & Horkheimer, 1944/1998, Marcus, 1991）。在公共关系学术方面，批判理论家已经在将行业与文化之间的关系进行理论化方面取得了重大进展，并因此与卓越理论家进行了一场典范性的对抗（Pieczka, 2006）。这主要是因为，在全球化背景下，批判性研究者把资本家的物质和象征性实践作为帝国主义资本主义的一部分，并将其嵌入公共关系理论化过程。但正如系统卓越理论家们有自己的典型文化偏见一样，批判理论家也是如此。

迪茨解释说，"批判理论在更传统的日常意义上是一种生活方式的'理论'"（Deetz, 2005, p.90）。这是一种公开政治化的探究方式，通过这种方式，"研究人员经常把他们的工作视为迈向政治行动的第一步，可以纠正现场发现的不公正现象或建立在行动本身之中"（Kincheloe & McLaren, 2008, p.406）。他们进一步指出：

> 批判传统的研究采取自我意识批评的形式，研究人员试图意识到意识形态的必要性和认识论的预设，这些预设可以为他们的研究以及他们自己的主观或主体间的和规范性的参考主张提供信息。因此，批判研究人员公开进行了他们的假设调查，所以没有人对他们带到研究现场的认识论和政治包袱产生困惑。

另外，正如最初设想的那样，批判理论有一个变革性的议程，其目的是"揭示和理想地减轻压迫"（Shugart, 2003, p.275）。尽管并非所有的批判理论家都严格遵循这样一个程序，但这一点很重要。例如，在发展关键性公共关系研究中发挥重要作用的莱唐解释了她的学术动机——她更关注"更好地理解作为社会实践的公共关系的本质"（L'Etang, 2005, p.524）。

对于实证主义者和后实证主义者而言，批判理论的有意主观和激进主义议程可能既令人困惑又无意义。例如，为了回应杜塔（2009）对公共关系的后殖民分析，本特勒和韦迈尔对此提出怀疑：

> 我们并不完全相信，后殖民学者应该通过持续的反思和批判来为激进主义运动创造解放的开端……学者的主要角色应该是：观察、描述、分析、批评，但这不是一场运动，（否则）只会降低他或她的可信度。（Bentele & Wehmeier, 2009, p.356）

有趣的是，在倡导"科学"的立场中，本特勒和韦迈尔几乎没有认识到他们也是文化世界观的一部分，也没有认识到他们是如何阻止行动的，因为他们认为这种行动是"对研究成果和过程的一种污染"（Guba & Lincoln, 2008, p.266）。这可能与福利和巴伦苏埃拉的观点形成鲜明对比，他们认为，"直接参与政治过程的研究人员能够更好地理解和理论化社会变革"（Foley & Valenzuela, 2008, p.306）。

传播并不是早期批判理论家特别关注的焦点，尽管他们确实认为大众传媒在资本主义意识形态和文化传播中发挥着核心作用。伯卡特解释道，"他们的观点是，受广告和商业命令控制的大众媒体，为统治地位的企业利益的需要服务，并在意识形态再现中发挥重要作用，以为消费资本主义制度创造更有利的条件"（Burkart, 2009, p.141）。许多关于公共关系的批判理论分析都得出了类似的结论，诸如"公关顾问部门与市场意识形态之间具有选择性亲和力"（Miller & Dinan, 2000, p.20），以及"公共关系从业者试图保持新自由主义霸权"（见本书中杜塔和帕尔的章节）。对于批判理论家来说，由于与资本主义传播的历史进化的联系，公共关系通常被认为是一种压迫的工具，它为公司和最近的跨国组织，以及公共关系本身的跨国组织提供支持。

所有批判性的公共关系研究人员无论在社会、文化、政治、经济、组织、文本或语言层面都会以某种方式集中于权力和意识形态问题。批判研究者汲取各种各样的社会、政治和文化理论所提供的理论工具和观点。这些内容已经超出了本章的范围，但简要来说，其研究领域包括：审察公共关系活动背后的政治和经济力量（Miller & Dinan, 2000; Sklair, 2007），对公共关系传播活动或文本的近距离文本解读（Henderson, 2005, Motion &

Weaver, 2005; Weaver & Motion, 2002）以及使用后现代主义、次级研究等文化理论来进行分析（Duffy, 2000; Holtzhausen, 2000）。一些研究结合了两种或多种这些方法（Curtin & Gaither, 2007）。不管研究的方法框架如何，批判公共关系的研究人员普遍认为，公共关系行业的全球增长和影响力受西方资本主义利益、公司化和市场放松管制的驱动，促使跨国公司深入新领域或"新兴市场"（Millar & Dinan, 2000）。

尽管经济利益是公共关系"走向全球"的驱动力，"批判理论也试图解释行业如何为这些利益的政治和文化特权营造一种接受气氛"。例如，话语理论已经将公共关系实践视为构建并促进符合组织需要的象征意义，从这个角度来看，莫辛和利奇将实践者理论化为"作为积极参与的话语技术人员……发散性地维持或改变社会文化实践的话语斗争"（Motion & Leitch, 1996, p.301）。在全球范围内，批判性研究探讨了跨国公司如何转变社会文化实践和意义，以符合其意识形态需求和必要条件以及产品和品牌的文化象征意义。例如，可口可乐和麦当劳等公司推动美国梦和通过消费获得快乐的话语（Curtin & Gaither, 2007）。一系列后殖民理论是为了"揭露……公关理论和实践试图传达与主要的西方经济增长和发展模式相一致的企业目标"（Munshi & Kurian, 2005, p.515）。

这些后殖民主义工作大部分是在纯粹的理论层面上进行的，也确实在公共关系研究中出现了大量批判性作品。这是一个值得关注的问题，因为正如帕尔和杜塔所指出的那样，"它并不真正创造和维持一个话语空间，以吸引那些典型的通过公共关系优势实践而被边缘化的利益相关者的声音"（Pal & Dutta, 2008, p.173）。因此，有必要开展研究，调查跨国公司的公共关系沟通如何被与其接触的多样性的公众和受众所理解的。媒体理论在观众接受研究方面有着悠久的历史，并提供了一系列可应用于公共关系研究的方法论视角（Alasuutari, 1999; Kitzinger, 2008; Press & Livingstone, 2006）；也可以像媒体研究那样，为公众和利益相关者创造发声空间，以更加丰富且多元的视角去理解传播和文化中的权力问题（Miller, Kitzinger, Williams, & Beharell, 1998）。数字和移动媒体增加了这些流程的复杂性，为媒体制作者和消费者/用户带来了更多的后现代潜能，让观众能够承担多重、流动和分散的身份。

批判理论家们也研究了抵制公共关系运动和全球化的可能性（Curtin & Gaither, 2007），活动家们主动发起运动抗议西方文化帝国主义，包括其政策、产品或品牌的运动（Henderson, 2005; Knudson, 1998; Weaver, 2010）。对此类活动的研究表明，公共关系不是公司、政府和非政府组织的专属领域。如果获得足够的资源，抗议者同样可以使用其策略（Weaver, 2010）。然而，正如爱德华（在本书中）论述的那样，阿帕杜莱（Appadurai）将全球化概念化为一种"想象力的工作"的强大和复杂的论述，权力是多方面的，公共关系实践不应该仅仅通过抵抗研究来评估，而应该关注其如何参与生产"新想象"和物质变迁。

对批评方法的批判

尽管批判性观点引入了研究公共关系理论的新方法，但批判理论也有其缺陷。一个令人担忧的问题是，它将一个或多个群体确定为被政治、社会经济或文化权力结构"压迫"的群体，并在理论上加以解释，并且它没有为这些群体提供任何形式的帮助（Smith，1999）。此外，正如苏格特所解释的：

> 因为批判学者正在描述压迫，包括其条件、主体和实施者……他们有很大的潜力能够明确各自角色的"特征"，从而使他们本质化，并损害文化评论家的目的——解释和纠正压迫性条件或审视抵制行动，从而有助于社会变革。（Shugart，2003，pp.290-291）

在很多关键性工作中缺乏明确的变革性和解放性做法，部分原因在于学术体系，它优先研究和出版上述内容，甚至排除社区参与和行动主义。批判理论家一直在强烈地指责他们自己的群体成员，试图摆脱学术变革的承诺（McChesney，1999）。在这样的尝试中，有特权的学术"专家"（几乎完全在西方大学里）将"他人"的经历描述为被剥夺权利、被边缘化和被主宰。这种理论化形式不能将这些"他人"与任何形式的机构相提并论，而是将他们构建为"受害者"（Cobb，1994）。因此，批判性的著作被指责为父爱主义和精英主义，并且在公共关系学术的背景下，莱唐曾警告说，"采取批判眼光的学者必须意识到的一个危险是，自我中心思维可能导致知识分子的傲慢、封闭的头脑、不公平（对那些持有其他观点的人）或者采用一套新的知识体系"（L'Etang，2005，p.524）。

在这些批判理论中，后现代主义方法被认为问题相对较少，因为它们在理论上没有其他批判视角那么强调多重分裂的身份以及具有自由和可能性的多重经验的复杂性，但也有支配权和操纵权。然而，在全球化的世界中，也需要谨慎地宣扬多重、流动和"自由浮动"身份的后现代主义概念。根据土著毛利人的世界观，史密斯写道：

> 尽管西方国家可能正在经历分裂，但老式的殖民化的分裂过程是土著人民所熟知的。我们谈及土地和文化的分裂，也知晓自我身份受到法律、语言和生活习俗的约束，并使其从现实生活中得到解脱。分裂不是原生的，而是我们正在从中恢复的状态。尽管土著人民重新融合在一起的方式正在发生变化，但更大的进程在更大范围内重新定位了土著身份。（Smith，1999，p.97）

从土著人的视角来看，后现代主义代表了另一种殖民化形式——西方拒绝了自己的元叙事，反对"通过破坏现实和真理的所有标准来维持地位"（Sardar，1998，p.15）。

第十章
公共关系、全球化与文化：框架方法论的思考和未来方向

从另一个角度来看，卓越理论家谴责批判公共关系学对专业实践不起作用（J. Grunig, 2001; Tyma, 2008）。正如本书所指出的那样，这反映了对由反对资本主义的物质和象征性实践引发的行动呼吁，以及对由此形成的批判理论的误解。对于大多数批判公共关系理论家来说，公共关系行业是问题的一部分，而不是解决方案。然而，积极致力于改变公共关系和相关行业实践的批评研究人员确实存在，并且，他们试图通过诸如英国Spinwatch（n.d.）、美国PR watch（n.d.）和CorpWatch（n.d.）等网站将这些活动中的其他人政治化并让他们参与到这些活动中来。

批评理论的批评也来自"边缘化"群体的学者，他们支持解放性研究议程，但批评理论是一个失败的转型项目。一些批评来自毛利人意识形态（Kaupapa Maori）研究人员，他们主张参与式研究范式，将个体研究人员从权力的中心轨迹中删除，并将其作为核心研究人员放置在研究参与者中（Bishop, 2008）。

毛利人意识形态和未来的方法方向

毛利人意识形态的研究对新西兰的欧洲殖民化和西方实证主义研究（Cram, 2001; Smith, 1999, 2008）做出了代表性的回应。正如史密斯（Smith, 2008）所述，"许多原生视角的研究深深植根于殖民化，以至于它被视为殖民化的工具……研究不仅仅是认识论或方法论层面的争论，而且从广义上讲，它是一种与权力密切相关的有组织的学术活动"（Smith, 2008, p.116）。对于土著居民而言，西方的研究已经通过特定的方法论将他们的文化和经验"他者化"，即通过西方的眼光、文化的要求和价值观来客观化和审视他们。

这不仅仅是一个历史问题，而是在研究人员"知道如何更好"之前，事情已经完成了。这些做法今天仍存在。例如，在2006年第十一届国际人类遗传学大会上，两位科学家发表了一篇论文（Lea & Chamber, 2007），将毛利人群体中的单胺氧化酶水平偏高阐释为所谓的"战士基因"——这一基因使他们变得暴力并有犯罪倾向。通过这种联系可以解释在家庭暴力、酗酒和被监禁的人当中，毛利人占据较高比例的情况。这项研究后来受到了质疑（Hook，2009），但与此同时，它所吸引的媒体宣传却是诸如"暴力是毛利人的'战士基因'"这样的标题（Chapman, 2006），只会强化毛利人"未开化"的种族刻板印象。胡克阐述道，"'战士'基因假说一经揭示，竟然成为大众心中的事实，这是可怕的"（Hook, 2009, p.5）。他接着说道：

> 毛利人不是唯一被主流殖民者的暴力所控制的土著人……在所有土著居民中唯一的共同因素似乎在于他们对殖民者的看法，殖民者对土地的剥夺，使他们陷入贫困、被剥夺和被同化。那可能才是土著人暴力的真正原因。（Hook, 2009, p.7）

其他科学家也质疑"战士基因"研究，并将自己与利娅和钱伯的"科学"主张区分开来。例如，克兰普顿和帕金（Crampton & Parkin, 2007）对此质疑，强调关于人类主观性研究的伦理原则，在很大程度上依赖于赋予个体参与者权利并保护他们免受风险。然而，从毛利人意识形态的角度来看，制度化的道德规范在保护或授权毛利人的利益方面并没有作用（Smith, 1999; Walker, Eketone, et al., 2006）。

简短的几句话不足以解释毛利人意识形态研究的内容，感兴趣的读者可以参考"关键解释性"文本（Bishop, 2008; Cram, 2001; Smith, 1999, 2008）。kaupapa 是毛利人的术语，可以简单地翻译为"目的"或"主题"。沃克等人解释道：

> 作为一项研究策略，它与毛利人对知识的所有权有关，并承认毛利人的做法是有效的。一些评论者认为，试图界定毛利人意识形态研究是不明智的，因为它不仅仅是一种范式、一种抵抗和代理形式以及一种方法论策略。（Walker, et al., 2006, p.333）

在认识论上，毛利人意识形态的研究定位在毛利人的世界观中。这便决定了知识是什么，应该如何使用以及谁有权访问它。家系和家族关系、文化协议和 te reo（语言）都是这种世界观的核心，因为只有在 te reo 中毛利人的概念完全被封装了。

在方法论上，毛利人意识形态的研究受 tino rangatiratanga——"主权、自主决定、治理、自治和独立"原则所控制（Walker, et al., 2006, p.333）。这要求：

> 在这种研究模式中，参与者设定研究问题、确定可能的益处、概述工作设计、承担必须完成的工作、分发奖励、提供获取研究成果的途径、控制知识，并决定由哪位研究人员负责各项任务。（Bishop, 2008, p.159）

以这种方法进行工作需要相当长的时间，并需要与核心研究参与者进行深入对话，放弃对研究的控制权和主导权，这是"主流"研究人员可能因为自己的喜好而认为风险太大的一个因素。

作为一种研究方法，毛利人意识形态为卓越和关键公共关系学者提供了相当多的思想观点，并不是因为它提供了可以轻易纳入这些观点的东西，而是因为作为参与式范例，它挑战了主流观念研究者在知识生产、世界观以及我们如何理解伦理实践中的作用。在专业和学术实践中，"道德"意味着遵循机构行为准则，"卓越"项目则围绕批评性对称概念展开讨论。然而，毛利人意识形态研究人员强调需要以更广泛的方式想象伦理学。

史密斯写道：

第十章
公共关系、全球化与文化：框架方法论的思考和未来方向

> 对于土著和其他边缘化社区而言，研究伦理处在一个初级阶段，需要建设、维系、培养出一个互惠且互相尊重的关系，这不仅是与个体建立关系，而且是与个体、集体以及社区成员乃至其他共存在该环境下的实体建立关系。（研究者）需要拥有进入预先存在关系的能力，同时建立、维护、培养且加强关系是土著研究领域的重要技巧。他们需要研究人员有批判敏感性和彼此互惠的态度。（Smith, 2008, pp.128-129）

在某些方面，研究伦理的这种表达与肯特和泰勒（2002）所倡导的公共关系伦理的对话交流方法类似。史密斯的声明进一步推动了理解公共关系如何思考建立关系的道德规范。然而，正如大量的公共关系研究文献所证明的那样，公共关系很少以对话式对称的方式进行实践，这种现象不仅被批判理论家所指出，还被那些在专业领域具有丰富经验的人所证实（Moloney, 2006）。相反，它的意图具有战略性的说服力，旨在以最低的成本满足组织的（主要是经济）需求。

公共关系的规范性理论在参与性道德方面存在一个问题，即公共关系人员在组织主导联盟中的定位。虽然如上所述，这一现象已被批评为管理主义者，但概念意图为公共关系职能提供权力，使其被聆听并且"有力地影响组织选择、意识形态和实践"（Berger, 2005, p.8）。通过这种方式，公关经理可以鼓励组织承担道德方面和社会方面的责任。皮埃奇卡对此质疑，认为"管理者应该能够决定什么符合公众利益，什么是伦理上可接受的"（Pieczka, 2006, p.352）。此外，伯杰对公关经理的采访确定了"主要联盟中的一些组织约束和性别辩证法抑制了他们有效提倡和做正确事情的能力"（Berger, 2005, p.18）。但他也鼓励从业者承担积极分子的角色，推动组织承担更多社会责任。霍尔茨豪森等人从后现代的角度进行了类似的论证。对这种"激进主义"而言，从业者可以引导组织更好地认识到参与式方法在与公众对话中的重要性——不仅仅是土著或被边缘化的公众，而是所有公众。可能会有人质疑，这会使公众对组织不利，且毫无疑问，使用如毛利人意识形态的参与式方法，是昂贵、复杂和耗时的（Comrie, Gilles, & Day, 2002）。然而，我认为我们需要改变世界观，并转变为组织向股东负责的观念，即组织和股东对整个社会负大部分责任。此外，我们需要重视深远和长期关系建设的投资，而不是短期的货币收益。

在新西兰提出公共关系倡议时，关于实践者如何与毛利人在这方面进行交流的研究很少。有限的研究表明，从业者非常清楚需要建立文化敏感性的传播（Comrie et al., 2002; Comrie & Kupa, 1998/1999; Tipene-Leach, Abel, et al., 2000）。然而，几乎没有证据表明，在开展活动时已经采用了完整的毛利人意识形态方法。相反，文化敏感的方法认识到面对面传播的重要性，于是通过使用毛利人的媒体以及让毛利人直接参与项目的开发和设计来实现这一目标。这代表了良好的实践，但为公众赋权需要的不仅仅是这些。

结论

公共关系实践和学术研究在过去二十年中呈指数级增长，学术研究对这一极具影响力的职业，构建了广泛的知识体系。卓越理论与批判范式之间的辩论和紧张关系并不总是具有建设性的，但它们引发了我们对该学科、专业实践、研究方向和道德伦理的更深入的讨论。毫无疑问，通过探讨文化如何影响公共关系以及如何对这些影响进行理论化，我们能够更好地理解公共关系如何支持和塑造物质与象征实践及其文化后果。

重要的是，我们也了解公共关系理论家通过其方法和研究议程推动的文化世界观。理论家很少在他们的研究项目和出版物中阐述这些议程。作为学者，我们寻求了解公共关系在全球化世界中所扮演的角色，或者鼓励在世界上进行某些专业实践。同样，我们也需要理解我们对全球化及其影响的学术贡献。毛利人意识形态的观点在这一点上很重要。他们不允许我们声称站在知识分子的高地：卓越和批判理论家都能够为文化的持续殖民做出贡献，而讽刺的是，他们却在庆祝新的理论和实践。

随着全球化不断向前发展，我们需要继续思考，以及重新思考和阐明公共关系学的目标、服务对象、方向，以及它在多大程度上可以进入参与式范式。通过不断的努力，学术资源和我们使用的方法可以用于实际的公关工作中，并使得那些很少被听到的学术机构之外的声音不断放大。

亚伯拉罕·林肯（Abraham Lincoln）1863年在葛底斯堡的演说是许多土著群体的口头禅，可能也会引起我们所有人的共鸣："民有、民治、民享。"

问题讨论

1. 为什么研究人员想要确定公共关系对全球化进程的贡献？
2. 选定一个全球公共关系活动（例如，一家石油公司推广其全球企业社会责任计划，或一家快餐公司推广国际健康饮食）。解释该活动可以如何研究（a）从卓越理论的角度来看，（b）从批判理论的角度来看。
3. 从批判理论的角度来看，双向对称的公共关系是可以实现的吗？如果是的话，是怎样的？如果不是，又是怎样，以及为什么不呢？
4. 解释参与式框架如毛利人意识形态如何可以用于开展公共关系活动。
5. 确定你自己的本体论世界观，以及它如何告知你在全球化世界中对公共关系实践的理解和评估。

参考文献

Alasuutari, P. (Ed.). (1999). *Rethiukiug the media audieface.* London: Sage.
Adorno, T. W. (1991). *The culture industry.* London: Routledge.
Adorno, T. W., & Horkheimer, M. (1998). *Dialectic of eulighteument.* G. S.

Noerr(Ed.), E. Jephcott(Trans.). Stanford, CA: Stanford University Press. (Original work published 1944)

Bardhan, N. (2003). Rupturing public relations metanarratives: The example of India. *Journal of Public Relations Research,* 15(3), 225-248.

Bentele, G., & Wehmeier, S. (2009). Commentary: Linking sociology with public relations-Some critical thoughts in reflexive times. In Ø. Ihlen, B. van Ruler, & M. Fredriksson(Eds.), *public relations arid social theory: Key figures and concepts* (pp. 341-362). New York: Routledge.

Berger, B. K. (2005). Power over, power with, and power to relations: Critical reflections on public relations, the dominant coalition, and activism. *Journal of Public Relations Research,* 17(1), 5-28.

Bishop, R. (2008). Freeing ourselves from neocolonial domination in research: A Kaupapa Maori approach to creating knowledge. In N. K. Denzin & Y. S.

Lincoln(Eds.), *The landscapes of qualitative research* (3rd ed., pp. 145-183). Thousand Oaks, CA: Sage.

Burkart, R. (2009). On Habermas: Understanding and public relations. In Ø. Ihlen, B. van Ruler, & M. Fredriksson(Eds.), *public relations arid social theory: Key figures and concepts* (pp. 341-362). New York: Routledge.

Chapman, P. (2006, August 10). Violence is blamed on "warrior gene" in the Maoris. *The Daily Telegraph.* Retrieved from http://www. telegraph. co. uk/news/1526042/Violence-is-blamed-on-warrior-gene-in-the-Maoris. html.

Cobb, S. (1994). A critique of critical discourse analysis: Deconstructing and reconstructing the role of intention. *Communication Theory,* 4(2), 132-152.

Comrie, M., Gillies, A., et al. (2002). The Maori electoral option cam-paign: Problems of measuring "success. " *Political Science,* 54(2), 45-57.

Comrie, M., & Kupa, R. (1998-1999). Communicating with Maori: Can public relations become bicultural ? *Public Relations Quarterly,* 43(4), 42-46.

Coombs, W. T. (1993). Philosophical underpinnings: Ramifications of a pluralist paradigm. *Public Relations Review,* 19(2), 111-119.

Corp Watch. (n. d.). www. corpwatch. org.

Cram, F. (2001). Rangahau Maori: Tona tika, tona pono-The validity and integrity of Maori research. In M. Tolich(Ed.), *Research ethics in Aotearoa New Zealand* (pp. 35-52). Auckland, New Zealand: Pearson Education.

Crampton, P., & Parkin, C. (2007). Warrior genes and risk taking. *The New Zealand Medical Journal.* Retrieved from http: //www. nzma. org. nz/journal/120-1250/2439.

Creedon, P. (1993). Acknowledging the infrasystem: A critical feminist analysis of systems theory. *Public Relations Review,* 19(2), 157-166.

Creedon, P., & AL-Khaja, M. (2005). Public relations and globalization: Building a case for cultural competency in public relations education. *Public Relations Review,* 31(3), 344-354.

Curtin, P., &Gaither, T. K. (2006). Contested notions of issue identity in international public relations: A case study. *Journal of Public Relations Research,* 18(1), 67-89.

Curtin, P. A., & Gaither, T. K. (2007). *International public relations: Negotiating culture, identity, and power.* Thousand Oaks, CA: Sage.

Deetz, S. (2005). Critical theory. In S. May & D. Mumby(Eds.), *Engaging organizational communication: Theory and research* (pp. 85-111). Thousand Oaks, CA: Sage.

Duffy, M. E. (2000). There's no two-way symmetric about it: A postmodern examination of public relations textbooks. *Critical Studies in Media Communication,* 17(3), 294-315.

Dutta, M. J. (2009). On Spivak: Theorizing resistance-Applying Gayatri. Chakravorty in public relations. In Ø. Ihlen, B. van Ruler, &M. Fredriksson (Eds.), *public relations and social theory* (pp. 278-300). New York: Routledge.

Ehling, W. P. (1992). Estimating the value of public relations and communication to an organization. In J. E. Grunig(Ed.), *Excellence in public relations and communication management* (pp. 617-638). Hillsdale, NJ: Erlbaum.

Excellence in public relations and communication management. (1991, September). *Executive summary/ initial data report*. Retrieved from http: //www. iabc. com/rf/pdf/Excellence. pdf.

Fitzpatrick, K. R. (2006). Baselines for ethical advocacy in the "marketplace of ideas." In K. R. Fitzpatrick & C. Bronstein(Eds.), *Ethics in public relations: Responsible advocacy* (pp. 1-18). Thousand Oaks, CA: Sage.

Foley, D., & Valenzuela, A. (2008). Critical ethnography: The politics of collaboration. In N. K. Denzin & Y. S. Lincoln(Eds.), *The landscape of qualitative research* (3rd ed. pp. 287-370), Thousand Oaks, CA: Sage.

Gaither, T. K., & Curtin, p. A. (2008). Examining the heuristic value of models of international public relations practice: A case study of the Arla Foods crisis. *Journal of Public Relations Research*, 20(1), 115-137.

Gower, K. K. (2006). Public relations research at the crossroads. *Journal of Public Relations Research*, 18(2), 177-190.

Grimshaw, C. (2007). A tour of the united Kingdom's public relations industry. In W. Dinan & D. Miller(Eds.), *Thinker, fake, spinner, spy* (pp. 33-50). London: Pluto Press.

Grunig, J. E. (2001). Two-way symmetrical public relations: Past, present, and future. In R. L. Heath(Ed.), *Handbook of public relations* (pp. 11-30). Thousand Oaks, CA: Sage.

Grunig J. E. (Ed.). (1992). *Excellence in public relations and communication management*. Hillsdale, NJ: Erlbaum.

Grunig, J. E., &Grunig, L. (2009). Public relations in the United States: A generation of maturation. In K. Sriramesh(Ed.), *The global public relations handbook: Theory, research and practice* (rev. ed., pp. 621-653). New York: Routledge.

Grunig, L. A., Grunig, J. E., & Ehling, W. P. (1992). What is an effective organization? In J. E. Grunig(Ed.), *Excellence in public relations and communication management* (pp. 65-90). Hillsdale, NJ: Erlbaum.

Guba, E. G, & Lincoln, Y. S. (2008). Paradigmatic controversies, contradictions, and emerging confluences. In N. K. Denzin & Y. S. Lincoln(Eds.), *The landscapes of qualitative research* (3rd ed., pp. 255-286). Thousand OaKs, CA: Sage.

Henderson, A. (2005). Activism in "Paradise": Identity management in a public relations campaign against genetic engineering. *Journal of Public Relations Research*, 17(1), 117-137.

Higginbottom, A. (2007). Killer coke. In W. Dinan & D. Miller(Eds.), *Thinker, faker, spinner, spy* (pp. 278-294). London: Pluto Press.

Hofstede, G. H. (1984). *Culture's consequences: International differences in work-related values* (abridged ed.). Beverly Hills, CA: Sage.

Hofstede, G. H. (1997). *Cultures and organizations, software of the mind: Intercultural cooperation and its importance for survival*. New York: McGrawHill.

Holtzhausen, D. R. (2000). Postmodern values in public relations. *Journal of Public Relations Research*, 12(1), 93-114.

Holtzhausen, D. R., & Voto, R. (2002). Resistance from the margins: The postmodern public relations practitioner as organizational activist. *Journal of Public Relations Research,* 14(1), 57-84.

Hook, G. R. (2009). "Warrior genes" and the disease of being Maori. MAI Review, 2. Retrieved from http://www. review. mai. ac. nz.

Ihlen, Ø., & van Ruler, B. (2009). Introduction: Applying social theory to public relations. In Ø. Ihlen, B. van Ruler, & M. Fredriksson (Eds.), *public relations and social theory: Key figures and concepts* (pp. 1-20). New York: Routledge.

Kang, D. S., & Mastin, T. (2008). How cultural difference affects international tourism public relations websites: A comparative analysis using Hofstede's cultural dimensions. *Public Relations Review,* 34(1), 54-56.

Kent, M. L., & Taylor, M. (2002). Toward a dialogic theory of public relations. *Public Relations Review.* 28(1), 21-37.

Khisty, C. J. (2006). Meditations on systems thinking, spiritual systems and deep ecology. *Systemic Practice and Action Research,* 19(4), 295-307.

Kincheloe, J. L., & McLaren, p. (2008). Rethinking critical theory and qualitative research. In N. K. Denzin & Y. S. Lincoln (Eds.), *The landscapes of qualitative research* (3rd ed., pp. 403-455). Thousand Oaks, CA: Sage.

King, M. (2004). *The Penguin history of New Zealand.* Auckland, New Zealand: Penguin.

Kitzinger, J. (2008). Audience understandings of AIDS media messages: A discussion of methods. *Sociology of Health and Illness,* 12(3), 319-335.

Knudson, J. VV. (1998). Rebellion in Chiapas: Insurrection by Internet and public relations. *Media, Culture & Society,* 20(3), 507-518.

Lea, R., & Chambers, G. (2007). Monoamine oxidase, addiction and the "warrior" gene hypothesis. *Journal of the Nezu Zealand Medical Association,* 120, 1250. Retrieved from http: //www. nzma. org. nz/journal/120-1250/2441/.

Leichty, G. (2003). The cultural tribes of public relations. *Journal of Public Relations Research,* 15(4), 277-304.

Leitch, S., &Neilson, D. (1997). Reframing public relations: New directions for theory and practice. *Australian Journal of Communication,* 24(2), 17-32.

L'Etang, J(2005). Critical public relations: Some reflections. *Public Relations Review,* 31(4), 521-526.

Marcus, H. (1964/1991). *One dimensional man.* Boston, MA: Beacon Press.

McChesney, R. W. (1999). *Rich media, poor democracy: Communication politics in dubious times.* Urban, IL: University of Illinois Press.

McKie, D. (1997). Shifting paradigms: Public relations beyond rats, stats, and 1950s science. Australian *Journal of Communication,* 24(2), 81-96.

McKie, D., & Munshi, D. (2007). *Reconfiguring public relations: Ecology, equity, and enterprise.* London: Routledge.

Miller, D., &Dinan, W. (2000). The rise of the PRindustry in Britain, 1979-1998. *European Journal of Communication,* 15(1), 5-35.

Miller, D., Kitzinger, J., et al. (1998). *The circuit of mass communication.* Thousand Oaks, CA: Sage.

Molleda, J-C., Connoly-Ahern, C., et al., C. (2005). Cross-national conflict shifting: Expanding a theory of global public relations management through quantitative content analysis. *Journalism Studies,* 6(1), 87-102.

Moloney, K. (2006). *Rethinking public relations* (2nd ed.). Abingdon, UK: poutledge.

Motion, J., & Leitch, S., & Cliffe, S. (2009). Public relations in Australasia: Friendly rivalry, cultural diversity, and global focus. In K. Sriramesh(Ed.), *The global public relations handbook: theory, research and practice* (rev. ed., pp. 101-121). New York: Routledge.

Motion, J., &Weaver, C. K. (2005). A discourse model for critical public relations research: The Life Sciences Network and battle for truth. *Journal of Public Relations Research,* 17(1), 49-67.

Munshi, D., & Kurian, P. (2005). Imperializing spin cycles: A postcolonial look at public relations, greenwashing, and the separation of publics. *Public Relations Review,* 31(4), 513-520.

Pal, M., & Dutta, M. J. (2008). Public relations in a global context: The relevance of critical modernism as a theoretical lens. *Journal of Public Relations Research,* 20(2), 159-179.

Patwardhan, P., &Bardhan, N. (2006). The Bhopal Carbide disaster: A lesson in international crisis communication. In M. Parkinson & D. Ekachai (Eds.), *International and intercultural public relations: A campaign case approach* (pp. 220-238). Boston, MA: Pearson Education/Alllyn&Bacon.

Pieczka, M. (2006). Paradigms, systems theory, and public relations. In J. L'Etang&M. Pieczka(Eds.), *Public relations: Critical debates and contemporary practice* (pp. 333-357). London: Erlbaum.

Plowman, K. D. (2005). Systems theory. In R. L. Heath (Ed.), *Encyclopedia of public relations* (Vol. 2, pp. 839-842). Thousand Oaks, CA: Sage.

Press, A., & Livingstone, S. (2006). Taking audience research into the age of new media: Old problems and new challenges. In M. White&J. Schwoch(Eds.), *Questions of method on cultural studies* (pp. 175-200). Malden, MA. Blackwell.

PR Watch. (n. d.). http: //www. prwatch. org.

Sardar, Z. (1998). *Postmodernism and the other: The new imperialism of western culture.* London: Pluto Press.

Schuster, J. A., & Yeo, R. (1986). Introduction. In J. A. Schuster &R. R. Yeo (Eds.), *The politics and rhetoric of scientific method* (pp. ix-xxxvii). Dordrecht, Holland: D. Reidel.

Shugart, H. A. (2003). An appropriating aesthetic: Reproducing power in the discourse of critical scholarship. *Communication Theory,* 13(3), 275-303.

Sklair, L. (2007). Achilles has two heels: Crises of capitalist globalization. In W. Dinan & D. Miller(Eds.), *Thinker, faker, spinner, spy* (pp. 21-32). London: Pluto Press.

Smith, L. T. (1999). *Decolonizing methodologies: Research and indigenous peoples.* London: Zed Books.

Smith, L. T. (2008). On tricky ground: Researching the native in the age of uncertainty. In N. K. Denzin & Y. S. Lincoln(Eds.), *The landscapes, qualitative research* (3rd ed., pp. 113-143). Thousand Oaks, CA: Sage.

Spinwatch. (n. d.). www. spinwatch. org.

Sriramesh, K. (2009a). The relationship between culture and public relations. In K. Sriramesh(Ed.), *The global public relations handbook: Theory, research and practice* (rev. ed., pp. 47-61). New York: Routledge.

Sriramesh, K. (2009b). Introduction. In K. Sriramesh(Ed.), The global public relations handbook: *Theory, research and practice* (rev. ed., pp. xxxiii-xl). New York: Routledge.

Sriramesh, K., Grunig, J. E., & Buffington, J. (1992). Corporate culture and public relations. In J. E. Grunig(Ed.), *Excellence in public relations and communication management* (pp. 577-595). Hillsdale, N. J: Erlbaum.

Sriramesh, K., & White, J. (1992). Social culture and public relations. In J. E. Grunig (Ed.), *Excellence in public relations and communication management* (pp. 597-674). Hillsdale, NJ: Erlbaum.

Tipene-Leach, D. C., Abel, S., Haretuku, R., & Everard, C. (2000)The Maori SIDS prevention programme: Challenges and implications for Maori health service developments. *Social Policy Journal o f New Zealand,* 14, 65-77.

Tyma, A. (2008). Public relations through a new lens: Critical praxis via the "Excellence Theory". *International Journal o f Communication,* 2, 193-205.

Vasquez, G. M., & Taylor, M. (1999). What cultural values influence American public relations practitioners? *Public Relations Review,* 25(4), 433-449.

Walker, S., Eketone, E, & Gibbs, A. (2006). An exploration of Kaupapa Maori research, its principles, processes and applications. *International Journal of Social Research Methodology,* 9(4), 331-344.

Weaver, C. K. (2001). Dressing for battle in the new global economy: Putting power, identity, and discourse into public relations theory. *Management Communication Quarterly,* 15(2), 279-288.

Weaver, C. K. (2010). Carnivalcsque activism as a public relations genre: A case study of the New Zealand group Mothers Against Genetic Engineering. *Public Relations Review,* 36(1), 35-41.

Weaver, C. K., & Motion, J. (2002). Sabotage and subterfuge: Public relations, democracy and genetic engineering in New Zealand. *Media, Culture &Society,* 24(3), 325-343.

Weaver, C. K., Motion, J., & Roper, J. (2006). From propaganda to discourse(and back again): Truth, power, the public interest and public relations. In J. L'Etang & M. Pieczka (Eds), *Public relations: Critical debates and contemporary practice* (pp. 7-21). London: Erlbaum.

Wehmeier, S. (2006). Dancers in the dark: The myth of rationality in public relations. *Public Relations Review,* 32(3), 213-220.

Witmer, D. F. (2006). Overcoming system and culture boundaries: Public relations from a structuration perspective. In C. Botan & V. Hazleton (Eds.), *public relation theory* (Vol. 2, pp. 361-374). Mahwah, NJ: Erlbaum.

Yannas, P. (2006, May). *PR theory in the age of globalization.* Paper presented at the annual meeting of the International Communication Association, Dresden International Congress Centre, Dresden, Germany. Retrieved from http: //www.allacademic.com/meta/p91462_ indeY.

推荐阅读

Cottle, S. (Ed.). (2003). *News, public relations and power.* London: Sage.

Lager, N., &Burton, B. (1999). *Secrets and lies: The anatomy of an anti-environmental PR campaign.* Nelson, New Zealand: Craig Potton.

Stauber, J., & Rampton, S. (1995). *Toxic sludge is good for you-Lies, damn lies and the public relations industry.* New York: Common Courage Press.

Stauber, J., & Rampton, S. (2002). *Trust us, we're the experts: How industry manipulates science and gambles with your future.* New York: Tarcber/Penguin.

Sussman, G. (2007). Globalizing politics: Spinning US "democracy assistance" programmes. In W. Divan & D. Miller(Eds.), *Thinker, faker, spy,* (pp. 175-195). London: Pluto Press.

主题索引

A

Achievement 成就 42
Activism 激进的行动者
    activist discourses 激进分子 29
    activist groups 激进（主义）团体/激进组织/
    活跃团体 13 19 47 133 144
Activist practitionerpublic relations 积极的实践
    者，公共关系 113-117
    critical cultural workers 批判文化工作者 114
    dissensus 异议 116-117
    giving preference to stakeholders' voices 优先考
        虑利益相关者的声音 115
    promoting new ways of thinking 推动
        考察新方法 116
    resistance strategies 抵抗策略 113-115
Advertisers 广告商 65
Advertising 广告 24 42 69 125
Affect 情感 93 108
Affectivity 情感 42 93
Afghanistan 阿富汗 155
Africa 非洲 5 111 174
Agency 代理/机构 19 158 190
    agency theory 代理理论 115
AIDS 艾滋病 108 133
AllendeSalvador 萨尔瓦多·阿连德 150
ALTER-EU campaign ALTER-EU 运动 12
Ambiguity 模糊/不确定性 34 82
Americanization 美国化 7

Anthropology 人类学 6
Anti-globalization movements 反全球化运动 29
Apartheid 种族隔离 11
Apologies 道歉 46
Apology 道歉 46
Aporia 自相矛盾 108
Apple Computers 苹果电脑 42
Ascription 归属 42
Asia 亚洲 37
Asymmetries of power 权力不对称 11
Attribution theory 归因理论 47
Audience effects 受众效果 39
Audiences 受众 11 38 189
Audit firms 审计公司 125
Australasia 澳大利亚 46
Australia 澳大利亚 55 84
Austria 奥地利 88
Autonomy 自主权 111
Axiological 价值论 8 58 159

B

Bangalore 班加罗尔 22
Bechtel 贝克特尔 150
Belgium 比利时 89
Bhopal 博帕尔 186
Big Brother "老大哥"节目 109
Binaries 二元化 56 67 95
Binaristic thinking 二元论思维 165

Binary opposite 二元对立 105
Binary opposition 二元对立 105
Bloggers（无对应翻译）
Blogs 博客 35 92 165
Bolivia 玻利维亚 150
Boundary-crossing 跨越边界 5
Boundary spanning 边界跨越 125
Bourdieu P. 皮埃尔·布尔迪厄 20-21
    systems of relations hierarchical and in conflict 有层次的冲突的关系体系 24
Brand 品牌 26 57 85 125 189
Brazil 巴西 88
Britain 英国 40 86
Buddhism 佛教 167 183

C

California 加州 22
Canada 加拿大 59 88 129 165 183
Capitalism 资本主义
    colonialism 殖民主义 144-146
    culture 文化 7
    public relations 公共关系 9
Cargill 无翻译 149
Cause marketing 公益营销 125
Celebrities 名人 30 39 64 94 177
Central Intelligence Agency (CIA) 中央情报局 150
Change 改变
    consensus 共识 116-117
    survival 生存 114-115
    third culture building 第三文化建设 57 67-68
Change management 变革管理 25
Chaos 混乱性 108 Chi 气 15
Chief financial officer 首席财务官 125
Chile 智利 90 141
China 中国 61 81 88 165
Chinese 中国人/中国（的）45 57 85 93 133 176
Chinese Cultural Connection 华夏文化协会 81
Chi-shih strategies "气势"策略 15 164
Chi theory "气"理论
    chi-based strategies 基于"气"的公共策略 164-178
    creativity principle 创造原则 171 175-176
    cyclicity principle 循环原则 171 173-175
    harmony principle 和谐原则 171-173
    implementation 实施 171
    unity principle 团结原则 171 176-177
    communication 传播 169-170
    chi-shih strategies "气-势"战略 170-171
    communication assumptions 传播假设 170
    concept of shih 气的概念 166
    I-Ching 易经 167
    yin chi and yang chi to reach harmony 阴阳之气达到和谐 168
Cigna（无翻译）117
Circuit of culture model 文化回路模式 5
Civil society 公民社会 14 25 144 148
    postcolonial theory 后殖民主义理论 148-150
Class 阶级 12 83 110 133 149
Climate change 气候变化 151
Closed organization 封闭的组织 183
Coalition Provisional Authority 联邦临时管理当局 149
Coca-Cola 可口可乐 67 189
Cocreation 共同创造 41 互生 178
Cocreational approach 共同创造性方法 41
Coculture 共同文化 41
Collective imaginaries 集体想象 24
Collectivism 集体主义
    characterized– 特征 79
    individualism/collectivism dimensions 于个人主义/集体主义维度 87
Collectivist societies 集体主义社会 42
Colonial agendas 殖民议程 144
Colonial power 殖民强权 111
Colonialism 殖民主义 143-146
    capitalism 资本主义 147-148
    modernity 现代化 147-148
    resistive politics 阻抗式政治 150
Columbian 哥伦比亚 57 81
Communication 传播
    chi theory 气理论 166-171
    chi-shih strategies "气-势"战略 170-171
    communication assumptions 传播假设 170
    concept of shih 气的概念 166
    I-Ching 易经 167

　　　　yin chi and yang chi to reach harmony 阴阳之
　　　　　气达到和谐 168
　　critical theory 批判理论 187
　　culture 文化
　　　　dimensions of national culture 国家文化的维
　　　　　度 59
　　　　functionalist approach 功能主义 58
　　　　public relations scholarship 公共关系研究 58-59
　　　　social scientific approach 社会科学方法 58-59
　　　　third culture 第三文化 57-58
Communication manager 交流管理者 65
Communication technician 通信技术员 65
Community building 社区建设 155-156
Community relations 社区关系 69 151 181
Complex connectivity 复杂的连接复杂联系 56
Complexity 复杂 1 18 35 58 92 103 133 185
Computer-mediated communication 计算机通信 165
Conduit metaphor 管道隐喻 47
Confucian dynamism 儒家动力学 42
Confucianism 儒家思想 15 36 167
Consensus 合作/共识 68 116 181
　　change 改变 113-114
Consumers 消费者 6 21 38 64 92 126 147
Consumption 消费 5 22 66 106 125 146
Context 语境/背景 23 35 59 79 104 122 144 164
　　182
　　　　intercultural communication theory 跨文化传播
　　　　　理论 34
Continuous dialectical process36–37 动态的辩证过
　　程 23
Control 控制
　　globalization 全球化 144-150
　　postcolonial theory 后殖民主义 144-150
Co-researchers 核心研究者/核心研究人员 15191
Corporate culture 企业文化 85
Corporate social responsibility (CSR) 企业社会责
　　任 156
　　postcolonial theory 后殖民主义 156
Corruption
Cosmopolitan 大都会 65
Counter-corporate activism 反公司行动主义 127
Countryconceptualized 国家，概念化 55
Creativity 创造 175

Creativity principlechi-based strategies 创造原则
　　171 基于"气"的公共策略 162-178
Crisis management 危机管理 186
Crisis marketing 危机营销 125
Critical cultural 批判文化 85 114
Critical/cultural approach 批判/文化方法 5
Critical/cultural models 批判/文化模式 5
Critical modernism 现代主义批判理论 100
Critical–postmodern paradigm 批判性后现代主义
　　范式
　　power 权力 10
　　public relations 公共关系 10-11
Critical project 批判理论 187-189
　　critiquing critical approaches 对批评方法的批判
　　　190-191
Critical theory 批判理论
　　communication 传播 188
　　cultureparadigmatic cultural biases 典型文化偏见
　　　187
　　history 历史 187
　　postmodernismcompared 后现代主义比较 102-105
　　power 权力 11
　　public relations 公共关系 11-13 18-19
　　attack against 提出疑问 12
　　discourse of suspicion 怀疑话语 19
　　"othered" participants "其他"参与者 19
　　resistance activities 抵制活动 189
　　roots 起源 11-12
　　subjective and activist agenda– 主观和 激进主义
　　　议程 188
Critical worker researchers 批判研究者 114
Cross-cultural research 跨文化研究 79
Cross-national conflict shifting 跨国冲突转移 6
Cultural archetypes 文化原型 40
Cultural assimilation 文化同质化 7
Cultural conflict 文化冲突 165
Cultural dimensions 文化维度 19 81 185
　　Hofstede's dimensions 霍夫斯泰德维度 2
Cultural diplomacy 文化外交 154
Cultural dispersions 文化分散 132-133
Cultural essentialism 文化本质主义 8
Cultural homogeneity 文化同质化 7
Cultural hybridity 文化混合文化杂糅 7 133

Cultural identity 文化认同 34 55
Cultural imperialism 文化帝国主义 7
Cultural intermediaries 文化中介 6
Cultural interpreter model– 文化传译模型 112-113
 third culture building 第三文化建设 62
Culturalism 文化主义
 third culture building 第三文化建设 68
Cultural orientation 文化定位 44 182
Cultural Otherthird culture building 文化"他者" 64
Cultural particularism 文化特殊主义 7
Cultural protectionism 文化保护主义 7
Cultural roots 文化根源
 global forcestensions between 与全球力量之间的紧张关系 132-134
 transnational corporations 跨国公司
  organizational response 组织反应 134-135
Cultural studies 文化研究 5
Cultural tribes 文化部落 182
Cultural values 文化价值/主流价值观 6 39 60 109 129 173 185
 New Zealand 新西兰 185
Cultural variability 文化变异性 36 文化差异 80
Cultural variables 文化变量 36
Culturalism 文化主义 68
Culture 文化 6-8
 always in flux 总在变化 63
 capitalism 资本主义 7
 characterized 特征 34
 Communication 传播
  dimensions of national culture 国家文化的维度 59
  functionalist approach– 功能主义方法 58
  public relations scholarship– 公共关系研究 58-59
  social scientific approach– 社会科学方法 58-59
  third culture 第三文化 57-58
 concept 概念 6
  undertheorized– 理论化不足 2 58
 critical theoryparadigmatic cultural 批判理论, 范式文化
  biases 偏见 187
 culture as dynamic 动态的文化 6 158
 cultural imperialism 文化帝国主义 7

 definitions 定义 6 84
 democracy 民主 7
 described 描述 6
 dimensions of national culture 国家文化的维度 59
 Excellence theory 卓越理论 183-185
 fragmentation 分裂 190
 generic/specific theory 通用/特定理论 129-131
 globalization 全球化 7-8
  complex connectivity 复杂的连接 7
  framing methodological debates 框架方法论的思考 181-194
  future directions 未来方向 181-194
  intersections 1–2
  specific features 特定的特征 7
  territory 领土 1
 interaction 互动 63
 management style 管理风格 185
 postmodernism 后现代主义 190
 public relations 公共关系 1
  framing methodological debates 框架 方法论的思考 181-194
  future directions 未来方向 181-194
 systems theory 系统理论 185-187
Culture-centered approach 以文化为中心的方法 158
 postcolonial theory 后殖民主义 158-160
  culture-structure-agency 以文化为体系的机构 158
  participation 参与 159
  reflexivity 反思 159-160
  resistance 抵抗 159
  solidarity 团结 159-160
Culture-economic model of public 公共的文化-经济模式
 relations 关系 5
Cyclicity 循环 171
 chi-based strategies 基于"气"的公共策略 162-178

D

Dabhol Power Plant 布霍尔电厂 150
Deconstruction 解构 105
 postmodernism 后现代主义 104-105

Dedifferentiation 去分化 103
Deductive reasoning 演绎推理 129
Delphi studies 德尔菲研究 129-130
　　generic/specific theory 通用/特定理论 129-131
Democracy 民主/言论自由 7 109 149
　　culture 文化 7
Democracy promotion– 民主促进 155-156
Democratic participation 民主参与 11
Deterritorialization 去区域化 181
Deterritorialized 去地域化/无区域化/去区域化 170 181
Development 发展
　　postcolonial theory 后殖民主义 155-156
　　public relations 公共关系 155-156
Development aid 发展援助 150
Development campaigns 发展活动 155
Dialectics 辩证法/辩证关系 4 165
　　dialectical approach 辩证方法 7 67
　　dialectical tension 辩证张力 87
Dialogic 对话（的）9 129 159 192
Dialogic communication 对话沟通 37 63
Dialogic framework
Dialogic model 对话模型/对话模式 37 62
　　intercultural communication theory 跨文化传播理论 34
　　public relations 公共关系 34
　　social construction of reality 社会建构的现实 61
　　third culture building 第三文化建设 63 68
Dialogic organizations 对话组织 37
Dialogic orientation 对话方向 53
Dialogue 对话
Diaspora (diasporic), 散居现象 132
DichotomizationHofstede's dimensions 两极化，霍夫斯泰德维度 82 84-85
Differend 倾向性差异 116
Diffuse cultures 扩散文化
Diffuseness 扩散 42-43
Digital divide 数字鸿沟 110
Discourse 话语
　　activist discourses 激进分子 27
　　analysis 分析 104
　　discourse theory 话语理论 189
　　genre of 类型 104 109

normative and totalizing discourses rejected142 拒绝元叙事和规范的、整体的话语 103
　　postmodernism 后现代 104
　　production of 生产 22
　　progress 进步 106-107
　　of suspicion 怀疑 19
　　of vulnerability 脆弱 19
Discourse technology 话语技术/话术 13 18
Discrimination 歧视 35 117
Disjunctures 分离 3 21
Disney 迪士尼 60 133
　　Disney Paris 巴黎迪士尼 60
　　Euro Disney 欧洲迪士尼 60
　　HongKong Disney 香港迪士尼 133
Dissensus 异议 116
Dissent 异议
Dissymmetry 不对称性 10
Diversity 多样性 6 27 48 62 84 93 129 166 185
Domination 统治 111
　　dominant coalition 主导联盟 36 65 127 184
Dove's "Campaign for Real Beauty" 多芬的"真美运动" 14 77 85
　　Hofstede's dimensions– 霍夫斯泰德维度 84-96
　　campaign as global appeal 活动的全球吸引力 91-96
　　culturally specific notions of beauty and values 文化上对美和价值观的特定概念 93
　　developing expectations 发展期望 85-86
　　different approaches for cultural differences 不同的路径，文化差异 87-91
　　homogeneity across cultures 跨文化的同质性 91-96
　　identification 识别 95
　　individualism/collectivism 个人主义/集体主义 87 91
　　long/short-term orientation 长期/短期导向 87
　　masculinity/femininity dimension 男性气质/女性气质 86 88-90
　　other frameworks 其他框架 93-95
　　pattern variables 模式变量 93
　　perspective by incongruity 不协调性视角 95
　　power distance 权力距离 86 88 89
　　purpose 目的 85

rhetoric works in public relations 公共关系中修辞的作用 95
uncertainty avoidance 不确定性规避 88-91
Web sites 网站 91-93
Dynamic cultural identity 动态的文化认同 65

E

East Asian 东亚 15 157
Edelman Public Relations Worldwide 爱德曼公关公司 85
Education 教育
　educational institutions internationalization 教育机构国际化 156-157
E-mail 电子邮件 44 165
Emancipation 解放 11 104 190
Emancipatory politics 解放政治 144
Emic 主体/主位 63 96
Empathy 移情 46 同理心 61
　intercultural communication theory 跨文化传播理论 3
Employee relations 员工关系/雇员关系 125 181
Energy flow 能量流 15 164
Enlightenment 启蒙 146 182
Enron 安然公司 150
Environmental scanning 环境扫描/环境监控 38 114 183
Epistemic imperialism 帝国主义思维 3
Epistemic structures 认知结构 144
Epistemological 认识论 8 54 145 187
Epistemology 认识论 146 191
Essentialism 本质主义 8
EssentializationHofstede's dimensions 本质化，霍夫斯泰德维度 82-84
Ethical decision making 道德决策 117
Ethical intercultural communication 合乎道德的跨文化沟通 39
Ethical practice 道德实践/道德操守 12 142 151
Ethics 伦理
　postmodern ethics 后现代伦理 116
Ethnic chauvinism 种族沙文主义 110
Ethnicity 种族
Ethnocentrism 民族中心主义 39 59

intercultural communication theory 跨文化传播理论 35
Ethnoscapes 族群景观 3
　defined 定义 30
Etic
Europe 欧洲 7 26 55 93 110 133 174
European Commission
Excellence 卓越
Excellence model 卓越模式 184
　criticisms 批判 186-187
　culture 文化 185-186
　generic/specific theor 通用/特定理论 128-129
　public relations 公共关系 8
　systems theory 系统理论 184 185-187
　two-way symmetrical model 双向对称模型 184
Excellence project 卓越项目 8 182
　history 历史 182
　methodological approach 方法论 182-183
　"West to Rest" epistemic mindset "从西方到西方"的认知思维 8
Excellence study 卓越/优秀的研究 36 105 129 184
Excellence theory 卓越理论 9 42 107 185
Expert prescriber 专家开发者 65
Exxon 埃克森 151-152
Exxon Mobil 埃克森美孚 15 156

F

Face 面子
　dimensions 维度 45
　intercultural communication theory 跨文化传播理论 34-36
　stakeholders 利益相关者 34-35
Facebook 脸书 133 165
Face management 面子管理 45
Fairtrade Movement 公平贸易运动 30
Familiarity-noveltyglobalization 熟悉性-新颖性，全球化 164
Feedbackintercultural communication theory 反馈，跨文化传播理论 35
Female practitioners 女性从业人员 112
Femininity 女性气质 59 77 185
Femininity dimension 女性气质维度 88-90

characterized 特征 78
Fields 领域
    defined 定义 26
    of practice 实践 22
    public relationsimportance of professional field 公共关系，专业领域的重要性 26-28
    symbolic value 象征价值 26
Financescapes 金融景观 3
    defined 定义 21
Fluidity 流动 21
Foucauldian 福柯（式）5 67
    power 权力 67
Fragmentation 分裂 107 146 190
    culture 文化 190
Frame conflict 框架冲突 39
France 法国 60 88
Frankfurt School 法兰克福学派 11 187
Free market logic 自由市场逻辑 143
Free trade 自由贸易 148
Front organizations 前期组织 151
Functional 功能主义 11 58
    functional approach 功能性方法 46
Functionalist 功能主义 11 58

G

GatesBill 比尔·盖茨 42
GE Free Coalition 非转基因联盟 28
Gender 性别 41 78 110
Gender roles 性别角色 78
General Agreement Trade and Tariffs (GATT) 贸易和关税总协定 149
General Electric 通用电气 150
Generic theory 通用理论 36 128
Generic/specific theory 通用/特定理论 59 122-129
    benefits 作用 122
    culture 文化 131
    Delphi research 德尔菲研究 129-130
    Excellence model 卓越模式 185-186
    intent 意图 185
    megamarketing model 大市场营销模式 122
        descriptive studies 描述性研究 122
    presuppositions 前提 122

    research 研究 128-131
        initial intent 最初的意图 128
    two-way symmetrical concept 双向对称概念 129
Genetic modification 转基因 28
Genres 流派
    defined 定义 38
    genre theory 通用理论 36
    intercultural communication theory 跨文化传播理论 38
Germany 德国 85 165 187
Global activism 全球行动主义 157
Global Climate Coalition 全球气候联盟 151
Global Climate Science Team (GCST) 全球气候科学小组 151
Global cultural economy 全球文化经济 22
Global cultural flows 全球文化的流动 21
    imagination 想象 22-24
Global discourse productionpublic relations 全球话语产物，公共关系 22-24
Global flux 全球流动 54
    and connectivity 和连通 54
Global forcescultural rootstensions between 全球力量与文化根源之间的紧张关系 132-134
Global-local context 全球-地方语境 8
Global-local dialectics 全球-地方辩证法 4
Global media 全球媒体 26 109
Global media conglomerates 全球媒体集团 26
    global public relations industry 全球公共关系行业 26
    power direction 动力方向 26
Global modernitycharacteristics 全球现代性特征 19
Global public relations 全球公共关系
    global media conglomerates 全球媒体集团 26
        power direction 动力方向 26
    international public relationscontrasted 国际公共关系，对比 105-106
    meaning 意义 1
    research 研究 181-19
    structural possibilities 结构可能性 108-110
    theorization 理论化 181-194
Global structurespublic relations 全球结构，公共关系 24-26
Global studies 全球化研究 3

Global traders 全球贸易商
Global warming 全球变暖 151
Globalist view 全球主义者的观点 3
Globalization 全球化
 control 控制 144-150
  Globalization (continued) culture 文化 7-8
  complex connectivity 复杂的连接 7
  framing methodological debates 框架方法论的思考 181-194
  future directions 未来方向 181-194
  intersections
  specific features 特征 7
  territory 领土 7
 defined 定义 3 16
 dialectical challenges 辩证挑战 165
 ethnoscapes 族群景观 3
 familiarity-novelty 熟悉性-新颖性 164
 features 特征 164-165
 financescapes 金融景观 3
 globalist view 全球主义者的观点 3
 ideoscapes 意识形态景观 3
 local-global dialectic 全球化-本土化的辩证法 165
 mediascapes 媒体景观 3
 new public relations paradigm 公共关系新范式 55-56
 postcolonial theory 后殖民主义 144-150
 Postmodernism 后现代主义
  postmodern critique 后现代批判 106-109
  use of language 语言的使用 107
 power 权力 22 144-150
  discourse of vulnerability 话语的脆弱性 19
 public relations 公共关系 3-6 150-157
  circuit of culture model 文化回路模式 5
  framing methodological debates 框架方法论的思考 181-194
  future directions 未来方向 181-194
  global activism 全球行动主义 157
  "inter-national" approach "国际"比较的方法 4-5
  potential for resistance 潜在的阻力 28-29
  public relations practice 公共关系实践 4-6
  public relations scholarship 公共关系学术 4-6
  public relations tactics as strategic manipulation 公共关系策略 151-152
  resistive practices 反抗性实践 157
  transnational corporations 跨国公司 150
 scapes 景观 3
 simultaneously converging and diverging forces 同时汇聚和分化的力量 59
 skeptical view 怀疑论的观点 3
 study of 研究 4-7
 technoscapes 科技景观 3
 transformational view 变革的观点 4
 transnational corporations 跨国公司
  growth 成长 143-144
  organizational response 组织反应 134-135
Global 全球本土化
 characterized 特征 55
 terminology 术语 55
Globalization 全球本土化 126 166
 transnational corporations 跨国公司 126
Government relations 政府关系 150 181
Greece 古希腊人 38
Guanxi 关系 36 172

H

Habitus 习惯 20-21
Harmony 和谐 15 43 94 107 131 167 172
 chi-based strategies 基于"气"的公共策略 172-177
Health campaigns 健康运动 112
Hegemony 霸权 6 18 143 188
Hegemonic systems 霸权体系 15
Heretical discourse 异端话语 27
Heretical subversion 异端颠覆 21
High context 高语境 37 59 79
High context cultures 高语境文化 46
HIV 艾滋病 108 133
Hofstede's dimensions 霍夫斯泰德维度 77-96 185-186
 application issues 实际应用的问题 82-83
 conceptual issues 概念界定的问题 81-82
 criticisms 批判 186
 cultural differences 文化差异 84

dichotomization 两极化 82 84-85
Dove's "Campaign for Real Beauty" 多芬"真美运动" 85-96
　　campaign as global appeal 活动的全球吸引力 91-96
　　culturally specific notions of beauty and values 文化上对美和价值观的特定概念 93
　　developing expectations 发展期望 85-86
　　different approaches for cultural differences 不同的路径，文化差异 87-91
　　homogeneity across cultures 跨文化同质性 91-96
　　identification 识别 95
　　individualism/collectivism 个人主义/集体主义 87 91
　　long/short-term orientation 长期/短期导向 87
　　masculinity/femininity dimension 男性气质/女性气质 86 88 90
　　other frameworks 其他框架 93-95
　　pattern variables 模式变量 93
　　perspective by incongruity 不协调性视角 95
　　power distance 权力距离 86 88 89
　　purpose 目的 85
　　rhetoric works in public relations 公共关系中修辞的作用 95
　　uncertainty avoidance 不确定性规避 88-91
　　Web sites 网站 91-93
essentialization 本质化 82-83
methodological issues 方法论 80-81
national culture 国家文化 82
original dimensions 原创维度 80-82
critique 批判 80-85
public relations research application 公共关系研究应用 84-96
Holistic frameworks 整体框架 36
Hollywood 好莱坞 86 95 106
HongKong 香港 133
Human nature orientation 人的本性取向 43
Human resources 人力资源 125
HusseinSaddam 萨达姆·侯赛因 154
Hybridity 杂糅 133

I

IBM
I-Ching 易经 167
Identification 识别 95
Identification by unawareness 无意识识别 40
Identity 身份/认同 2 56 79 109 158 166
　　public relations 公共关系 1
Ideology 意识形态 187-188
Ideoscapes 意识形态景观 3
　　defined 定义 21
Imagination 想象 19-20
　　global cultural flows 全球文化的流动 21
　　power 力量 21
　　public relations 公共关系 22-28
　　symbolic powerlocus of resistance 象征权力，重要抵制 28-29
Imagination work 想象力作用 19
Imagined communities 想象的社区 19
Imperialism 帝国主义 145
　　cultural imperialism 文化帝国主义 7
In-awareness approach 认知内部研究方法 106
Incongruity 不协调性视角 95
India 印度 22 37 57 150 186
Indigenous 土著 183
Individual autonomy 个体自主权 111
Individualism 个人主义 88-91
　　characterized 特征 78-79
Individualism/collectivism dimensions 个人主义/集体主义维度 88-91
Indonesia 印度尼西亚 80
Inductive reasoning 归纳推理 130
Indy-media centers 独立媒体中心 29
Information technology 信息技术 106 110
Instantaneousness 瞬间性 165
Institutional practices 制度实践 104
Instrumental approaches 工具性的方式 58
Instrumentalism 工具主义 42
Intellectual flexibility 智力灵活性 11
Interactionculture 互动，文化 60
Interconnectivity (interconnectedness)
Intercultural communication 跨文化传播/跨文化交流 11 135 165

Intercultural communication theory 跨文化传播理论 13 34 62
    context 语境 46
    cultural variables 文化变量 36
    dialectical perspective 辩证的观点 35
    dialogic model 对话模型/对话模式 37
    empathy 移情 46
    ethnocentrism 民族中心主义 39
    exigency 紧急情况 35
    face 面子 45
    feedback 反馈 47
    generic approach 通用方法 36-40
        clarify motivational intent 明确动机意图 39
        examine how meaning is created 确保在文化中有意义 40
        examine strategic considerations 考察战略考虑 39-40
        identify features of situation 认清形势的特点 38-39
        identify intended audience effects 确定预期的受众效果 38-39
        understand how culture influences organizations and communication 理解文化如何影响组织和沟通 40
        use communication principles and theory 使用沟通原则和理论 40
    generic cultural questions "通用"文化问题 35
    genres 流派 38
    intercultural competence 跨文化能力 35
    pattern variables 模式变量 41-43
    personal influence model 个人影响力模式 37
    RACE formula RACE 公式 38
    relationships 关系 35
    research traditions 研究传统 36
    theories facilitating cocreation of meaning 促进意义创造的理论 41-47
    time as cultural orientation 作为文化取向的时间 44-45
    value orientations 价值取向 43-44
Intercultural competenceintercultural communication theory 跨文化能力，跨文化传播理论 35
Intercultural conflict 跨文化冲突 171
Intercultural literacy 跨文化素养 128 13

Intercultural typologies 跨文化类型学 77-96
Internal marketing 内部营销 125
International 国际（的）
    educational institutions 教育机构 156-157
International Association of Business Communicators (IABC) 国际商业传播者协会 182
International Monetary Fund (IMF) 国际货币基金组织 143
International public relations 国际公共关系
    global public relationscontrasted 全球公共关系，对比 105-106
    in-awareness approach 认知内部研究方法 106
    postmodernism 后现代主义 111-113
        local culture 当地文化 111-113
    public diplomacy 公共外交 152
International relations 国际关系 3
International/transnational public relations, theoretical foundations 国际/跨国公共关系的理论基础 127-128
Internet 互联网 44 94 131 134 165
Interpersonal communication 人际交往 60
Interpretive 解释 2 54 Interpretive turn 解释 6
Interpretive paradigm 解释范式/解释主义范式 9 55
public relations 公共关系 10
Intersubjectivity 主体间性 59
Investor relations 投资者关系 125 181
Iran 伊朗 133
Iraq 伊拉克 149
    public diplomacy 公共外交 152-1
Issues management 问题管理 125 181
Italy 意大利 88

J

Japan 日本 46 83 112 165
Johannesburg 约翰内斯堡 112
Journalistic gaffe 新闻失态 171
Journalists 记者/新闻工作者 112 171

K

Kaupapa Maori 毛利人意识形态 15 182
    methodological framework 方法论的框架 191-193

Knowledge 知识
    commodification of knowledge 知识商品化
Knowledge production 知识生产
    sites of 网站 156-157
    Western educational institutions 西方教育机构 156
Korea 韩国 167
Kotex

L

Laissez-faire capitalist pluralism. 自由的资本主义
    多元主义 184
Language. 语言
    language games 语言游戏 110
LatinAmerica 拉丁美洲 95
Lawyers 律师 65
Lebanon 黎巴嫩 109
Lehman Brothers 雷曼兄弟 174
Linking agents 纽带 176
Lobbying 游说 29 148
Lobbyists 说客/游说者 112 152
Local 本土
Local-global dialecticglobalization 全球化-本土化
    的辩证法,全球化 165-166
Localism 地方主义 134
Localitiessymbolic discourses 地方,象征话语 23
Long-term orientation 长期取向/长期导向 42 87
Long-term relationships 长期关系 45 127 169
Long-term/short-term orientation 长期/短期导向 87
Low context 低语境 37 59
Low context cultures 低语境文化 46

M

Macro level 宏观层面 59 104
Macropolitics 宏观政治 114
    postmodernism 后现代主义 114
Madison Avenue 麦迪逊大道 86 95
Malaysia 马来西亚 40
Management 管理
Management by Objectives 目标管理 107
Management consultants 管理顾问 65 125
Management function 管理功能 10

Management styleculture 管理风格,文化 185
Managerial approaches 管理方法 13 35
Managerialist 管理主义者 193
Maorisee also Kaupapa Maori 毛利 192
Marginalization– 边缘化 143-160
Margins 利润率 159
Market economy 市场经济 24
Marketing 营销/推销 39 58 80 125 146
    Cause marketing 公益营销 125
    Crisis marketing 危机营销 125
    Relationship marketing 关系营销 125
Market modeltriumph 市场模式,胜利 124-125
Marketplace of ideas 观点市场 184
Marketplace theory 市场理论 184
Marxism (Marxist) 马克思主义 5 103 145
    postmodernismcompared 后现代主义,比较 103
Masculinity 男性气质/男性气概 35 59 77 185
Masculinity/femininity dimension 男性气质/女性
    气质 86 88-90
    characterized 特征 78
Mass media 大众媒体/大众传媒 20 110 188
Mass media agendasWestern interests 大众 媒体议
    程,西方利益 26
McDonald's 麦当劳 69 189
    in MoscowRussiathird culture building 在俄罗斯
        莫斯科,第三文化建设 69
Meaning construction 意义建构 9 47
Meaning making 意义建立/意义创造 35 55
Media 媒体
Media conglomerates 媒体集团 8 26
Media experts 媒体专家 65
Media relations 媒体关系 8 29 85 148 181
Mediascapes 媒体景观 3
    defined 定义 21
Media studies 媒体研究 189
Media systems 媒体系统 26 40 111 131
Media theory 媒体理论 176
Megamarketing 大市场营销 124
Megamarketing model 大市场营销模式
    generic/specific theory 通用/特定理论 122
    descriptive studies 描述性研究 122-123
    triumph 胜利 124-125
Message strategies 信息策略 8

Metanarratives 元叙事
　　rejected 拒绝 103
Methodological 方法论 12 80 181
Methodology 方法论 10 183
Mexico 墨西哥 80
Micro level 微观层面 60 104
Micro level theorizing 微观层面理论化 62 104
Micropolitics 微观政治 64 114
　　postmodernism 后现代主义 114
Middle East 中东 46 133 153
Migration 迁移 3 23 132 146
Modernism 现代主义 102
Modernist 现代主义 2 102 147
　　postmodernismcompared 后现代主义，对比 102-104
Modernity 现代性 7 21 103 13
　　colonialism 殖民主义 143-146
　　postcolonial theory 后殖民主义理论 155-156
　　public relations 公共关系 155-15
Monochronic time 一元时间 44
Monsanto 无翻译
Monsanto 149
Motive 动机 68
Multicultural public relations 多元文化公共关系 9 59
Multinational 跨国的
　　terminologycharacterized 术语、特点 55-56
Multinational companies 跨国公司 5 62 122
Multi-paradigmatic 多重范式 11
Multi-paradigmatic perspectives 多重范式视角 11
Multitasking 多任务处理 44
Muslim 伊斯兰教/穆斯林 44 153
Mutuality 相互关系
　　inattention 忽视 60
　　social interactionism 社会交往主义 61
　　third culture building 第三文化建设 57
Mutual benefit 互惠互利 127
Mutual relations 相互关系 62
Mutual understanding 相互理解 37 154 184

N

Narrative discourse 叙事话语 104
　　narrative discourse analysis 叙事话语分析 104

Nation building 国家建设 155
National boundaries 国家边界/国界 35 56 146
National consciousness 民族意识 7
National culture 民族文化 14 36 6
National identity 国家认同 34
Nationalism 民族主义 4 134
National Security Council 国家安全委员会 153
Nation-state 民族国家
　　postcolonial theory 后殖民主义 148-150
Neocolonialism 新殖民主义 144
Neoimperial 新帝国主义 147
Neoimperial agendaspostcolonial theory 新帝国主义议程，后殖民主义理论 152-155
Neoliberal hegemony 新自由主义霸权 150 188
Neoliberal logic 新自由主义逻辑 143
Neoliberal state 新自由主义国家 149
Neoliberalism (neoliberal) 新自由主义 3 24 93 143 185
　　postcolonial theory 后殖民主义 148-150
Nestlé 雀巢 58
Netherlands 荷兰 85
Network organizations 网络组织 109
Network society 网络社会 109
　　attributes 属性 109
Network structures 网络结构 109
Networking 网络
Networks 网络
New media 新媒体 54
New Zealand 新西兰 28 55 90 183
　　cultural values 文化价值 185
Nomura 野村 174
Nongovernmental organizations (NGOs) 非政府组织 28 45 68
Non-Western cultures 非西方文化 7
Normative theories 规范的理论 11
North America 北美 15 26 46
Northern Europe 北欧 46

O

Occupational psychosis 职业精神病 39
Office of bilateral trade affairs 双边贸易局 145
One-way asymmetrical model 单向不对称 184

Online media 网络媒体 22
Online technologies 网络技术 25
Open systems 开放系统 183
Operation Iraqi Freedom 伊拉克自由行动 157
Oppression 压迫 11 144 188
Organizational effectivenesssystems theory 组织的有效性，系统理论 185
Orientalism 东方主义 145
Other 其他／他者
Otherness 他者 35 145

P

Paradigms 范式
　　debates 讨论 2
　　defined 定义 8
　　dominant 主导 8
　　mature 成熟 8
　　new 新 8-9
　　public relations scholarship 公共关系研究 9-11
　　struggle 斗争 10
Paris 巴黎 60
Parsons' pattern variables Parsons 模式变量 41
Participatory approach 参与式方法 15 182
Participatory paradigm 参与式范例 192
Particularism 特殊主义 42
Patriotism 爱国主义 134 171
Pattern variables 模式变量 93
　　intercultural communication theory 跨文化传播理论 41-4
Personal influence model 个人影响模型 112
　　intercultural communication theory 跨文化传播理论 36-37
public relations 公共关系 36-37
Perspective by incongruity 不协调性视角 95
Persuasion 说服／劝说 9 39 58 170
Persuasive communication 说服性传播 42
Philosophical differences 不同的哲学观／哲学差异 2 103
Place 地域／地点
Pluralism 多元化／多元主义 9 166 184
pluralists 多元主义者 10
Policy 政策 28 84 104 135 168

Policy making 政策制定 9 184
Political laboursymbolic 政治劳动，象征性的 27
Political participation 政治参与 24
Polychronic time 多元时间 44
Polysemic 多义的 5
Portugal 葡萄牙 88
Positivist 实证主义 9 55 183
Postcolonial 后殖民 3 71 68 188
Postcolonial scholarship 后殖民主义学者 10
Postcolonial theory 后殖民理论 189
　　characterized 特征 147
　　civil society 公民社会 148-150
　　control 控制 144-150
Postcolonial theory (continued) 后殖民理论
　　corporate social responsibility 企业社会责任 156
　　　　culture-centered approach 以文化为中心的方法 158
　　　　culture-structure-agency 以文化为体系的机构 158
　　participation 参与 159
　　reflexivity 反思 159-160
　　resistance 抵抗 159
　　solidarity 团结 159-160
　　development 发展 155-156
　　foundational concepts
　　globalization 全球化 144-150
　　modernity 现代化 155-156
　　nation-states 民族国家 148-150
　　neoimperial agendas 新帝国主义议程 152-155
　　neoliberalism 新自由主义 148-150
　　power 权力 144-150
　　public diplomacy 公共外交 152-155
　　public relations 公共关系 144
　　resistive politics 阻抗式政治 150
　　transnational corporations 跨国公司 144 148-150
Post-industrial society 后工业社会 107
Postmodern ethics 后现代伦理 116
Postmodernism 后现代主义 102-118 189
　　all theory and practice local and immediate 所有理论和实践都是局部的、即时的 103
　　characterized 特征 102-104
　　critical theorycompared 批判理论，对比 102-105
　　culture 文化 19

deconstruction 解构 104
discourse 话语 104
Globalization 全球化
 postmodern critique 后现代批判 106-109
 use of language 语言的使用 107
international public relations 国际公共关系 111-112
 local culture 当地文化 111-112
macropolitics 宏观政治 114
Marxism compared 马克思主义，比较 103
micropolitics 微观政治 114
modernism compared 现代主义，对比 102-103
need for in global public relations 全球 公共关系 必要性 102-137
power 权力
social theory compared– 社会理论，比较 103-104
Post-positivist 后实证主义 82
Poststructuralism 后结构主义 103
Power– 权力 187-188
 asymmetries of 不对称性 10
 critical–postmodern paradigm– 批判性后现代主义范式 10
 critical theory 批判理论 11
 dynamic 动态 67
 Foucault M. 福柯 67
 globalization 全球化 26 144-150
  discourse of vulnerability 话语的脆弱性 19
  imagination 想象力 19
 postcolonial theory 后殖民理论 144-150
 postmodernism 后现代主义 116
 public relations 公共关系 1 22-28
 systems of 系统的/体系 103 143
 theorizing 理论化 18-30
 third culture building 第三文化建设 66-69
  power differentials 权力差异 66
  Self/Other binary 自我/他者二元体系 67
Power distance 权力距离 86 88 89
 characterized 特征 78
Practitioner roles 从业者角色/从业人员类型 64 113
Practitioners 从业人员/从业者
Press agentry 新闻机构 184
Problem solving 问题解决/解决方案 90 113 125

Problem solving expertise 脱解决问题的专业知识 124
Problem-solving facilitator 解决问题的协调者 65
Production 生产
Professional practice 专业实践 12 18 37 191
Professionalization 职业化/专业化
Profit motive 利润动机 155
Progress discourse 进步，话语 107
Propaganda 宣传 39 156 182
PR Watch
Public diplomacy 公共外交
 characterized 特征 153
 international public relations 国际公共关系 153
 Iraq 伊拉克 153-154
 postcolonial theory 后殖民理论 152-155
Public interest 公共利益 184
Public relations 公共关系
 activist practitioner 积极的实践者 113-117
  critical cultural workers 批判文化工作者 114
  dissensus 异议 116-117
  giving preference to stakeholders' voices 优先考虑利益相关者的声音 115
  promoting new ways of thinking 推动考察新方法 116
  resistance strategies 抵抗策略 113-115
 as communicative 理解为具备传播性 10
 capitalism 资本主义 3
 critical/cultural models 批判/文化模式 5
 critical–postmodern paradigm 批判性后现代主义范式 10
 critical theory 批判理论 11-13 15
  attack against 提出疑问 12
  discourse of suspicion 怀疑话语 19
  "othered" participants "其他"参与者 19
 culture 文化 2
  framing methodological debates 框架方法论的思考 181-194
  future directions 未来方向 181-194
 development 发展 155-156
 dialogic model 对话模型/对话模式 37
 discourses 话语 23
 entities 实体 54

Excellence theory 卓越理论 9
global cultural contexts 全球文化语境 1-16
global discourse production 全球话语产物 22-24
globalization 全球化 3-6 150-157
    circuit of culture model 文化回路模式 5
    framing methodological debates 框架方法论的思考 181-194
    future directions 未来方向 181-194
    global activism 全球行动主义 157
    "inter-national" approach "国际"比较的方法 4-5
    potential for resistance 潜在的阻力 28-29
    public relations practice 公共关系实践 4-6
    public relations scholarship 公共关系学术 4-6
    public relations tactics as strategic manipulation 公共关系策略 151-152
    resistive practices 反抗性实践 157
    transnational corporations 跨国公司 150
global structures 全球结构 24-26
global 全球本土化 55-57
history 历史 7 181 identity 身份
imagination 想象 22-28
importance of professional field 专业领域的重要性 26-28
inherent complexity 内在复杂性 113
interpretive paradigms 解释范式 9
knowledge 知识 157
knowledge gaps 知识空白
local practicesdiscriminatory and naïve 当地实践，歧视性的和幼稚的 112
management 管理 185
mass communication vs. interpersonal communication 大众传播 vs 人际交流 57
models 模式 183
modernity 现代化 155-156
need for postmodern turn 后现代转向的必要性 102-137
paradigm debates 范式讨论 2
    both-and perspective 接纳各方的观点 2
personal influence model 个人影响力模式 37
postcolonial theory 后殖民主义理论 144
power 权力 2 22
professionalization process 专业化进程 25

range of approaches 一系列的方法 15
rhetorical theory 修辞理论 9-10
social scientific functional approach 社会科学现代主义方法 2
social scientific paradigms 社会科学范式 10
status project 地位项目 25
strategies 方法/策略 57 172 186
traditional focus on relationships 传统上注重关系 125
transcultural 跨文化 55-57
transnational corporations alternative perspectives 跨国公司另类视角 135-137
changing public relations formula to meet societal imperatives 改变准则以满足社会需求 126-127
lack of theorizing 缺乏理论化 123 United States in development 发展中的美国 5
Public relations scholarship 公共关系学术/研究/学者 1 19 56 131 159 182
paradigms 范式 9-11
within scientific mindset 科学思维中 9
Public Relations Society of America (PRSA), 美国公共关系协会 85 176
Public sphere 公共领域/公关领域 11 26 116 181
Publics 公共
    issue-oriented publics 问题导向的公众 128

Q

Quanta

R

Race 种族竞争 165
RACE formula RACE 公式 38
Racism 种族主义 12
Radio 电台 22
Reception 接受 23 189
Reflexivity 自反 160
Regulation 规制/管理/处理/监管 5 24 115 149
Relational approaches 关系方法 35 57
Relationship 关系
Relationship building 关系建立/关系建设 8 46 57 78 125 165 196

Relationship marketing 关系营销 125
Relativism 相对主义 47
Religion 宗教 3 34
Representation 代表/表征 5 8 105 143 182
  political labour 政治劳动 27
Resistance 抵抗/反抗
Resistive politics 抵抗政治
  colonialism 殖民主义 150
  postcolonial theory 后殖民主义理论 150
Resistive practices 反抗性实践 22 157
  critical theory 批判理论 189
Rhetoric 修辞 40 58 96 156 168
Rhetorical genre 修辞体裁 38
Rhetorical theory 修辞理论 10
Rhetorical theorypublic relations 修辞理论，公共关系 8-10 96
Rupture 打破/决裂 56 102 143

S

Saudi Arabia 沙特阿拉伯 109
Scapes 景观 3
Scientific method 科学方法 182 185
  systems theory 系统理论 185
Seattle 西雅图 157
Sexuality
Shareholders 股东 115 124 193
Shih 气 169
Silver Anvil Award 银砧奖 85
Singapore 新加坡 165
Skeptical view 怀疑论的观点 3
Slovenia 斯洛文尼亚 36 129
Social change 社会变革 4 104 159 188
Social constructionist 社会建构主义（者）8 55
Social construction of reality 社会建构的现实 2 61
  dialogue 对话 61
Social interactionismmutuality 社会互动相互性 61
Social-interpretive theory 社会解释理论 9 59
Social media 社交媒体 86 128 16
Social responsibility 社会责任 2 125 156 193
Social science 社会科学 10 48 57 104
Social scientific approach 社会科学方法 10
Social scientific paradigmspublic relations 12–15

社会科学范式，公共关系
Social theory 社会理论
  end of sociological theory 社会学理论走向终结 104
  postmodernismcompared 后现代主义，比较 103-104
Social-interpretive theory 社会解释理论 9 59
Socialization 社会化 20
Societal culture 社会文化 185
Sociological theory 社会学理论 104
Solidarity 团结 159-160
South Africa 南非 85 107
South African Tourism Board 南非旅游委员会 112
South America 南美 46
South Korea 韩国 84
Space 空间
Specificity 特异性 42-43
Spin doctors 政治顾问 181 Spinwatch250
Spiritual 精神 15 94 183
Stakeholders 利益相关者 15
  face 面子 45
Stakeseekers 参与者 34
Starbucks 星巴克 124
State intervention 国家干预 148
Status projectpublic relations 地位项目，公共关系 25
Stereotypes 固有观念/刻板印象 86 108
Stock exchange 证券交易所 124
Strategic advantage 战略优势 169
Strategic considerations 战略考虑 38
Strategy 战略/策略
Structural inequities 结构不平等 10
Structuralism 结构主义 103
Structuration 结构化 61
Structure 结构 26 38 78 103 130 143 170
Structured flexibility 结构灵活性 59
Subaltern 下属/次等/低端地位/次级 9 90 112 144 189
  subaltern agency 次级机构 158
  subaltern narratives 底层叙事 150
  subaltern participation 低层次参与 156
  subaltern voices 底层发声 150
  Subject-object divide 主客观划分 10

Survivalchange and 生存，和改变 114-115
Sustainability 可持续性 114 118 158
Suzuki 铃木 57
Symbolic discourse 象征话语 23
 localities 地方 23
Symbolic interaction 符号互动/象征性的互动 7 64
Symbolic power 象征力量 19-21 23
 fields 领域 26
 imaginationlocus of resistance 想象，重要抵制 28-29
 political labor 政治劳动 27
 potential for resistance 潜在的阻力 28-29
Symbolic representation 象征性表征 143
Symmetrical model 对称模式/对称模型 9 127 184
Symmetry 对称 9 192
Systems of oppression 压迫阶层/压迫体系 11 150
Systems theory 系统理论
 criticisms 批判 186-187
 cultural biases 文化偏见 183
 culture 文化 185-186
 Excellence theory 卓越理论 182 185-186
 organizational effectiveness 组织的有效性 185
 positivist rationalist perspective 实证主义理性主义的角度 183
 scientific method 科学方法 184

T

Tactics 策略 25 29 86 151 173
Taiwan 中国台湾 36 62 165
Taoism 道家/道教 15 167
Technocapitalism 技术资本主义 107
 defined 定义 107
Technoknowledge 技术知识 110
Technoscapes 技术景观 3 25
 bias toward Western audiences 对西方受众的偏见 26
 defined 定义 21
Technoscience 技术科学 107
 defined 定义 107
Television 电视 22 40 86 109 173
Temporal focus 时间焦点 44
Temporal orientation 时间取向 44
Tensor 张量 116

Theory 理论
Theory development 理论发展 10
Theory of structured flexibility 结构灵活性理论 59
Third culture 第三文化 35 57
Third cultureconceptualized 第三文化，概念化 47
Third culture building 第三文化建设 13 47-48 62-70
 advantages 优势
 change 改变 57 67-68
 cultural interpreter 文化翻译 62
 culturalism 文化主义 68
 cultural Other 文化"他者" 64
 culture and communication in global flux 全球流动下的文化、传播 58-59
 dialogic communication 对话沟通 63
 dialogic orientation 对话方向 53
 dialogue 对话 69
 McDonald's in MoscowRussia 俄罗斯莫斯科的麦当劳 59
 model 模式 58-59 63-64
  normative 规范 64
 mutual cultural transformation 相互的文化转变 64
 mutuality 相互 60
 power 权力 66-6
  power differentials 权力差异 66
  Self/Other binary 自我/他者二元体系 67
 shared meaning 共享意义 47-48
 social–interpretive approach 社会解释方法 62
 transcultural practitioner 跨文化从业者
  collapsing Self/Other cultural binary 自我/他者文化二元体系的消解 65
  communication manager 交流管理者 65
  communication technician 通信技术员 65
  culture-oriented role 导向作用 65-66
  dynamic cultural identity 动态的文化认同 65-66
  expert prescriber 专家开发者 65
  problem-solving facilitator 解决问题的协调者 65
  as third culture/realm builder 第三文化领域的建设者 64-66
Third realm 第三领域 55
Third World 第三世界 4 58 146
Time 时间

intercultural communication theory 跨文化传播理论 44
long-term/short-term orientation 长期／短期 导向 87
monochronic time 一元时间 44
polychronic time 多元时间 44
time as cultural orientation 作为文化取向的时间 44-45
Time-space compression 时空压缩 4 55 171
Transcultural 跨文化 14 56
  terminology characterized– 术语的特点 55-56
Transcultural contexts 跨文化的语境 58
Transcultural practitioners 跨文化从业者 55 64
  third culture building 第三文化建设 13
    collapsing Self/Other cultural binary 自我／他者文化二元体系的消解 65
    communication manager 交流管理者 65
    communication technician 通信技术员 65
    culture-oriented role 导向作用 65-66
    dynamic cultural identity 动态的文化认同 65-66
    expert prescriber 专家开发者 65
    problem-solving facilitator 解决问题的协调者 65
    as third culture/realm builder 第三文化领域的建设者 64-66
Transformationalist view/perspective 变革主义论者观点／视角 4 6
Transformative action 变革的行动 20
Transnational 跨国
Transnational corporations (TNCs) 跨国公司 132-134
  cultural rootsorganizational response 文化根源，组织反应 128-129
  Globalization 全球化
    growth 成长 137-138
    organizational response 组织反应 134-135
  globalization 全球本土化 126
  postcolonial theory 后殖民主义理论 144 148-150
  public relations 公共关系
    alternative perspectives 另类视角 135-137
    changing public relations formula to meet societal imperatives 改变准则以 满足社会需求 126-127
    lack of theorizing 缺乏理论化 123
Transnational hegemony 跨国霸权 107 143
  Transnational organizations 多国企业／跨国组织 106 111 123 188
Truth 真理 108 183
Tweeters
Twitter 推特 109 133 165
Two-way symmetrical model 双向对称模型 129 184
  Excellence model 卓越模式 184
  generic/specific theory 通用／特定理论 128-129

U

Uncertainty avoidance 不确定性规避 88-91
  characterized 特征 78
Unilever 联合利华 57 85
Unintended consequences 意想不到的后果 108
Union Carbide 联合碳化物公司 186
United Kingdom 英国 26 40 59 86 112 129 183
United Nations 联合国 54 130
United States 美国 5 8 37 43 55 60 83 88 110 129 147 186
United States Agency for International Development (USAID) 美国国际开发署 155
United States models of public relations 美国公共关系模式 15
Unity 团结 176
  chi-based strategies 基于"气"的公共策略 171 176-177
Universalism 普遍主义 42
University of Maryland 马里兰大学 29 182
U.S.S. Greenville "美国格林维尔"号 46

V

ValdezJuan 81
Value orientations 价值取向／价值维度 43-44 94
  intercultural communication theory 跨文化传播理论 43-44
Value systems 价值体系 182 Vietnam 越南 167
Violence 暴力 21 146 191

W

War on Iraq 伊拉克战争 15
Weapons of Mass Destruction 大规模杀伤性武器 155
West-centric 以西方为中心 5 144
　　knowledge structures 知识结构 146
Western educational institutionsknowledge production 西方教育机构，知识生产 156-157
Western epistemologydichotomy between West and non-West 西方认识论，西方和非西方的二分法 145
Western industrial developmentpostindustrial phase 西方工业发展，后工业化阶段 107
Western interestsmass media agendas 西方利益，大众媒体议程 26
Westernization 西方化 7
Western values 西方价值观 95 174
"West to Rest" epistemic mindsetExcellence project "从西方到西方"的认知思维，卓越 项目 8
Women 女性/妇女 78 108 129 150
World Bank 世界银行 124 149
World Health Organization 世界卫生组织 58
World Trade Organization (WTO) 世界贸易组织 143

Y

Yang 阳 168
Yin 阴 168
YouTube（无翻译）35

图书在版编目（CIP）数据

全球文化语境下的公共关系：基于多重范式视角/（美）尼兰加娜·巴尔丹（Nilanjana Bardhan），（美）C.凯·韦弗（C. Kay Weaver）编著；徐明华译. —北京：中国传媒大学出版社，2025.4.
ISBN 978-7-5657-3884-5
Ⅰ．C912.31
中国国家版本馆 CIP 数据核字第 2025WQ7253 号

Public Relations in Global Cultural Contexts: Multi-Paradigmatic Perspectives 1st edition/Edited by Nilanjana Bardhan, C. Kay Weaver/ ISBN:978-0-415-87286-7
Copyright © 2011 by Taylor & Francis Group LLC.
Authorized translation from the English language edition published by Routledge, a member of the Taylor & Francis Group LLC. All rights reserved. 本书原版由 Taylor & Francis 集团旗下 Routledge 出版公司出版，并经其授权翻译出版。版权所有，侵权必究。
Communication University of China Press is authorized to publish and distribute exclusively the Chinese (Simplified Characters) language edition. This edition is authorized for sale throughout Mainland of China. 本书中文简体翻译版授权由中国传媒大学出版社独家出版。限在中国大陆地区销售。
No part of the publication may be reproduced or distributed by any means or stored in a database or retrieval system without the prior written permission of the publisher. 未经出版者书面许可，不得以任何方式复制或发行本书的任何部分。
Copies of this book sold without a Taylor & Francis sticker on the cover are unauthorized and illegal. 本书封面贴有 Taylor & Francis 公司防伪标签，无标签者不得销售。

著作权合同登记号　图字：01-2024-2751

全球文化语境下的公共关系：基于多重范式视角
QUANQIU WENHUA YUJING XIA DE GONGGONG GUANXI: JIYU DUOCHONG FANSHI SHIJIAO

编　　著	［美］尼兰加娜·巴尔丹（Nilanjana Bardhan）　［美］C.凯·韦弗（C. Kay Weaver）	
译　　者	徐明华	
责任编辑	沈刘红	
封面设计	闻江文化	
责任印制	李志鹏	

出版发行	中国传媒大學出版社			
社　　址	北京市朝阳区定福庄东街 1 号	邮　编	100024	
电　　话	86-10-65450528　65450532	传　真	65779405	
网　　址	http://cucp.cuc.edu.cn			
经　　销	全国新华书店			
印　　刷	唐山玺诚印务有限公司			
开　　本	787mm×1092mm　1/16			
印　　张	14.5			
字　　数	345 千字			
版　　次	2025 年 4 月第 1 版			
印　　次	2025 年 4 月第 1 次印刷			
书　　号	ISBN 978-7-5657-3884-5	定　价	88.00 元	

本社法律顾问：北京嘉润律师事务所　郭建平